传统文化与教师教育

周玉衡 著

复旦大学出版社

序

我与周玉衡同志相识有年矣！数年前，在我的《论语》课堂上，坐在第一排，诵读声音最宏亮、听课最认真、那种对知识渴望的眼神让任何一位老师都难以忘怀的人，那就是周玉衡同志。

在我的课堂上，听课的人往往是乘兴而来，兴尽而归，而我对于听课的人往往持来者不究、往者不追的态度，不过，玉衡同志是个例外。自以《论语》结缘后，由于济南与潍坊相去不远，或电话、或电子邮件、或直接面谈，联络从未间断，由是我们成为朋友。相处之时，话题总离不开国学与教育。有一次，他深有感触地对我说，读书、学习、思索、研究是当好教师的前提与基础，如果一位老师对自己所从事的专业缺乏深入研究和独到的体认就不是一位好老师，最起码不是一位优秀老师。前一段时间，玉衡同志带着他多年的研究成果《传统文化与教师教育》一书与我相见，当着他的面，一边翻阅，一边评论，是则是，非则非，没有任何隐讳，直抒胸意，从他的表情中，我读出了他是既紧张，而又期待。他走后，我放下手头一切工作，系统阅读玉衡同志的这部专著，受益良多！

首先，该书主题鲜明，问题意识突出。《礼记·学记》有言："是故古之王者，建国君民，以教学为先。"中国古代将办教育放在治国理政的首要地位。如果将教育理解为教书育人的话,那么中国传统教育将教书即知识传授视为手段,而将育人视为目的,在教书育人一体两面中,中国传统文化更注重育人。然而,在中国传统文化中,虽然有着儒者耻一物而不知的博洽追求,但由于知识、技能是为育人服务的,不能不承认中国传统文化缺乏为知识而知识、为学术而学术的精神追求,从而使受教者知识面不张,技能不显,其所育之人往往有德而无能,"临危一死报君王",道尽了这种教育模式的悲凉。百余年来,激进的知识分子不断反省中国传统教育的不足,全面向西方看齐,秉承西方为知识而知识的传统,在教书育人之中,更注重知识、技能的传授而忽视了人的德性培养。在现代教育背景下培育出来的不少知识精英往往有能而无德。如何才能造就德能兼备的人才,培育出仁智合一的健全人格,这是一切从事现代教育的人都必须面对和思考的问题。周玉衡同志《传统文化与教师教育》对这一问题做出了可贵的探索,对解开困绕现代教育的难题不无裨益。

其次,该书取材广博,资料翔实。众所周知,传统文化源远流长,汪洋浩博,是一个庞大知识体系,而现代教育涉及面既深且宽,如何实现二者的有机结合,是对作者把握和运用知识能力的一种考验。周玉衡同志在传统文化中,广泛地涉猎儒家、墨家、法家、阴阳家、道家和道教,然而他以儒、墨、道三家为重点,而三家之中又以儒家为中心,在儒家中又紧紧抓住孔子、孟子、荀子、董仲舒、韩愈、朱熹、王阳明、王夫之等在传统教育学方面有独特贡献的历史人物,虽取材广博而重心不失,重点突出又照顾传统文化的方方面面,很值得称道。至于某些史料的解读可能会出现不同的意见,但玉衡同志的解读史料也不乏独到之处。

其三,去粗取精,古为今用。周玉衡同志长期浸润于传统文化的氛围之中,对中国传统文化下过几番工夫,又兼置身于现代教育之列,作为从事教学工作和教育管理工作中的一员,对现代教育尤其是现代高等教育的优劣得失有着深切的体会,故而他能发掘中国传统文化的资源尤其是传统教育资源为现代教育服务，做到古为今用。

中华民族是一个非常重视教育的民族，中国作为一向重视教育的国度，由此形成了源远流长的教育传统，积淀了丰厚的教育资源。百余年来，中国教育一味向西方看齐，忽而欧美，忽而苏俄，忽而又欧美，在欧风美雨的席卷之下中国教育东倒西歪而失去了强立不反的精神，在邯郸学步中早已忘却固步，这不能不说是中国现代教育的遗憾。从教育产业化的鼓噪到各地争建世界一流大学的躁动，在说明21世纪初期的中国教育仍然未能摆脱唯西人马首是瞻的价值取向。以中华教育为本位，充分吸纳欧美乃至一切人类教育的优良资源，重建中国21世纪的教育新样式，是当代中国教育工作者的责任，也是中国教育自信的重要体证。

周玉衡同志好学深思，为人谦恭有礼。他的《传统文化与教师教育》可谓呼应时代要求而出现的力作。该书的出版一定会嘉惠士林，给人们留下更多的思考空间。是书行将出版之际，略作数语，谨为序。

颜炳罡
2013年8月29日
于山东大学

目录

第一章 传统文化与教育　　1

第一节　文化与教育　　1
一、文化的内涵　　1
二、教育的内涵　　3
三、文化与教育的关系　　4

第二节　中国传统文化的形成及特点　　12
一、中国传统文化的形成　　12
二、中国传统文化的基本特点　　17

第三节　传统文化与教育现代化　　25
一、教育现代化的概念　　25
二、教育现代化的特征　　27
三、传统文化与教育现代化的关系　　30
四、教育现代化是对传统文化的扬弃　　34

第二章 传统文化与教师教育　　41

第一节　教师的作用　　41

一、孔子关于教师作用的观点　　41
　　二、荀子有关教师作用的思想　　44
　　三、董仲舒论教师　　46
　　四、韩愈的《师说》　　47
　　五、王夫之论教师　　48
第二节　教育的作用　　50
　　一、孔子关于教育作用的观点　　50
　　二、孟子关于教育作用的观点　　52
　　三、荀子关于教育作用的观点　　54
　　四、董仲舒关于教育作用的观点　　55
　　五、韩愈关于教育作用的观点　　57
　　六、朱熹关于教育作用的观点　　57
　　七、王守仁关于教育作用的观点　　58
　　八、王夫之关于教育作用的观点　　59
第三节　教育的目的　　61
　　一、孔子关于教育目的的观点　　61
　　二、孟子关于教育目的的观点　　62
　　三、荀子关于教育目的的观点　　63
　　四、韩愈关于教育目的的观点　　65
　　五、朱熹关于教育目的的观点　　66
　　六、王守仁关于教育目的的观点　　68
　　七、王夫之关于教育目的的观点　　69
第四节　教育的内容　　70
　　一、孔子"道德优先"的教育内容　　70
　　二、孟子"明人伦"的教育内容　　71
　　三、荀子"礼、法结合"的教育内容　　72
　　四、董仲舒"以仁义为指归"的教育内容　　74
　　五、韩愈的儒家经典教育内容　　75

六、朱熹"明事穷理"的教育内容　　75
　　七、王守仁"学以求尽其心"的教育内容　　77
　　八、王夫之"身心之学"的教育内容　　78
第五节　教育原则和方法　　79
　　一、了解学生，因材施教　　79
　　二、启发教学，循序渐进　　84
　　三、学思结合，知行统一　　92
第六节　其他教育思想　　98
　　一、"有教无类"　　98
　　二、德育优先　　99
　　三、自我教育　　104
第七节　古代教育思想对教师教育的启示　　121
　　一、重视教育公平——有教无类　　121
　　二、尊重学生个性——因材施教　　124
　　三、以学生为主体——启发诱导　　125
　　四、树立师德典范——言传身教　　127
　　五、学习、实践、反思三位一体——学思结合、知行统一　　128

第三章　传统文化与师德建设　　131

第一节　中国古代师德观　　131
　　一、学而不厌，诲人不倦　　132
　　二、以身作则，为人师表　　133
　　三、师生平等，崇尚实干　　135
　　四、持志养气，言行一致　　136
　　五、热爱学生，关心学生　　139
　　六、严于律己，宽以待人　　140
第二节　中国师德的优秀传统　　141
　　一、万世师表——孔子　　141

二、躬行实践办教——墨子　　　　　　　　　　153
　　三、一代名师——孟子　　　　　　　　　　　　158
第三节　古代教师的选拔与管理　　　　　　　　　　169
　　一、教师的选任　　　　　　　　　　　　　　　169
　　二、在任教师的管理　　　　　　　　　　　　　176
第四节　对现代师德建设的启示　　　　　　　　　　183
　　一、建立完善的师德建设的制度体系　　　　　　184
　　二、要重视教师的师德修养　　　　　　　　　　186
　　三、营造良好的社会和校园环境　　　　　　　　187
　　四、提高教师的经济待遇　　　　　　　　　　　188

第四章　传统书院教育与教师教育改革　　　　　　190

第一节　书院教育的产生与特点　　　　　　　　　　190
　　一、书院的起源及发展过程　　　　　　　　　　190
　　二、书院的教育特色　　　　　　　　　　　　　194
第二节　书院教育与现代教育　　　　　　　　　　　200
　　一、书院教育与现代教育的关系　　　　　　　　200
　　二、对现代教育的启示　　　　　　　　　　　　202
第三节　书院制教育与教师教育改革　　　　　　　　207
　　一、国内高校实行书院制的概况　　　　　　　　207
　　二、实行书院制管理的原因　　　　　　　　　　216
　　三、推行书院制，促进教师教育改革　　　　　　221

参考文献　　　　　　　　　　　　　　　　　　　　234
后　记　　　　　　　　　　　　　　　　　　　　　236

第一章 传统文化与教育

第一节 文化与教育

一、文化的内涵

文化是相对于人类而言的概念,文化是由人所创造,为人所特有的。有了人类社会才有文化,文化是人们社会实践的产物,是人类社会特有的现象。文化的发展史就是人类社会的发展史。

在中国,文化一词最初是分而言之的。"文"本义指各色交错的纹理,引申为包括语言文字在内的各种象征性符号,进而具体化为文物典籍、礼乐制度;也引申为彩画装饰、修饰、人为修养之义。《论语·雍也》称:"质胜文则野,文胜质则史。""文质彬彬,然后君子。"其意是说:质朴胜过文采,就显得粗野;文采胜过质朴,就显得虚浮;文采与质朴兼备,就成为君子。"化"有改易、生成、造化、变化和化育的意思。《易》称"男女构精,万物化生",《庄子·逍遥游》称"化而为鸟,其名为鹏",就是讲的这个意思。

文化一词,由"文"与"化"并联使用,具有"人文化成"、"文治教化"的含义。《易·贲卦·象传》有言:"刚柔交错,天文也。文明以止,人文也。观乎天文,以察时变;观乎人文,以化成天下。"所谓"天文"是指阴阳迭运、刚柔交错的自然变化过程及其法则；而"人文"则是指用礼乐教化世人，民众会遵从礼仪，以其行其所当行，止其所当止。治国者既要观察天文，以明了时序之变化，又要观察人文，使天下之人遵从文明礼仪。在这里，"人文"与"化成天下"紧密联系即人文化成，"以文教化"的思想已十分明确。

汉代刘向《说苑·指武》把文与化合为一词："凡武之兴，为不服也；文化不改，然后加诛。"意思是说，用武力征服那些不臣服的，并用文明来教化他们，如果再不改正，就加以诛灭。

晋朝束皙《补之诗》说："文化内辑，武功外悠。"也是把"用武力征服"和"用文化教化"两者并举。所以，中国传统意义上"文化"，就是指"以文化之"，以文明教化之，是相对于武力与法律而言的精神层面的改变人、润泽人的途径与方法。

随着时间的推进和认识的深化，关于文化的定义逐渐增多，美国学者克鲁伯与克拉克洪合著的《文化概念的批判性评注与定义》一书，分六类列举了160余种定义。美国文化人类学家洛威尔曾说："我被托付一件困难的工作，就是谈文化。在这个世界上没有别的东西比文化更难捉摸。我们不能分析它，因为它的成分无穷无尽；我们不能叙述它，因为它没有固定性状。我们想用文字范围它的意义，这正像要把空气抓到手里似的，当我们去寻找文化的时候，除了不在我们手里以外，它无处不在。"由此可见，由于文化背景不同，探讨的角度不同，从而对文化的定义是多重的，文化的内涵是广泛的。

一般来说，广义的文化是人类创造出来的所有物质和精神财富的总和。狭义的文化，是指人类在精神方面的成果。其中既包括世界观、人生观、价值观等具有意识形态性质的部分，也包括自然科学和技术、语言和文字等非意识形态的部分特有的现象。有时候也指以文学、艺术、音乐、戏剧、舞蹈等为主的艺术文化。

二、教育的内涵

探讨有关文化问题时,往往联系到教育。如同定义何为文化一样,关于什么是教育,也有不同解释。我国古代有所谓"修道之谓教",①"以善先者谓之教";②"教,上所施,下所效也;育,养子使作善也"。③ 杜威则把教育说成是"人的经验的改造"。实际上,教育是一种人类道德、科学、技术、知识储备、精神境界的传承和提升行为。现代教育学把教育区分为广义和狭义两种概念。广义的教育随着人类社会出现而产生,这种教育存在于人类日常实践活动之中,凡是增进人们的知识和技能、影响人们的思想品德的活动,都是教育。狭义的教育,主要指学校教育,它是人类社会发展到一定阶段出现的。当社会发展到一定阶段,人类生活日趋复杂,各方面的经验日趋丰富,只有专门的教育活动作用于人的身心并发生相应变化,才能满足社会实践的需要。这时,教育活动就从社会活动中独立出来,成为一种专门的行业。这个行业的特点是:一部分人以某种特定的影响作用于另一部分人的身心,使其身心发生预期的变化。第一,教育是一种人际交往系统,这种交往系统是由交往双方构成,作为交往双方因其任务、地位、作用不同,扮演着不同的"角色",具有不同的职能及称号。有时称为"师与生";有时称为"教育者与受教育者";有时称为"教与学"。由于教育是一种人际交往系统,因而教育就不能只讲教的一面而忽视学的一面;教育活动不是单方、单向式的,而是双方、双向式的活动。教育系统双方是一种互动关系。第二,教育的主要任务是以经验传递的方式造就人才。众所周知,任何社会的发展,都需要人才。这里所说的人才是指能适应发展着的人类社会生活的要求,能

---

① 《中庸》。
② 《荀子》。
③ 许慎《说文解字》。

参与社会生活,承担社会职能,完成社会活动的社会成员。人才的培养主要通过教育实现。第三,教育的根本职能是促进人类个体社会化。教育的职能有很多方面,但其根本职能在于促进人类个体的社会化。人类个体社会化,是指人由生物实体不断改变为一个能适应发展着的社会生活要求的社会实体,具体说就是使人对发展着的社会生活要求能适应。这种适应是通过能力与品德的形成与发展而实现的。而教育的作用就是通过知识、技能与规范等经验要素的传递,来促进人的能力与品德的形成和发展,从而促进人类个体社会化,实现人体与社会的统一。

三、文化与教育的关系

文化是人类社会生活的重要领域,在社会系统中占有十分重要地位。它与教育相伴而生,相随而长,在漫长的历史长河中,互为前提,文化给教育以社会价值和存在意义,教育给文化以生存依据和生机活力。教育是一种特殊的文化现象,教育自身是文化活动,它是人类文化的有机组成部分。教育与文化是紧密联系、相辅相成的关系。教育以文化的传承和发展为己任;文化则通过教育得以传承和创新,从而推动文化的发展和社会的进步。

(一)文化是本质性的,教育是文化的形式,是一定人类文化的表现

首先,教育是文化的表现形式,是文化中的一个重要组成部分。在文化人类学界人们大多是把文化作为一个统一的总体予以把握的,无论是美国人类学的创始人博厄斯,还是英国功能主义人类学的代表人物马林诺夫斯基均不例外。马林诺夫斯基就曾明确指出,文化"是一个由工具、消费物、在制度上对各种社会集团的认定、观念、技术、信仰、习惯等构成的统一的总体"。在将文化看作为一个整体的同时,历史上不少学者曾尝试对文化项目或者说文化要素进行分类。这种分类几乎是人言人殊。博厄斯把文化分为物质文化、社会

关系、艺术宗教伦理三类。英国人类学家里弗斯曾将文化分为四类：物质文化、社会结构、语言、宗教。其门人塞里格曼略加改造，分为三类：物质文化、语言、道德文化（即一切社会制度）。马林诺夫斯基汇综了他们两人的分类，将文化具体分为8个方面：经济、教育、政治、法律与秩序、知识、巫术宗教、艺术、娱乐。

上述分类有的明确地把教育作为文化的一部分，有的虽未如此，但分类中的内容已具有教育上的意义，或已隐含的把教育包含在内。如博厄斯所讲的"社会关系"，里弗斯的"社会结构"，塞利格曼的"道德文化"。正如一些人类学家所指出的，所有主要的人类文化系统都必然包含教育的成分在内，虽然我们无法确切地指明文化应包括哪些领域，一一说明其涉及内容。但它首先应包括教育等在其中。① 可见，教育是文化的一分子，时时处处受着文化整体的制约。

在将教育作为文化中的重要部分的同时，不少人把教育归属于文化的精神层面。② 在我们看来，此说虽有道理，但并未概全。就教育而言，可分为两个紧密相联的组成部分：教育活动和教育理论。两者实际上分属文化的不同层面。教育活动隶属文化的制度层面，而教育理论则隶属文化的精神层面。在教育活动中，学校教育本身就是"制度化教育"的代名词，其"制度"色彩自不待言，就是非正规、非正式教育也并非是杂乱无章的、零散的，"制度化"的成分在其中仍占着重要地位。从教育理论的角度来讲，教育又是文化的精神层面这一大家庭中的一员。它所产生的思想观念是人类知识宝库的一部分；它所形成的价值规范是人类价值判断体系的一分子；它所需的技能、技巧是人类艺术百花园中的一枝；它于文化的精神层面，实是生于斯，长于斯，又丰富于斯。

其次，传统文化制约着教育活动的过程，不同教育反映着不同文

---

① 〔美〕巴比格.文化：历史的投影.夏克等译.上海：上海人民出版社，1987.88.
② 〔苏〕贡恰连科.精神文化.戴世吉等译.北京：求实出版社，1988.7.

化背景,体现着迥异的传统文化。

传统文化是一个民族各种思想规范、观念形态的总体特征。它大体可分为四个组成部分:价值体系、知识经验、思维方式、语言符号。这四个方面相依不离,相分不杂,构成传统文化的基本内容。它们融汇于教育活动过程之中,制约着教育的方方面面。正像美国教育人类学家斯宾格勒所说的:"一定社会特有的传统文化渗透于社会生活的各个方面,强烈地制约着教育过程的进行和人们养育子女的方式。"

在传统文化运行的过程中,会逐渐形成与此系统相契合的价值判断体系,它对教育的发展轨迹起着调控、制约作用。思维方式、知识经验受价值规范支配,也深深影响着教育的全过程。由于各地区、各民族语言、反映方式、生活方式的差异,使得教育具有多元化的色彩。语言符号是传统文化传播、延续所必需的条件和工具,是文化的载体,对于文化全体的关系极为重大。它作为文化中最早发生的部分之一,深深影响着肩负文化传递与传播重任的教育。

传统文化上述四个组成部分的协调、配合,造就了不同的教育体系,而"教育体系又是每个民族的民族意识、文化与传统的最高体系",它"负有传递传统价值的职责","重复地把上一代从祖先那里继承下来的知识传给下一代"。[①] 因而,有多少种不同的文化就有多少种不同的教育也就不奇怪了。

其三,文化的变化制约着教育发展的历程。

文化并非仅静态地固守其传统,它在历史长河中屡有变迁,教育也随之嬗变更叠。

在人类社会发展的最初阶段,知识的构成形态具有原始性,是以直接经验为主,并以感性的、现实的形态存在于社会实践之中的。这

---

① 联合国教科文组织.学会生存.上海师范大学外国教育研究室.上海:上海译文出版社,1979.2。

种原始的文化形态,完全可以用口耳相传的教育方式传至下一代。在这里,原始的、自然形态的教育方式与文化积累之间并不存在不相适应的矛盾。

历史发展到奴隶社会,知识已趋于理性化,并形成一定的系统性和综合性,人类认识上出现新的飞跃,传授这种知识,要求施教者和受教者均付出更多的劳动,进行更多的专门训练。因而不能仅仅通过生产和生活中运用简单的示范和模仿,必须要创新专门的传授工具,专门的传授场所以及专门的途径,当然更需要专门的施教人员。在这种情况下,教育逐渐成为专门的社会实践活动,学校也成为专门的施教场所。

在当今世界,现代化已成为专门议题,发达国家已将它付诸实践,一些发展中国家也吹响了现代化号角。建构新的文化观,实现文化现代化已深入人心,与此相应,教育的现代化也扯起了风帆,搞现代化的国家正在使自己的一套教育制度适应其具体的要求,使各种类型的教育活动整合于一体,不断加强教育活动之间的统一和相互联系。

(二) 教育作为文化形式,会反作用于文化整体,使自身体现出深刻的文化上的意义。

1. 保存文化、维持文化生存是教育的基本职能。

在不少人看来,保存文化的唯一方式就是传授这种文化。因为从一定意义上讲,文化是个人从所属社会中的文化的总和中得到的,而不是单靠个人的创造得到的。作为过去的遗产,它只能由教育加以继承,教育活动传递着文化中最重要的习惯、传统和经验,它持续于文化发展的始终,无时无处不包含着三项基本原则:(1)为生存所必需的活动提供训练,如言语和手工操作;(2)使社会成员接受为一定社会秩序和社会规范所必需的规则和仪式;(3)促使每个受教育者接受最基本的价值观念。教育活动向年轻一代传递的这些内容,构成文化的基本内核,使后人对前人创造的文化具有高度的适应性,不仅造就了新的社会成员,而且维持了文化系统,保证了文化的延续和相对稳定。基于这一点,我们完全可以把教育理解为社会为其文化的传递和进展提供的手段,是文化再生和繁衍不可缺少的工具。

教育对文化的保存和维持,主要是通过选择、整理和传递文化来实现的。

一般来说,教育对文化的选择和整理要依据两个重要尺度,一是社会需要,二是受教育者的心理发展水平和年龄特征。教育主要依据这两个尺度,对文化作出肯定和否定的选择,即对符合社会需要和受教育者心理状况的文化要素成为教育系统的有机组成部分;同祥,对违背社会需要又不符合受教育者心理状况的文化要素给予排斥、弱化或消除其影响。教育所选择的文化,在一定程度体现了人类文化的精粹,是人类文化宝库中重要的乃至核心的成分。教育把这些文化内容进行组织和重构以受教育者最易接受和理解的方式进行传递,可以使他们在最短的时间内学得较多的文化并掌握文化的主体,从而使文化不至于丧失。

从20世纪五六十年代以来,许多人类学者将目光转向了教育,通过大量的实地作业,他们发现学校主要是充当文化机构,向下一代传递一系列复杂的态度、价值观、行为和期望,从而使下一代继承了作为一种不断发展现象的文化。文化在团体中是一种累积的东西,它是由传递而普遍遗留下去的。教育通过发挥其传递的功能,使文化得到了再生和继承,并使自身成为文化的工具和材料,也因此成为文化存在的原因。

2. 教育可以传播外来文化,孕育、创造新文化,促进文化变迁。

庄子说:"物之生也,若骤若驰,无动而不变,无时而不移。"[1]人类文化也是如此,风俗递相交变,礼义周始屡迁。"时运交移,质文代变",讲的就是这个道理。那么,文化何以变迁呢?本世纪初,曾有地

---

[1] 《庄子·秋水》。

理环境说、种族生物说、特殊本能说、心理社会说之辨。现在,人类学家观察文化及其变迁方式,倾向于从两个基本过程着眼:一个过程是新文化因素的产生,也就是文化创造、文化更新问题;另一个过程是新因素从一个群体到另一个群体的传播。

传播在文化变迁中占举足轻重的地位,它是指文化从一个社会传到另一个社会、从一个地域传到另一个区域的流动现象。文化传播离不开一定的传播关系、传播媒介和传播方式。教育利用其得天独厚的条件,为文化传播打开了方便之门:①教育可以对传播内容加以选择整理;②教育过程中可随时接受反馈,修正传播内容、渠道,避免所传文化的失真;③传播者大多是"闻道在先"的,值得信赖,易于为受传者接受;④传者与受传者即教育者与受教育者可建立起稳定、亲密的联系;⑤可利用远距离教育、班级授课等组织形式,大范围地进行文化传播。

创新是文化变迁的另一重要维度。从一定意义上讲,教育过程就是创造文化的过程。教育在传递、传播文化的过程中,从来就不是简单地复制文化,它或因社会变革、受教育者不同的身心状况以及教育者自身价值观的差异,赋予已有文化以新的文化意义;或因融合、汇总本土文化与外来文化,使原有文化发生性质、功能等方面的变化,衍生出新的文化要素。这些新的文化意义或文化要素往往会成为文化创造和革新的萌芽。此外,教育的文化创新功能还表现在它所培养的人才上。文化是人类社会生活与社会实践的结晶,没有人就没有文化可言,同样,没有创造性的人才,人类文化也就不能创新、变革和发展。人是在创造活动中并通过创造活动来改善自己的。教育特别是学校教育作为培养人的创造精神、创造才能的主要力量,可以在一定程度上激发起人机体内的各种潜能,促使其成为创造性人才,从而为文化创造提供原动力。

当然,在文化变迁的整个过程中,由于教育发挥的作用不同,既可以成为文化变迁的"序幕",也有可能阻碍变迁;既可因兼容并包促进文化间的融合,也可因固步自封阻碍文化接触;既可因培养创造性人才增进文化变迁的活力,也会因对受教育者创造精神的培养而干涸文化创新的源泉;既可将新文化因素扩散于群体而为人们普遍接受,也可仅将其局限于少数"精英"而束之"高阁";既可将外来文化的技术、精神、规范等汇集于一体,带来文化上的整体变革,也可因只传授其中的技术成分而带来"文化滞后"现象。一此一彼,一正一反,两者兼具。如果不认识到这一点,我们就会夸大教育在文化变迁中的正作用,而忽视其副作用。

文化涉及人类活动的各个方面,包括人类精神活动的各项内容,因而显得有些杂乱无章,再加上地域性、风俗、习惯等方面的差异,这种现象看上去就愈加明彰。但是,实际上,无论何种文化,从整体上来讲,都是在一定程度上整合为一的。正如木尼迪克特所指出的:"一种文化就像是一个人,是思想和行为的一个或多或少贯一的模式。"①

文化达到整合的原因主要有两个:一是一定社会政治、经济的发展,要求有相应的文化,使得文化围绕社会的政治、经济一步步协调起来,在各方面出现一种越来越和谐的外形;二是年轻一代在教育等活动中获得本民族已有的价值观念、思想情感、知识经验,与周围的人共享一种文化,并因而获得认同感,以同样的社会文化目的结成群体。拉德菲尔德认为:"在形成对特定社会生活需要来说是适宜的一致的态度和价值方面,教学始终是有效的因素。"亨利也认为如果离开了文化整体性这一背景,教育就无法理解。他从传播及心理学的理论出发,指出教学中明显或不明显地传递价值是美国文化的自然本性,学校的基本功能是引导儿童文化定向,并使文化结合为一个整体。

文化一旦达成整合,就会形成为一种文化模式,有一种保持下去

---

① 〔美〕本尼迪胡特. 文化模式. 王炜译. 北京:三联书店. 1988. 48。

的倾向。它会凭借自身存在的各种自我组织系统，是一种很强的文化控制力量，它对文化的产生、发展起着重要的限制作用。对此，可以从以下三个方面进行解释：第一，教育传递和传播的社会价值规范，规定着受教育者的文化行为。教育从社会中心目的出发所传授的价值标准体系，深深钳制着受教育者的言行。第二，学校、班级作为社会群体，对文化有着一定的控制作用，在学校及班级生活中，学生会逐渐发展起自己的行为尽量为其他人接受。第三，教育对文化的控制还表现在人才选拔制度上。远在商周时期，我国就出现了"选贤贡士"的制度，对受教育者"考其德行，察其道艺"。"德行"与"道艺"兼优者，入选"俊士"等，劣之者，则不得入选。在这当中，就体现了十分明显的文化控制特点。

作为教育重要组成部分的教师教育，受传统文化影响最大。虽然，教师教育独立设置只是近代的事情，但其性质决定了与传统文化联系最为密切。孔子、孟子等古代圣贤，既是思想家又是教育家，他们在自己的社会实践和教育实践活动中提出的思想观点，实际上是对教育规律认识的总结与概括，他们的所作所为，为今天的教师树立了榜样。在大力发展教师教育，推进教师教育改革的今天，需要现代教师教育理论的指导，需要借助发达国家教师教育的经验，同时，也应看到传统文化中有关教育尤其是教师教育的思想及做法，对今天的教育实践活动指导作用也是明显的。

如果说教育的文化变迁功能是倾向于促进文化进一步向前发展的话，那么，教育的文化整合、控制功能则是倾向于保持文化的延续和稳定。这也是教育在其文化功能发挥上的一个明显的"悖论"。教育对文化是"促其行"，还是"固其步"，是受多种因素制约的。其中最主要的原因大概是来自政治压力，其次是文化背景以及教育自身。就其一般来讲，教育因其性质所限，自觉或不自觉地注重的是文化的整合、控制方面的作用。当然，在不同的历史时期，其表现不尽相同，对此不能一概而论。

从以上对文化与教育的基本关系的"泛论"中不难看出,文化与教育是陈陈相因、袭袭相连的。没有文化,就不会有教育。如果教育失去了文化,教育就不仅失去其内容,而且会失去其作用,教育就无从谈起;同样,抛弃了教育,文化就成了不可思议之物,无由存在和发展。

第二节　中国传统文化的形成及特点

传统文化是中华文明演化而汇集成的一种反映民族特质和风貌的民族文化,是民族史上各种思想文化、观念形态的总体表征,是指居住在中国地域内的中华民族及其祖先所创造的、为中华民族世世代代所继承发展的、具有鲜明民族特色的、历史悠久、内涵博大精深、传统优良的文化。

一、中国传统文化的形成

中国文化具有很长的发展历史,为便于说明问题,从以下阶段探析传统文化的形成。

(一) 中国文化探源

中国文化起于何时?目前史学家尚无定论。《周易·系辞下传》说:"古者包牺氏之王天下也,仰则观象于天,俯则观法于地,观鸟兽之文与地之宜,近取诸身,远取诸物,于是始作八卦,以通神明之德,以类万物之情,作结绳而为罔罟,以佃以渔。……包牺氏没,神农氏作,斫木为耜,揉木为耒,耒耨之利,以教天下,……日中为市,致天下之民,聚天下之货,交易而退。各得其所。……神农氏没,黄帝、尧、舜氏作,通其变,使民不倦,……垂衣裳而天下治。"这是《周易大传》作者的远古文化起源论。司马迁作《史记》,"自黄帝始"。汉代以后,关于"三皇五帝"的传说很多。据现有资料分析,我国最早的文化主要以原始艺术和原始宗教的形式出现;到了殷商西周时期,文化发展总的趋势是从神本走向人本。殷商时期,神权至上,迷信空气笼罩着整个社会,神在人们心目中的地位最高。同时,认为酒有助于沟通人与神之间关系,因此,这时酿酒术已经达到较高的水平。伴随着社会的进步,人们对社会、自然的认识不断深化。周朝的统治者,在信奉天命的基础上,提出了"敬德保民"主张,尽管当时所谓的"保民"实为"保王",但"敬德保民"主张的提出,标志着已经开始从神本向人本转化。

(二) 春秋战国时期

先秦时代是中国文化大发展的时期,当时诸子并起,百家争鸣,最主要的有六大学派,即儒、墨、道、法、名、阴阳。儒家宗师孔子,其主要代表是孟、荀。墨家是战国初年墨子所创立的反对儒学的新学派,宣扬兼爱非攻、非乐非命,但保留了关于鬼神的宗教信仰。道家宗师老子,其主要代表是庄子。法家商鞅在秦国实行变法,富国强兵,后来韩非发展商鞅的学说。名家重视名辩的研究,主要代表有惠施、公孙龙。阴阳家以阴阳五行解说世界现象,主要代表是邹衍。

儒墨当时并称"显学",《吕氏春秋·当染》说:孔墨"从属弥众,弟子弥丰,充满天下";"孔墨之后学,显荣于天下者众矣,不可胜数"。儒家的特点是宣扬"仁义",通习六经,《庄子·天下》云:"《诗》以道志,《书》以道事,《礼》以道行,《乐》以道和,《易》以道阴阳,《春秋》以道名分。"墨家的特点是宣扬"兼爱",而对于名辩(逻辑)、几何、物理学有较精深的研究,在中国逻辑史、科学史上做出了较大的贡献。道家是隐者之学,但也有广泛的影响。道家长于抽象思维,对于本体论的问题进行较深的探索,而又表现了菲薄知识、排摈文化的倾向。孔子主张"博学于文",墨子亦"好学而博",老子则宣扬"绝圣弃知"、"绝功弃利";庄子提出"文灭质、博溺心",要求回到原始的"素朴"。老子、庄子的这些言论是对于当时的等级制度的抗议。法家富于实际政治经验,是在政治上的优势学派。

春秋战国时期文化发展的另一个标志,是私学兴起。由于奴隶制的不断解体,周朝王室的衰落,以及诸侯争霸对人才的需求,出现了"天子失官,学在四夷"的局面。到了孔子、孟子时代,私学的发展已经具有了比较好的基础。相传孔子学生3 000人;墨子180余人;孟子有弟子数百人。在春秋战国时期,天文学、算学、医学、农学也都有一定的发展。

(三)秦汉魏晋时期

秦始皇吞并六国后,建立了统一的政权,听从李斯的建议,焚书坑儒,这是中国历史上第一次实行文化专制主义,是文化发展所遭遇的一次严重挫折。同时,我们也应该认识到,秦朝在中国文化统一方面是有所贡献的,如通过书同文、车同轨、度同制、地同域等,在政权统一的同时,实现文化的统一。但秦朝在农民起义的冲击下迅速灭亡,证明秦朝"以法为教、以吏为师"的专制政策是行不通的。汉朝建立,采取了道家"与民休息"的政策,收到了显著的成效。但是道家之学,标榜"因循无为",不能适应文治武功进一步发展的要求,于是汉武帝采纳了董仲舒的建议,"罢黜百家,独尊儒术",开始了儒家经学占统治地位的"经学时代"。灿烂辉煌的春秋战国"诸子时代"结束了。春秋战国时代思想活跃、学术繁荣的盛况消失了。

汉武帝时期,董仲舒建议"罢黜百家,独尊儒术",为了实行"《春秋》大一统"的方针,保证当时中央集权的政治统一。汉武帝罢黜百家,道家仍有其潜势力,流传不绝,阴阳家的一部分学说被董仲舒所吸收,法家的"刑名法术"仍为统治者所采用,而墨家和名家的学术却倏然断绝了。墨家对于名辩之学(逻辑)、物理之学有重要贡献,汉代以后竟无人继承,这是一项严重的损失。

汉武帝设置五经博士,以"通经"为士人进身的阶梯,严重地限制了学术的发展。后来,经学逐渐变得繁琐,失去了维系人心的作用。儒士所宣扬的名教也逐渐流为形式。东汉末年,郑玄遍注群经,实现了各派经学的综合。而后,汉代经学陷于衰落。

两汉时代,在经学占统治地位的情况下,自然科学仍有较大的发展。在天文学上,盖天说、浑天说、宣夜说,各有师传,交相辉映。张衡创制浑天仪、地动仪,更是大放异彩。医学家总结了先秦以来的医学成就,编撰成中医的经典著作《黄帝内经》,东汉后期张仲景更加以发展,撰写了《伤寒论》。此外,算学、农学也有一定的发展。史学家司马迁写出了不朽名著《史记》(原名《太史公书》),汉代学术,虽然在经学的笼罩之下,仍然有光辉的成就。

魏晋时代,玄学盛行,中国文化的发展转入一个新的时期。玄学的兴起是对于汉代经学的反动,是一次相对的思想解放,从汉代经学的束缚中解放出来。当时把《老子》、《庄子》、《周易》称为"三玄",实际上是崇尚老庄,以《老》解《易》。当时玄学的思想观点也影响到文学艺术,形成为一代风尚。由于玄学在方法论方面不同于以前重视实际运用的思维方法,重视理性思辨的抽象方法,因而提高了中国哲学的思维水平,为中国文化的进一步发展奠定了基础。

两汉之际,佛教开始传入中国,到南北朝时期,佛教逐渐流行起来。中国的人民大众本来宗教意识比较淡薄,儒学不谈生死的问题,而佛教大谈生死的问题,从而赢得了很多群众的信从。佛教的传入,标志着中印文化的接触,印度的一部分文化输入到中国,中国吸收了印度文化的一些成分,天台宗、华严宗固然继承了印度佛教的传统,同时也体现了中国儒家、道家的一些思想观点,表现了一定的创造性。慧能所创立的禅宗南宗,进一步推进了佛学的中国化。中国佛教的流行与盛行,表明中国文化并不拒绝外来的文化,并且能够吸收、消融外来的文化。

佛教对于文学、绘画、音乐、建筑也都发生了一定的影响。总之,中国文化通过秦汉魏晋时代的发展,为以后的发展奠定了良好基础。

(四)唐宋元明清时期

唐代韩愈发动对"佛老"的批判,以复兴儒学为己任,但是没有能够建立超越佛老学说的理论体系。到北宋时代,理学兴起,才恢复儒学的权威。周敦颐以《周易》为凭借,汲取了道家的一些观点,写成

《太极图说》《通书》,是理学的开端。张载以"气"为最高范畴来说明世界的本原,对于老子"有生于无"与佛教"以山河大地为见病"的唯心论进行批判。程颢、程颐以"理"为最高范畴,提出"天者理也"、"性即理也"的命题,建立了以"理"为中心理念的比较完整的体系。到南宋,朱熹、陆九渊分别继承并发展了北宋时代的理学理想。理学的出现,标志着中国传统文化发展到一个新的阶段。

宋代文化在当时居于世界文化的前列,科学技术、文学艺术都有高度的发展,对于世界文化发生过重大影响的"四大发明",即是在北宋时代完成的。

明代后期,万历年间,西方基督教的传教士利玛窦等来中国传教,带来了西方哥白尼以前的科学知识,是西学东渐的开始,当时西方的科学知识吸引了一部分中国士大夫。西学虽然没有得到广泛的传播,也没有遭到拒绝,明代末期至清代初期,即16世纪末到18世纪初,中西文化曾经有一段交流的过程。

明清之际,涌现出一些进步思想家,使中国传统哲学思想达到了一个新的高峰。黄宗羲提出比较明确的民主思想,顾炎武阐明了考证的科学方法,王夫之对宋明以来学术思想进行批判的总结。明政权覆灭、清政权初建,当时民族矛盾与阶级矛盾错综复杂,学者们从事新的探索,从而达到了较高的水平。但是,从世界范围来看西方的文化技术从16世纪以来突飞猛进,日新月异,相比之下,中国的传统文化落于其后了。

在西方中世纪时期,哲学成为"神学"的奴婢。经过科学家、思想家多年的艰苦斗争,终于从"神学"的羁绊中解放出来,于是,自然科学取得飞跃发展,哲学亦超越前古。在中国,直至明清时代,"经学"仍然是笼罩着学术界的最高权威。从明初开始,以八股文取士,使知识分子疲精耗神于无用的空文。清代统治者以少数民族入主中原,更大兴"文字狱",以酷刑峻法钳制人们的思想。在严酷的文化专制主义的控制之下,思想僵化,学术枯萎,远远落后于西方了。

1840年鸦片战争的失败，震醒了先进人士，但大多数人仍在梦寐之中。西学的再次输入，使传统文化受到了严重的冲击。清代末年屡次对外战争失利，中国人民遭遇了严重的民族危机。民族处在危急存亡的关键时刻，传统文化更处在动摇之中。经过辛亥革命到"五四"运动，人们发出了"新文化"的号召。于是，儒学、经学、理学三位一体居于主导地位的传统文化基本结束了，中西文化的异同优劣成为人们热烈讨论的主要论题。新的传统文化虽然没有建立起来，但已开始酝酿了。

综上所述，从殷周到民国初年，历经三千多年，中国的传统文化经历了漫长而又曲折的演变过程。

二、中国传统文化的基本特点

中国传统文化历史悠久、内涵丰富，所以论及其特点，往往是仁者见仁，智者见智，学者们对中国传统文化的特点确多有论述。我们以为，中国传统文化的特点有很多，其最显著的个性特点可以归纳为以下六个方面。

（一）底蕴深厚、生命力强

英国历史学家汤因比曾说，在近六千年的人类历史上，出现过26种文化形态，其中包括四大文明古国的文化体系，即中国古代文化、印度文化、巴比伦文化、古埃及文化等。在这些文化形态中，只有一种文化体系是长期延续发展而从未中断过的文化，这就是中国传统文化。延续不断，经久不衰，具有顽强的生命力，这正是中国传统文化的一个重要特征。

在中外历史上，不少优秀的文化因为异族入侵而中断，如希腊、罗马文化因日耳曼人入侵而中断沉睡了上千年；印度文化因雅利安人入侵而雅利安化；埃及文化则因入侵者的变化而不断改变自己的面貌：曾经一度希腊化，后又罗马化，再后又伊斯兰化。这都是由于它们根基不深，站脚不稳。中国传统文化却大不相同，十六国时期的五胡乱华,宋元时期契丹、女真的相继南下,乃至蒙古、满清入主中原,都未能中断中国传统文化,相反却是征服者最后被征服、被同化、被融合,中国传统文化吸收了各少数民族的新鲜血液,反而增加了新的生命活力。它之所以有这种顽强的延续性,是因为它有强大的同化力与融合力,外族文化进入中原地区、外域文化进入中国后,大都逐步汉化、中国化,与汉族文化、中国文化融为一体,成为中国文化不可分割的一部分,如佛教文化。又如,我国少数民族的文化,包括楚文化、吴文化、巴蜀文化以及西域文化等。中国传统文化还具有强大的凝聚力,这种凝聚力主要表现为文化心理的自我认同感和超地域、超国界的文化群体归属感。近年来,千百万华侨都来关心中国的振兴,正是这种文化凝聚力在起作用。用优秀的传统文化教育人民、团结人民,提高全民族的文化素质;用优秀的传统文化唤起海外广大同胞的爱国心,争取他们从道义上、物质上支持国内的现代化建设,促进祖国早日统一,正是我们弘扬中国传统文化的一个重要目的。

(二) 以人为本,重视道德

人文主义或人本主义,向来被当作中国传统文化的一大特色。所谓以人为本,就是将人作为考虑一切问题的出发点和归宿。肯定天地之间人为贵,人为万物之灵,在人与物之间,人与鬼神之间,以人为中心,这是中国传统文化的基调。也就是说,神本主义在中国不占统治地位,而人本主义则是中国传统文化的核心。孔子曾教导他的弟子说:"敬鬼神而远之,可谓知矣。"又说:"未知生,焉知死。""未能事人,焉能事鬼。"在处理人事与天道的关系时,不少政治家与思想家都主张要先尽人事,然后再考虑天道。因此,有的学者认为,在中国文化中人是宇宙万物的中心。

中国传统文化重视人伦道德。儒家文化主张"从政以德",强调道德在治国安民中的作用,董仲舒改造了原始儒学的思想,把"三纲五常"作为新儒学的核心。宋明理学更是强调道德与自我修养的作用。同时,中国传统文化强调要正确处理人与人之间的各种关系,要求君要仁、臣要忠、父要慈、子要孝、兄友弟悌,朋友之间要讲义讲信,为人臣、人妻要守节,与一般人交往也要讲忠恕之道,要努力做到"己所不欲,勿施于人"等。只有这样才能保证家庭和睦、社会安定、君臣合力、朋友同心。在处理君与民的关系时,中国传统文化一方面强调君主专制,强调臣民要忠君,但同时也有不少政治思想家强调民为邦本,本固邦宁;强调民贵君轻,提出了"君者,舟也;庶人者,水也。水则载舟,水则覆舟"的著名论断。因此,尊君重民成为中国传统文化的主流。

(三)强调人格,舍生取义

孔子认为,人生在世一定要有独立的人格。为了维护自己人格的尊严,为了实现自己的志向,宁可牺牲生命,也不能苟且偷生。他说:"志士仁人,无求生以害仁,有杀身以成仁。"又说:"天下有道则现,无道则隐。"[①]政治清明,符合自己为之奋斗的理想,可以出来做官;天下无道,政治黑暗,就应该退隐,而不应贪图宝贵荣华。孟子认为,生命与道义都是可贵的,假如两者不能兼得,就应该舍生以取义。他认为,作为一个大丈夫,应该具备一种"富贵不能淫,贫贱不能移,威武不能屈"的精神。正是在这种传统文化的熏陶下,我国历史上出现了苏武、杨业、岳飞、文天祥等无数忠君爱国的英雄。这种思想,在进行现代化建设的今天,仍然具有很强的现实意义。屈原"书楚语、用楚声、记楚地、名楚物",以自己的赤诚之心和一生的血泪写下了《离骚》《国殇》《九歌》等爱国主义诗篇,这种爱国主义精神自然应该肯定。西汉的苏武誓不投降匈奴,在北海牧羊十九年,持汉节不失,忠心不变;杨业宁死不降;岳飞精忠报国;范仲淹提出"先天下之忧而忧,后天下之乐而乐";文天祥拒绝当元朝的宰相,以"人生自古谁无死,留取丹心照汗青"的浩然正气走向刑场;明朝的东林党领袖顾宪成提出"风声、雨声、读书声,声声入耳;家事、国事、天下事,事事关

---

① 《论语·微子篇》。

心";抗倭名将戚继光写下了"封侯非我愿,但愿海波平"的著名诗句;明末清初的顾炎武提出"天下兴亡,匹夫有责";林则徐"苟利国家生死以,岂因祸福趋避之",一腔正气,无私无畏。所有这些,无一不是爱国主义精神的典型写照。中国传统文化强调以治国、平天下为人生的最高目标,强调将国家民族的利益放在首位,这种精神教育感染了一代又一代的中国人,成为中华民族最可贵的精神传统之一。这种爱国主义的精神传统永远值得继承和发扬!

(四)崇尚中庸,追求和谐

"和"作为哲学范畴,是指对立面的统一。"和实生物",只有"和",万物才得以生长,天下才能太平,国家方能兴旺,个人才能幸福。儒家的著名学者荀子一方面主张"致天命而用之",但同时又认为宇宙即是一个大和谐的局面:"列星随旋,日月递照,阴阳大化,风雨博施,万物各得其和以生,各得其养以成。"[①]而认为日食月食,地震山崩,水旱灾害等则是天地失和的表现。《中庸》则说:"万物并育而不相害,道并行而不相悖。""中也者,天地之大本也;和也者,天下之达道也。致中和,天地位焉,万物育焉。"

在天人关系即人与自然界的关系上,先秦各家多以"和"为最高理想。老子主张"守中"(《老子》第五章),认为婴儿(喻"道")状态乃"和之至也"。(《老子》第五十五章)庄子在《齐物论》中提出了"和之以天倪"的论断,都是认为"和"才是天人之间最理想的状态。名家学者惠施则认为"泛爱万物,天地一体也",[②]尽管万物有差别和矛盾,但最终的结局和最佳状态却是和谐。汉代的董仲舒提出了"天人合一"的主张,认为天与人、天道与人道、天性与人性都是相类相通的,因此可以达到和谐和统一。

人际关系的和谐,人与人之间的和睦相处、和谐统一,是持中贵

---

① 《荀子·天论》。
② 《庄子·天下》。

和思想的重点。有子曰:"礼之用,和为贵,先王之道,斯为美,小大由之。"①在先王之道,在礼制当中,"和"是最重要、最优秀的品质;但也反对无原则的调和,更反对同流合污,故而提出了"和而不同"②的主张。儒家主张君仁臣忠,父慈子孝,兄弟之间讲"悌",朋友讲"信"等等,目的也是为了维持人与人之间和谐的局面。孟子说:"天时不如地利,地利不如人和。"将"人和"作为战争胜负的关键。这一思想不仅适用于战争,在其他工作和活动中,能否做到"人和"也是能否取得成功的关键问题。

经过长期的历史沉淀,持中贵和的精神渐渐成为中华民族普遍的社会心理和中国文化各门类的共同追求。在政治上,人们重视君臣、国家、民族间的和谐,主张"克明峻德,以亲九族,九族既睦,平章百姓;百姓昭明,协和万邦"。③ 在经济上,主张"百姓时和,事业得叙",④"不患贫,而患不均";在思想方法上,主张"执其两端而用其中于民",既不要过分也不要不及。在个人修养上,主张"从容中道","文质彬彬"。在艺术上,主张"乐而不淫,哀而不伤"。⑤ 在美学上,主张"以和为美"。在戏剧文学上,主张"大团圆"的结局等等,这些都是强调"和"。

(五)儒家为主,众家并存

先秦诸子学说都具有鲜明的文化目的性,这就是"救时之弊"。梁启超认为,先秦诸子百家"皆起于时势之需求而救其偏弊,其言盖含有相当之真理"。⑥ 胡适则说:"吾意以为诸子自老聃、孔丘并于韩非,皆忧世之乱而思有以拯救之,故其学皆应运而生。"⑦以孔子为代

---

① 《论语·学而》。
② 《论语·子路》。
③ 《尚书·尧典》。
④ 《荀子·富国》。
⑤ 《论语·八佾》。
⑥ 《中国古代学术流变研究》。
⑦ 《诸子不出于王官论》,《胡适文存》卷2。

表的儒家学派曾是春秋时期的"显学",经过孟子、荀子的继承与发展,在战国时期仍然占有极其重要的地位。但是,他们以"仁"和"仁政"为核心的政治主张,以贵和持中为核心的思想方法,以重人伦、重个人修养为核心的修身养性之道,以"信而好古""宪章文武""法先王"为核心的社会理想,并不符合春秋五霸、战国七雄争霸称雄、夺取天下的政治需要,不符合新兴地主阶级变法革新的要求,因而在春秋战国数百年间,尽管他们也曾周游列国、招徒讲学、著书立说,但始终未能得到当权者的重视,始终处于"子"学的地位,而未能成为官方的指导思想。只是到了汉武帝时期,他们的主张才适应了统治者的需要,从"子学"变成了唯我独尊的官学。从此之后,儒学虽然也曾几经变化,但其礼治德教的精神却始终一致,成为中国传统文化的正宗。

以老庄为代表的道家,是先秦诸子中的一大流派。从许多方面来看,它与儒家观点不同:儒家重视人伦,道家尊崇"自然";儒家讲求文饰,道家向往"质朴";儒家主张"有为",道家倡导"无为";儒家强调个人对家族、国家的责任,道家则醉心于个人对社会的超脱。从另一方面看,道家与儒家在精神上也不是全然对立的,而是存在着相互接近、相互沟通的质素。比如,儒家的"天人合一"学说主张人与自然的和谐,人与人之间的和谐,与道家的崇尚自然就有一定相通之处。在战国时期,道家出现了黄老刑名学派,在各诸侯国的变法革新中曾经发挥了一定作用。汉朝建立后,黄老刑名之学曾成为汉初七十余年的统治思想,其中吸收了不少儒家仁政德治的主张。汉武帝接受了董仲舒"罢黜百家,独尊儒术"的主张之后,黄老之学虽然也在被罢黜之列,但其影响并未立即消失。东汉以后,随着道教的兴起和佛教的传入,很快形成了以儒为宗,儒道佛三家鼎立的局面。魏晋玄学从本质上说是儒道结合的产物,宋明理学则是儒道佛合流的产物。

法家是战国时的显学,在战国各诸侯国的变法革新中占据了重要地位。秦始皇君臣也崇尚法家,正是用法家思想灭掉了六国,统一了中国,并建立了一整套巩固统一的政治、经济、军事、文化制度。由于法家过分强调暴力,滥用民力,导致了农民阶级和各国旧贵族的反抗,秦朝二世因而灭亡。继起的汉朝虽然全面继承了秦朝制度,但却不敢公然宣称用法家思想治天下,反而大讲法家亡国论。实际上却是口头上大讲仁义道德,在具体行政执法时又不能不采用法家的主张与政策。直到汉武帝宣布独尊儒术之后,法家学说仍然或隐或现地发挥作用,历代统治者多数采用"霸王道杂之"的统治方法,即外儒内法、阳儒阴法、儒法并用。个别纯用儒家学说的帝王除了导致大权旁落、国力衰微之外,没有更好的结果。于是,在中国古代逐渐形成了儒道互补、外儒内法、儒佛道合流的统治思想。

(六) 直面现实,经世致用

学术界将这种实用倾向称为"实用理性"或"实践理性"。中国古代文化以"补偏救弊",即以解决社会、人生的实际问题为出发点和归宿,多数学者热衷于对政治、伦理等与国计民生密切相关的问题的研究与探索,只有极少数人对抽象的思辨感兴趣。

孔、孟、荀等三位儒学大师在讲到自己的治学重点时,对这一问题作出过自己的解释。有的学生向孔子请教鬼神之事,孔子说:"未能事人,焉能事鬼。"有的学生问孔子人们死后的状况,孔子回答说:"未知生,焉知死。"因此,他的弟子说:"子不语怪力乱神。"[①]"敬鬼神而远之。"[②]这说明,孔子着重研究的是与人生密切相关的问题,对于那些玄妙难知的鬼神世界不感兴趣。孟子则说:"知者无不知,当务之为急。""尧舜之知不遍物,急先务也。"[③]像尧舜那样大智大慧的人还不普遍研究所有问题呢,何况其他凡夫俗子。因此,人们的研究应该采取"急先务"的方法,也就是后人说的"急用先学"、"当务为急"、"立竿见影"。荀子在《天论》一文中也说:"不为而成,不求而得,夫是

---

① 《论语·述而》。
② 《论语·雍也》。
③ 《孟子·尽心上》。

之谓天职。如是者,虽深,其人不加虑焉;虽大,不加能焉;虽精,不加察焉。夫是之谓不与天争职。""万物之怪,《书》不说。无用之辩,不争之察,弃而不治。"孔子、孟子、荀子的这种治学重点和治学态度,对他们的弟子和后人发生了重大影响,对于中国传统文化中实用理性的形成起了重要作用。

老子、庄子主张"法自然",曾经研究过不少抽象的理论,他们的辩证法思想、逻辑学说、相对主义理论等对于中国古代哲学的发展做出了杰出贡献;而有关修身养性、有关真人、神人的论述等,则成为道教长生不老、成仙、成神的理论先鉴。这与孔孟的实用学说应该说是大相径庭,大异其趣。老子关心的重点依然是"以正治国,以奇用兵,以无事取天下",着重研究的还是"君人南面之术",包括以退为进、柔能克刚等为人处世之道。他们的后学弟子研究的黄老刑名之学,其实用性比起儒家学说来可以说有过之而无不及。

名家主要研究思辨哲学,它促进了中国古代逻辑学的发展。但是,他们后来也与道家、法家、儒家结合,这才形成了黄老刑名之学。他们研究的一个重要领域则是"名"与"实"的关系,它与国计民生也是密切相关的。

中国传统文化强调经世致用,就是主张做任何学问都要有利于国计民生,比如修史是为了察古知今、鉴戒垂训,因此才有了《资治通鉴》等这样的史学巨著;写文章强调"文以载道",因为它是"经国之大业,不朽之盛事";[1]写诗作词也是为了"诗言志",[2]兴、观、群、怨,不仅仅是要抒发自己的离情别绪,而是为了事父事君;绘画是为了"助名教而翼群伦";[3]音乐则是为了移风易俗,因为它可以善人心,感人至深,自然能起到潜移默化的教育作用。

---

[1] 曹丕:《典论·论文》。
[2] 《论语·阳货》。
[3] 宋濂:《宋学士文集·画原》。

正是在这种经世致用的治学传统影响下,中国古代的科学也成为实用科学,无论天文、数学、医药、地理,还是农学水利,乃至四大发明,大多是与国计民生密切相关的实用科学。这些实用科学的成就之高,解决实际问题的能力之强,曾在世界历史上遥遥领先。同时,也要看到中国传统文化的这种特点,有其对科学发展不利的一面。儒、道、释三家,从思维方法层面讲,主要是直觉辩证思维,这种思维方法,有其积极的一面,对世界和事物容易形成整体观念,便于对世界以及具体事物进行整体把握;但重视直觉思维、轻视逻辑思维有其消极作用,因为这种思维方法,不容易形成科学理念,不容易建立起对事物、对世界有理有据的科学认识。我国近代科技发展落后于西方,这可能是重要原因之一。

第三节 传统文化与教育现代化

通过以上分析可以看出,所谓传统文化就是一个民族在长期历史发展过程中形成的、具有稳定状态的文化,它体现着一个民族的价值取向,影响着一个民族的生活方式,是一个民族历史遗产在意识形态方面体现。下面在分析教育现代化的概念及特征的基础上,试图理清传统文化和教育现代化的关系。

一、教育现代化的概念

关于教育现代化的概念,许多学者对此进行了积极的探索,有的从教育现代化与现代教育的关系来考察,有的从纵向发展与横向发展不同侧面来研究,都在一定程度上揭示了教育现代化的内涵。顾明远教授在1996年提出,现代教育是建立在现代科学技术基础之上,以先进的教育理论为指导,能够满足全民学习需要的教育活动。现代教育的主要特色或标准是教育与生产劳动相结合,在满足全民学习需要方面,有三个特点:一是教育民主化与平等化;二是教育的终身化;三是教育的个性化。张人杰教授认为,教育现代化应以社会现代化的"五化"(民主化、多元化、人本化、科技化、国际化)为大方向来规范和界定。教育为现代化建设服务,教育自身必须现代化,主要包括教育人本化、教育民主化、教育多元化、教育科技化、教育国际化等。储宏启教授认为,教育现代化是指与教育形态的变迁相伴的教育现代性不断增长的历史过程。教育形态的变迁是指教育的各个层面的变化、演进过程,主要是指教育结构(行政管理体制、学校结构、课题结构等)分化和教育功能增生、改变的过程。教育现代性是教育一些特征的集中反映,它体现了教育现代化过程中教育呈现出的一些新特点和新性质,教育现代性的增长是教育现代化进程的根本特征。

教育现代化是社会现代化的一个组成部分,因此,它一方面具有现代化的共同属性,另一方面又有其自身的特点。综合众多学者的研究成果,对教育现代化的概念可以从以下三点来认识。

(一)教育现代化是一个国家或地区教育发展较高的水平状态。而且,这种水平是与该国家或地区的社会、经济、科技以及相应的民族心理相适应的。同时,教育现代化也是一个动态的发展的概念,教育现代化水平处于不断的发展变化过程之中。从纵向看,教育现代化具有历史性,表现出发展阶段性。从横向看,教育现代化同社会其他方面的现代化是紧密联系的,而且在不同的国家和地区表现出不平衡性。

(二)教育现代化是一种整体现代化,它的目标和内容涉及众多因素。从教育的内部来看,既包括构成教育系统的各个方面的现代化,如教育体制、教育内容、方法、教育思想、办学条件、学校管理等,又包括各级各类教育本身的现代化,如学前教育、初等教育、中等教育、高等教育、成人教育等。从教育的外部来看,包括教育的决策和发展战略、教育环境、教育投入机制、教育与社会其他子系统的协调与平衡等。

（三）教育现代化的核心是实现人的现代化，人的现代化是社会现代化的核心和前提，也是社会现代化的核心因素。只有实现人的现代化，才能实现社会现代化。那么，如何实现人的现代化？答案只能是教育。许多研究和实践也表明：教育是决定一个人现代性的首要因素，受教育程度直接决定了一个人现代性品质的转变，教育的本质就是使人社会化和文化化，获得特定社会所要求的社会品质和精神素养。教育现代化是实现人的现代化的必由之路，其核心是培养人的现代素质。

二、教育现代化的特征

如同其他事物一样，教育现代化有它自己的特性而区别于其他事物，教育现代化的基本特征归纳为以下五个方面。

（一）培养人的现代素质

培养人的现代素质是教育现代化首要的基本特征。一般认为，人的现代素质是指能够适应现代社会要求、具有时代特征的身心结构要素及其较高层次的发展水平。那么，它应该包括什么具体素质，对此众说纷纭。王策三、黄济主编的《现代教育论》提到的观点比较全面和丰富，具有权威性和时代性。他们认为，21世纪人的全面发展的丰富内涵可概括为更富创造性、更加成熟化、更有适应性、更具个性化。更富创造性表现在创新意向、冒险精神、开拓能力、批判精神等方面；更加成熟化表现为更加开放化、更具相容性、具有系统观、更认识和了解自己等方面；更具适应性表现在更强健的体质、主动适应变化的品质、更全面的知识和能力、更健全的心理等方面。更具个性化也是21世纪人才的重要素质。总之，现代素质就是能适应现代社会发展要求的素质，它是教育现代化的主要任务。

（二）教育与生产劳动相结合

教育实践已表明：教育与生产劳动相结合是现代化大生产的本质要求，是现代教育发展的必然趋势。马克思曾指出："生产劳动同智育和体育相结合,它不仅是提高社会生产的一种方法,而且是造就全面发展的人的唯一方法。"因此,教育与生产劳动相结合在教育学上具有重要意义。这种意义,首先体现在教育中理论与实践相结合的原则。其次,随着科学技术的不断发展,科学技术在社会生活和生产中的作用越来越大,已成为"第一生产力"。而且,社会生产的概念也越来越大,教育与生产劳动相结合已成为教育(包括科学技术)与社会政治、经济乃至社会生产的结合。教育与生产劳动相结合是双向作用的过程,一方面强调教育必须结合生产劳动,另一方面强调生产劳动必须依靠科学和教育。列宁指出:"无论是脱离生产劳动的教育和教学,或是没有同时进行教学和教育的生产劳动,都不能达到现代技术水平和科学知识现状所要求的高度。"

(三) 教育全民化

教育全民化包含的思想有两个方面:一是教育的民主化和平等性,二是教育的普及性。教育民主化的进程与教育现代化的进程是同步的,不民主的教育是不可能成为现代教育的。目前,各国的教育改革已将教育民主和平等作为其追求的重要目标之一。教育民主就是使全体社会成员有权利接受教育,人人享有教育的机会。教育平等就是使每个公民都享有充分的公正的受教育机会。具体而言,教育民主与平等要求学校对每个学生负责,面向全体学生;教育过程和教育效果均等,每个学生均等享有教育资源,给每个学生以更好的教育;教学过程中体现民主和平等的师生关系等。教育全民化的另一涵义是教育的普及性。普及教育是国家对学龄儿童不分种族、肤色、宗教信仰、性别等所实施的一定程度的基础教育。可见,教育的普及性是教育民主化的基本保证。为了有效实施基础教育,有的国家以法律形式规定其义务性质,因此普及教育也称为普及义务教育。

(四) 教育终身化

20世纪60年代,曾任联合国教科文组织成人教育局局长的法国教育家保尔·朗格朗首先提出终身教育的概念,并迅速发展为一种国际教育思潮。这种教育思想主张,教育应该贯穿于人生的各个年龄阶段,而不只限于儿童和青少年时代,教育应当在每个人需要的时候以最好的方式提供必要的知识和技能。1972年,联合国教科文组织发表的《学会生存——教育世界的今天和明天》的报告,又提出了学习化社会的概念,认为"每一个人必须终身继续不断地学习,终身教育是学习化社会的基石"。终身教育思想导致了各国教育政策、教育内容和教育观念等的深刻变革。终身教育适应知识经济社会的需要,要求把教育的着眼点放在教会学生学习上,放在学生的自我发展与完善的能力上,学习不再是谋生的手段,而是每个人和人类生活本身的目的和内容。

(五) 教育开放化

在当下信息化的社会,每个人都和社会发生千丝万缕的联系,每个国家都和其他国家发生这样或那样的联系,一个全球性的社会正在形成,开放性的社会环境,要求开放性的教育,教育的开放化主要体现在以下两方面。一是教育的社会化。教育社会化是指教育社会功能的扩展和增强,使教育的社会地位发生根本变化,教育被视为全社会的共同事业,教育为全社会服务;同时,全社会都关心支持教育事业,参与政策的制定,参与学校教育的管理,甚至直接或间接地参与学校课程设置、教学质量评估等学校内部事宜。目前,许多大学教学—科研—产业"一体化"或大学与企业的产学互利合作就是教育社会化的典型体现。此外,教育社会化的另一涵义是学校教育、社会教育与家庭教育的一体化,这是一种大教育观的体现,与终身教育紧密联系,已成为现代教育改革的重要内容。二是教育的国际化。这主要表现为:①学生和教师的国际流动越来越频繁,争取留学生已成为国际教育竞争的热点之一;②国际学术交流增多,合作进行科研难题的攻关增多;③国际间跨国办学或合作办学逐步展开;④培养理解多种异国文化,具有国际性人际交流能力的国际人正在成为各国的教育目标。

以上关于教育现代化基本特征的五个方面是相互联系的,有的还是相互渗透的。培养人的现代素质和教育与生产劳动相结合是教育现代化的根本性特征,前者说明了教育现代化的目的,后者阐明了教育现代化的手段。其他几方面特征都是它们所派生的,都是教育现代化的外在表现形式。教育全民化是就教育对象范围以其受教育者在教育过程中的相对状况而言的,而教育终身化和教育开放化分别是就教育在时间和空间两方面而言的。

三、传统文化与教育现代化的关系

在探讨教育现代化的时候,关于一个民族的文化与教育实现现代化是何种关系,是必须搞清楚的问题。否则,在教育现代化的过程中会遇到障碍。一般来说,一个国家的传统文化,既有适应教育现代化的一面,又存在矛盾的一面。从适应的方面看,文化与教育现代化互相适应、互相促进。具体表现在以下三个方面。

(一)传统文化是实现教育现代化的基石。世界各国,特别是东方国家都遇到一个共同的问题,即在实现现代化的同时,如何对待民族传统文化,尤其在我们这样的一个文化氛围十分浓厚的国家,这一问题更引起人们的高度关注。现代化首先从西方开始,因此人们往往容易把现代化与西方化联系起来。加上有一段时期,受西方中心为基点的现代西方的发展学说的影响,人们往往将欠发达的原因归咎于传统,但研究表明,许多新近发达国家如日本、新加坡等都是在合理地继承各自的传统文化的情况下走向了现代化;而有些急于摆脱传统文化的欠发达国家却至今未能实现现代化。因此,对于民族传统文化与现代化的问题需要审慎地研究。

一个国家走向现代化,总是建立在一定的经济、政治、文化基础之上的。否定传统文化也就是否定历史,否定民族精神,人为地割断自己的"根"。美国文化哲学家怀特说过:"文化是一个连续的统一体,文化发展的每一个阶段都产生于更早的文化环境","现在的文化决定于过去的文化,而未来的文化仅仅是现在文化潮流的继续"。可以说,一个国家民族的发展史,也就是发展和丰富传统的历史。所以,如何对待传统文化这一问题,决不单纯是个文化问题,而是一个关系民族命运发展的问题。许多历史事实证明,一个国家走上民族振兴、走向现代化,是从弘扬民族传统文化做起的。

中国的情况也是如此。提起中国的教育不能不提到孔子,乃至由他始创的儒学。儒家崇尚教育的作用,注意因材施教,主张教学相长,强调学思结合,重视知行统一,提倡为人师表等等。这些教育思想,虽不能兼收并蓄,但其教育思想中的精华,同我国其他教育传统一样,仍然以其强有力的生命力世代流传下来,在现代教育中被吸收和弘扬,为振兴教育、服务现代化建设而发挥作用,而且还在不断完善创新。

(二)传统文化作为一个民族的特征,有它的合理的内核。这种内核反映了民族性和人类性,代表了民族发展的方向和人类进步的方向。虽然它存在于民族传统文化之中,但它具有旺盛的生命力,它不仅不会阻碍现代化的发展,而且会促进现代化的发展。例如,中华民族传统文化中的"自强不息"、"贵和尚中"、"勤劳节俭"等精神,能激励中国人民在现代化建设中奋发向前。再如,东方传统文化中的义利观、集体观和忍让精神已经在亚洲许多国家的现代化进程中发挥了积极的作用。

我们伟大民族的传统文化宝库中蕴含着许多有利于教育现代化发展的因素。在长期的历史发展过程中,中华民族形成了优秀的教育传统。从教育制度来看,中国太学的博士弟子制度、书院讲学与研究制度、以考试促自学的科举制度,以及官学与私学、中央与地方多层次多形式办学制度等,都是适合中国国情的;从教育思想看,中国古代教育家提出的一系列教育教学原则,如有教无类、因材施教、教学相长、循序渐进、由博返约、启发诱导等至今仍有现实意义。由此看来,它不仅不会阻碍现代化的发展,而且会促进现代化的发展,发挥积极的作用。

（三）任何一个民族必须有自己的民族精神，它是民族发展的动力和源泉，而民族精神总是蕴藏在民族传统文化之中。因此，即使在当今世界经济一体化的时代，各民族国家仍然坚持和发扬本民族的传统文化，并由此而激发人民的民族意识和爱国主义精神。激发民族活力，从而使民族在复杂曲折的现代化道路中获得新生。从世界文化史来看，现代化国家的一个强有力的精神杠杆，就是本民族强烈的民族意识和爱国主义精神，这些国家的人民总是以虔敬的心情缅怀着自己的传统文化，对于本民族的历史文化遗迹都倍加珍惜和爱护。数千年来中华民族的爱国主义精神团结了占世界总人口五分之一的人民在自己统一的国土上抗击侵略者和建设自己的家园；改革开放以来世界华人都在为祖国的现代化谋划出力，这也说明了民族文化在国家发展中的作用不容低估，一个民族的振兴脱离本民族的文化是不能想象的。

当然，传统文化中存在与教育现代化互相矛盾甚至互相对立的因素，需要我们加以限制。传统文化是经过长期的历史积淀而成的，对现实社会仍产生巨大影响的文化特质和文化模式，它包含了许多旧的内容。传统文化在它形成的初期是当时的新文化，代表着当时社会发展的方向，而对现代社会来说它又是旧文化，虽然它的内容不断在发展，不断增加新内容，但从总体上来说总有一部分属于旧文化。因而，它本身有些内容对现代化的实现具有阻碍作用，对此，我们要有清醒的认识，下面从四个方面加以说明。

1. 中国传统文化中讲德治与教化，道德理想具有终极目标的崇高地位，这种伦理型文化的特点是往往无视人的自身价值，贬抑人的个性发展，与现代教育倡导的"解放个人，培植具有充分活力的个人主体，弘扬个体原则"相悖。传统文化要求教育在人格塑造上以归属感(依附型)为目标取向，这种"人"没有个性特征，无创造精神，更没有生命之光。这反映在教育目标上就是造就一代又一代无人格尊严、无人格独立的奴性十足的"忠臣"、"循吏"、"孝子"、"顺民"。这与现代化教育所追求的培养创造精神、张扬个性、塑造独立人格的教育目标相去甚远,与现代教育倡导的"个性"的自由与解放背道而驰。

2. 中国传统文化中重"民本"但轻"民主"的遗风犹存,与现代教育的民主化格格不入。中国封建社会"民本"思想的核心是一种"臣民"思想。臣民不同于公民,他们作为一个君主统治下的臣民,并不具有宪法和法律所规定的权力,而仅仅承担君主政治所规定的种种强制性义务。现代教育要求教育民主化,教育民主化的核心是教育权利平等和教育机会均等。教育政策的制定、教育的组织管理、教育的师生关系等方面的民主化是教育现代化过程中的关键问题。由于中国传统文化中一直缺少民主的基因,集权专制思想根深蒂固,将影响并拖累中国教育走向现代化。

3. 中国传统文化中缺乏自由、平等、人权等现代社会及现代教育所需要的价值观念与精神特质。"人的全面而自由发展"作为我们实施现代化教育的基本原则。人的权利得到实际肯定,人的价值得到充分尊重,人的创造精神得到自由发展,人的主体性得到真正确立,这是现代教育的主要目标标志。而我国传统文化中的传统教育往往对人的自我价值和权利持否定态度,进而否定人的自由,扼制人的主动创新精神,所培养的人总是表现出一种极强的自尊而缺乏独立自由的人格。传统教育在教育思想和培养目标上总是强调复制整齐划一的、无独立人格的一群人。这与现代教育的主要目标"人的全面而自由发展"不符,给中国教育现代化增加了更多的负担。

4. 培育具有现代科学精神、现代科技态度与能力,拓展受过现代科技教育的人力资源,是现代教育的一个重要目标与任务。而传统的中国文化则是人文精神厚实,科学精神薄弱,科学的理性精神始终受到抑制。历史上反科学、反科学家的悲剧一演再演。传统文化重视教育,但在教育内容和教育制度的设置上却是重儒家经典,尚科举制度,轻科技理性。这正是中国在人类历史上曾一度出现"科技领先"的辉煌时期,但却长期处于科学落后的境况的主要原因。因此,不能不说中国传统文化缺少对现代教育的文化支撑力度,并直接影响教育转型时期张扬科学精神与科学能力的文化氛围的建构。

由此可见,我国在实现现代化的过程中,总要对旧的传统文化加以批判和否定。这种批判和否定并非抛弃传统中的一切东西,而是要加以鉴别、选择和改造,使它符合时代的要求,改造成为现代化的教育传统。

四、教育现代化是对传统文化的扬弃

当前,我国处于一个历史发展的重要时期,重视发掘并批判地继承和发展中华传统文化教育遗产,对建设我国教育现代化,实施"科教兴国"的战略方针,具有十分重要的现实意义和深远的影响。

下面分析教育现代化应该从中华传统文化教育中批判地吸取、继承和发展的有关内容。

(一)"德教为先"的教育思想

中国自西周以来逐渐形成了重德重教的传统。儒家的"德治"、"教化"思想正是"德教为先"的教育思想的集中体现。《周易·蛊》指出:"君子以振民育德。"《论语·述而》有:"子以四教:文、行、忠、信。"文,指文化知识;行,指道德行为。孟子也说:"人之有道也,饱食暖衣;逸居而无教,则近于禽兽。"[①]更把道德败坏或缺乏道德的人视为衣冠禽兽。《礼记·学记》说:"建国君民,教学为先。"《隋书》说:"君民建国,教学为先;移风易俗,必自兹始。"宋代思想家王安石也说:"天下不可无一日而无政教,故学不可一日而亡于天下。"这些,都是对道德教育作用的认可。可见,历史上的儒家坚持把如何培养人,如何成圣贤,当作学校教育的根本宗旨,因此尤重德教,把德育放在一切教育的首位。当然,历史也证实,道德不是万能的,道德教化也并

---

① 《孟子·滕文公上》。

不能解决社会上的一切问题，但"德教为先"的教育思想是值得肯定和借鉴的。新中国成立后，毛泽东同志指出："我们的教育方针，应该使受教育者在德育、智育、体育几方面都得到发展，成为有社会主义觉悟的有文化的劳动者。"(《关于正确处理人民内部矛盾的问题》)党的十一届三中全会后，邓小平同志多次强调重申毛泽东同志提出的党的教育方针，指出："学校应该永远把坚定正确的政治方向放在第一位。"(《邓小平文选》第2卷)他提出要培养"有理想有道德有文化有纪律的四有新人"，赋予了"德教为先"新的时代精神和时代特征，具有重要的指导意义。

(二)"修身为本"的教学目标

中国传统教育把自身的道德修养——"修身"看作是"齐家、治国、平天下"的根本，提出重视"修身为本"的教学目标。孔子说："德之不修，学之不讲，闻义不能徙，不善不能改，是吾忧也。"(《论语·述事》)孟子说："君子之守，修其身而天下平。"[1]荀子也说："必先修正其在我者，然后徐责其在人者。"[2]《礼记·大学》更详细深刻地阐述了这一思想："意诚而后心正，心正而后身修，身修而后家齐，家齐而后国治，国治然后天下平。自天子以至于庶人，壹是皆以修身为本。""修身为本"，首先从严格要求自己做起，然后才能实现建设、治理国家、安定天下，达到提高整个社会、国家以至全民族的素质水平，这些思想至今仍是正确的，对青年一代尤为重要。毛泽东青年时代在湖南省第一师范读书时，把学习重点放在修身、哲学、国文、史地等课程上，留下了"修身"和'国文"两门课听课笔记《讲堂录》。周恩来身上更是集中体现了中华传统文化中的人格修养和智慧精华，其高尚的人格堪称表率，更为中国人民和世界人民所赞誉和敬颂。20世纪90年代以来，北京大学提倡学生的"修身"运动风靡了大学校园，大学生

---

[1]《孟子·尽心下》。
[2]《荀子·富国》。

们以"修身齐家治国平天下"、"一屋不扫何以扫天下"为座右铭,"从我做起,从现在做起",树立了良好的教风、学风和校风,塑造了新时代大学生的新形象,创建了文明校园。

(三)"有教无类"的教学对象

孔子明确指出了"有教无类"的广泛的教学对象主张。"有教无类"是讲教育应为更多的人服务,人们受教育的权利不应当受到种类、族类、阶层门第的限制。当然,孔子又说:"自行束修以上,吾未尝无诲焉。"[①]这在当时生产力低下的情况下,能交上十条肉干的学生决不会是一贫如洗的底层劳动人民。但是,"有教无类"的提出与实施,在当时历史条件下有很大的进步意义。"有教无类"大胆地打破了西周以来"学在官府"的教育制度,促进了私学的创立;"有教无类"扩大了教育对象,从王公贵族子弟扩大到一般平民,如孔子赞叹的颜回虽出身贫寒到"一箪食,一瓢饮,在陋巷,人不堪其忧"。[②] 又如,据《吕氏春秋》记载,子张出身于鄙家,鄙家即是野人,孔子却不问贵鄙,都进行教育。《论语·子罕》记载:"有鄙夫问于我,……我叩其两端不竭焉。"这记述了孔子教育一个农夫的故事。"有教无类"使文权下移,使文化教育逐渐传播于民间,有利于生产力的发展,并为战国时期百家争鸣准备了社会条件。"有教无类"反映了教育本身发展的趋势,但封建制度决定了孔子的"有教无类"只是一种理想化的教育观念,只有在新中国,建设自己民族的科学的人民大众的新文化和新教育才能实现。新中国成立四十多年来,我国教育工作取得了显著成就,特别是党的十一届三中全会以来,教育改革逐步展开,九年义务教育、职业教育和技术教育、高等教育、成人教育、民族教育等等都取得长足的进步,成就辉煌。"希望工程"、"扶贫攻坚"等项目更为贫困地区贫困家庭子弟的受教育创造了机会,"有教无类"不再是空想,理想

---

① 《论语·述而》。
② 《论语·雍也》。

变成了现实。

(四)因材施教的教学规律

根据学生心理的个别差异因材施教是教育上的一个普遍规律,历来为教育家所重视。两千年前的孔子,总结了前人和自己的教育实践经验,探索并实践了"因材施教"的教学规律。孔子曾把他的一些优秀学生分为四类:"德行"优秀的有"颜渊、闵子骞、冉伯牛、仲弓";擅长语言的有"宰我、子贡";"政事"干练的有"冉有、季路";文学出众的有"子游、子夏"。称"德行、言语、文学、政事"为"四科"。朱熹则把"因材施教"与教学分科联系起来,批注为:"弟子因孔子之言,记此十人,而并目其所长,分为四科。孔子教人,各因其材,于此可见。"为了实施因材施教,孔子观察了解各个学生的个性,他分析学生的个性差异说:"柴也愚,参也鲁,师也辟,由也唯。"[①]孔子指出学生个性中的弱点:高柴愚笨,曾参迟钝,撷孙师偏激,仲由刚烈莽撞,并有针对性地进行教育,对症下药。据《论语·为政》记载,他对孟鳡子、孟伯、子游、子夏四人问"孝"时,回答内容虽以"孝"一以贯之,扣住"父母为本",但又因人而异,分别回答为:"无违"、"父母唯其疾之忧"、"养而敬"、"色顺"。《论语·先进》还记载,子路和冉有两人问孔子"闻斯行诸?"(听到一件合理的事情就立刻去做吗?)孔子回答子路为:"有父兄在,如之何其闻斯行之?"回答冉有为:"闻斯行之。"学生公西华不明白为什么同一个问题有两个答案,就问孔子,孔子告诉他:"求也退,故进之;由也兼人,故退之。"孔子就是根据冉有个性胆小畏缩,要给他鼓励壮胆;而子路胆大,急躁好胜,所以要约束他。

社会历史发展到今天,世界各国一直在探讨个性差异与个别施教的问题,随着科学技术的现代化,尤其是信息技术等先进传播手段的引入,一方面教育摆脱了课堂空间的限制,教学更加有声有色,易入脑入心;但另一方面,在一般教学中如何适应个性差异的问题也更

[①]《论语·先进》。

加突出。研究因材施教的问题仍然是一个非常现实而且十分重要的课题。

(五) 师重身教的教育师德

教师的表率榜样,对学生有直接的感染教育作用,有的甚至影响到学生的一生。"一日为师,终生为父"是中华民族对教师尊崇的最高体现。孔子认为:"其身正,不令而行;其身不正,虽令不从。"①这既是对从政为官者的重要告诫,也是对教师师德的表率要求。孔子主张教师言行一致,他要求"敏于事而慎于言",②认为:君子耻其言而过其行",③对那种夸夸其谈、言过其实、言行不一的行为,视为可耻。董仲舒鲜明地提出:"善为师者,既美其道,又慎其行。"《后汉书》也说:"以身教者从,以言教者讼。"张行简则更全面地概括了为师重教的师德是:"为师之道,端品为先,模范不端,则不模不范矣。不惟立言制行,随时检点,则衣冠瞻视,亦视道貌岸然。"④

古今中外有远见的政治家、学者,一向重视和肯定教师在传道授业解惑上对社会对历史对人类的贡献。我国改革开放以来,逐步确立的"科教兴国"的战略方针,把教育放在重要的战略地位,尊师重教在当代得到了充分的肯定和崇高的评价。教师要吸取中华传统文化教育中"师重身教"的优良传统,立志敬业,修身自律,以身作则,为人师表,培育四有新人,做无愧于"人类灵魂工程师"的光荣的人民教师。

中华传统文化教育的珍贵财富是中国古代人民勤劳智慧的结晶,灿如星河,涌如江流,诸如"克己复礼"的学习志向,"吾日三省吾身"的德育要求,"温故而知新""学而不思则罔,思而不学则殆"的学习方法,"三人行必有我师焉"、"朝闻道,夕死可矣"的学习态度等等,

---

① 《论语·子路》。
② 《论语·学而》。
③ 《论语·宪问》。
④ 《啸孙轩攒存·塾中琐言·端品》。

都对我们今天的教育具有启迪和影响。

我们研究传统文化与教育现代化,要以历史的发展的眼光看待传统,避免夸大或缩小,避免"妄自尊大"或"妄自菲薄",中华传统文化教育的生命力不仅来自五千年文明史,更在于它总是使自己改革创新,以适应社会历史的前进和发展。值得注意和强调以下三点。

1. 教育现代化不是教育孔孟化。我们不仅要发掘、吸收中华传统文化教育的闪光点,更要研究为什么这么伟大的民族教育没有使中国免遭几百年的落后,饱受侵略和屈辱。仅从教育思想、教育体制这一角度看,封建社会尊崇的孔孟之道,强调的"教化"、"德治"思想,并且把它作为封建统治的工具,导致了"道德决定论",重道德轻法制,重文化轻科技,重科举轻人才,重知识传授轻技能教育,重"内省"轻实践……这些,正是历史和阶级的局限性。教育的现代化,就必须批判扬弃封建的落后的糟粕,弘扬优秀精华,依据新的时代特征、历史发展,"建立起比较成熟的和完善的社会主义教育体系,实现教育的现代化"。①

2. 教育现代化要以素质教育为突破口。中国自古重视教育,但是重视的是升学教育,是"学而优则仕"的教育,无论"官学"、"私学",无论"名门望族世袭"或"科举考试制度",无一不是要把学生束缚在"四书五经"、"三纲五常"这些封建统治思想和伦理道德中。新中国的教育事业,从积极贯彻"教育为政治服务,教育与生产劳动相结合"的方针,到"教育必须为社会主义现代化服务,必须与生产劳动相结合,培养德、智、体全面发展的建设者和接班人"的教育方针,从根本上改变了旧的教育思想、教育体制、教育内容、教材选编、教学方法等,教育取得了伟大成就,为社会主义现代化建设培养了一代又一代建设者和接班人。但是,"升学教育"、"学而优则仕"的陈旧观念仍无所不在,所以,要建设并实现教育现代化,必须进一步解放思想、更新

---

① 《中国教育改革和发展纲要》。

观念,把"升学教育"转变到"素质教育"上来,推进教育的改革发展。

  3. 教育的现代化不是教育的西化。众所周知,现代化是从西方开始,而且经历了工业化、信息化两个阶段发展到今天,工业化是现代化发展的主要标志。20世纪50年代末,在西方出现过一种"现代化理论",企图论证西方社会制度的优越性和合理性,并为战后发展中国家的社会发展提供理论指导和政策依据。这个理论代表了西方中心主义的观点,在20世纪60年代末就遭到许多学者的批判,更重要的是20世纪60年代末,一些发展中国家运用这种理论提供的"增长第一"的发展战略和政策进行现代化实践,并未使它们真正进入现代化。我国的教育现代化必须吸收西方国家有价值的理论和思想,同时要认识到我们国家教育的现实特殊性,是在中华民族传统文化的长期影响下发展起来的,它将服务于中国的社会经济的发展,因此必须结合我们自己的实际情况探索教育现代化之路。

传统文化与教师教育

第二章

第一节 教师的作用

教师的作用是教师职业产生的内在依据,教师作用的大小与发挥程度的高低又与教育的重要性和教师自身素质、地位以及社会声望等因素密切地联系在一起的。在古代社会,许多教育家已认识到教师是社会发展不可或缺的一种力量,下面择其代表性人物的观点加以阐述。

一、孔子关于教师作用的观点

孔子是我国历史上教师的典范,享有"万世师表"的美誉。孔子对教师的作用有许多精辟的见解。

(一)学而不厌,诲人不倦

孔子认为,作为一个教师,首要条件是具有"学而不厌,诲人不倦"的精神。据《孟子·公孙丑》记载:"昔者子贡问于孔子曰:'夫子圣矣乎?'孔子曰:'圣则吾不能,我学不厌而教不倦也。'子贡曰:'学不厌,智也;教不倦,仁也。仁且智,夫子既圣矣!'"

"学而不厌,诲人不倦",是对教师职业特点的最精辟的概括。孔子说:"德之不修,学之不讲,闻义不能徙,不善不能改,是吾忧也。"①他认为如果不学习,不修养,止步不前,就会失去为师的条件。又说:"可与言终日而不倦者,其惟学乎!"②他主张教师要尽自己的社会职责,就应该保持一种"学如不及,犹恐失之"的积极精神状态,终生好学乐学。

教育是高尚的事业,需要对学生、社会有高度责任心的人来为其服务。教师以教为业,也以教为乐,要树立"诲人不倦"的精神。"诲人不倦"是教师崇高的精神境界,是教师最宝贵的品格。孔子以诚挚的爱心,尽心尽力地教诲学生。无论什么人向他请教,他都毫无保留地教诲;无论遇到什么困难,他都坚持教学。对被人视为无恒的庸人的子路,孔子"引而教之,渐渍磨砺,阖道牖进,猛气消损,骄节屈折,卒能政事,序在四科"。③ 在宋,"与弟子习礼大树下",④在陈蔡粮绝时,他与弟子仍然"弦歌不辍"。

(二)爱护学生,无私无隐

孔子把"仁者爱人"的精神倾注在学生身上,对学生怀着深厚的感情,他说:"爱之,能勿劳乎?忠焉,能勿诲乎?"⑤他爱护学生,也受到学生们的尊敬。在学生们眼里,他的人格非常崇高,学识非常精深,他的教导是生活的座右铭,因而威望极高。子贡说:"无以为也!仲尼不可毁也。他人之贤者,丘陵也,犹可逾也;仲尼,日月也,无得而逾焉。人虽欲自绝,其何伤于日月乎?多见其不知量也。"⑥足见子贡对恩师的尊敬。

孔子把实现仁德的希望寄托在学生身上,对学生充满信心,认为

---

① 《论语·述而》。
② 《韩诗外传》卷六。
③ 《论衡·率性》。
④ 《史记·孔子世家》。
⑤ 《论语·宪问》。
⑥ 《论语·子张》。

根据发展规律，新一代可能胜过老一代，学生会超过老师。他说："后生可畏，焉知来者之不如今也。"①他对待学生从无虚情假意，而是赤诚相待，无私无隐。他说："二三子以我为隐乎？吾无隐乎尔。吾无行而不与二三子者，是丘也。"②孔子向学生表明自己的一片赤心，说明他是尽其知而教，没有任何隐瞒。

（三）互教互学，当仁不让于师

孔子认识到在教学过程中教师对学生不是单方面的知识传授，而是可以互相学习的。他说，"三人行，必有我师焉。择其善者而从之，其不善者而改之。"③《论语》中有许多孔子与弟子坐而论道的记载，他们在一起探讨各自的理想志趣，切磋道德学问，亲密无间，教和学相得益彰。学生也可直接向他提出批评意见，如子路就曾三次向孔子提出尖锐的批评，孔子最终接受了他的意见，丝毫没有自大自尊的"圣人"气息。相反，颜回对于孔子所教授的内容表现了"无所不悦"，反倒引起了孔子的担心。他教导学生在"仁"面前不分师生，学生不必因位卑而谦让老师，他说："当仁，不让于师。"④这比亚里士多德的"吾爱吾师，更爱真理"的思想早一个多世纪。

（四）师生平等，教学相长

孔子意识到师与生、教与学可以互相转化，并做了正确地处理。如子夏问曰："'巧笑倩兮，素以为绚兮。何谓也？'子曰：'绘事后素。'曰：'礼后乎？'子曰：'起予者商也！'"⑤这表现了他虚心向学生学习和"不耻下问"的态度。他还认为教学是师生的"双边活动"，即教学相长。在孔子教学中，师生共同切磋学问，砥砺品行。如子贡曰："贫而无谄，富而无骄，何如？"子曰："可也，未若贫而乐，富而好礼者也。"子

---

① 《论语·子罕》。
② 《论语·述而》。
③ 《论语·述而》。
④ 《论语·卫灵公》。
⑤ 《论语·八佾》。

贡曰:"《诗》云,如切如磋,如琢如磨,其斯之谓与?"①这段谈话教学,诚如子贡所说,他们师生互相切磋学问,体现了教学相长。

(五) 以身作则,身教重于言教

孔子认为教师对学生进行教育的方式,不仅有言教,还有身教。言教在说理,以提高道德认识;身教在示范,实际指导行为方法。他认为,教师身教的示范对学生有重大感化作用,身教比言教更重要。教师要以身作则,以自己的模范行为做学生的表率。

他把以身作则作为重要教育原则,要求教师身教重于言教。他说:"政者,正也。子帅以正,孰敢不正?"②"其身正,不令而行;其身不正,虽令不从。"③他又说:"不能正其身,如正人何?"④如果不能端正自己,又怎么能端正别人呢?教师是学生的榜样,自己的一言一行,都会直接影响到学生的成长。因此,孔子的以身作则原则具有永恒的意义。

二、荀子有关教师作用的思想

(一) 隆师亲友

荀子在其教育理论中,竭力提倡尊师。《性恶》篇说:"夫人虽有性质美而心辨知,必将求贤师而事之,择良友而友之。"他说:"礼者,所以正身也;师者,所以正礼也。无礼,何以正身?无师,吾安知礼之为是也?"⑤在荀子看来,"礼"是最高的社会规范,"以礼定伦"。因此,它是纠正一个人思想行为的标准,而教师又是传授"礼"和实行"礼"的榜样。所以,只有教师的教和以身作则,才能把封建社会"礼法"传

---

① 《论语·学而》。
② 《论语·颜渊》。
③ 《论语·子路》。
④ 《论语·子路》。
⑤ 《荀子·修身》。

给学生。故曰:"学莫便乎近其人。"①师之教,是学生学习"礼法"的捷径。所以,为学必须接近贤师,仰承师训。

他认为在教学中,教师起着决定性的作用,"故有师法者,人之大宝也,无师法者,人之大殃也。人无师法,则隆性矣;有师法,则隆积矣"。② 他认为,治学既要近师、好师,建立良好的师生关系,又要学友之间的相互辅助、相互切磋。他说:"友者,师之半,""学之径莫速乎好其人,"③"求贤师师而事之,择良友而好之。"④这就是"隆师亲友"。他说:"非我而当者,吾师也;是我而当者,吾友也;谄谀我者,吾贼也。故君子隆师而亲友,以致恶其贼。"⑤

(二) 天地君亲师

荀子不仅在教学过程中强调教师的重要作用,而且在政治上把教师的地位提高到与天地并列,与君亲并称的最高层次。他说:"无天地,恶生;无先祖,恶出;无君、师,恶治。"⑥他认为教师的作用关系到国家的兴衰,法制的存废,人心的善恶好坏。他说:"国将兴,必贵师而重傅,贵师而重傅,则法度存。国将衰,必贱师而轻傅;贱师而轻傅,则人有快,人有快,则法度坏。"⑦把教师的地位提高到与天、地、君、亲并列,并宣称:"天地者,生之本也;先祖者,类之本也;君师者,治之本也。"⑧

(三) 有关教师的标准

荀子对教师提出很严格的要求,即"师术有四,而博习不与焉。尊严而惮,可以为师;耆艾而信,可以为师;诵说而不陵不犯,可以为

---

① 《荀子·劝学》。
② 《荀子·儒效》。
③ 《荀子·劝学》。
④ 《荀子·性恶》。
⑤ 《荀子·修身》。
⑥ 《荀子·礼论》。
⑦ 《荀子·大略》。
⑧ 《荀子·礼论》。

师;知微而论,可以为师"。[①] 他特别注意教师的尊严、丰富经验与信仰、循序渐进的教法与精微的论辩能力。他认为博习是基础,故而不在其中。

三、董仲舒论教师

董仲舒在《春秋繁露·玉杯》中对教师提出了全面要求:"善为师者,既美其道,有(又)慎其行;齐(剂)时早晚,任多少,适疾徐;造而勿趋,稽而勿苦,省其所为,而成其所湛,故力不劳而身大成,此之谓圣化,吾取之。"他所提倡的"圣化"之功,就是今天所说的教学艺术。

董仲舒要求教师应具有教学的"圣化"之功,就是指教师应有高超的教学艺术,并达到出神入化的境地。其对教师"圣化"的综合要求,体现了多种教学原则。"美其道,有慎其行",是以身作则的原则,要求教师德才兼备,具有人格感化的力量,又能胜任自己的工作。"齐(剂)时早晚"是及时施教的原则,既要求注意学生的学龄,又要求掌握好他们学习的心理机制。"任多少,适疾徐",是对教学分量与进度的要求,强调量力而行,循序渐进("造而勿趋")。"稽而勿苦",引申出教师主导作用如何与学生积极性相结合的思想,要求教师对学生的督促考核不要压抑了学生的学习兴趣与主动性,不能使学生只觉得学习的苦和难,不知道学习的乐和益。"省其所为,而成其所湛",是因材施教的原则,要求教师在深入观察学生所作所为的基础上,根据他们的心性特点加以施教。所谓"圣化",就是以上多种教学原则综合实施的结果。

董仲舒在教学上注重"综合效应",认识到教好学生必须要多种教学原则合理地结合运用,非常有见地。

---

① 《荀子·致士》。

四、韩愈的《师说》

唐代教育家韩愈著名的《师说》以"存师卫道"、"尊师重道"为中心论点全面阐述了教师问题,竭力倡导重振师道。

(一) 教师的作用

《师说》开篇第一句"古之学者必有师",强调任何人的知识学问都是从老师那学来的。"人非生而知之者,孰能无惑",指生而知之者是不存在的。若"惑而不从师,其为惑也,终不解矣",这种人一辈子也不能聪明起来。"是故无贵无贱,无长无少,道之所存,师之所存也",指师与道是密切结合,不可分离的。传道须有师,卫道必须先重视向师学习,尊师即卫道;道又是师的基础,是师存在的前提条件。教师的社会职责就在于传道,如果一个教师不能传道,那就不能成为教师。

韩愈还对当时社会上轻视教师、不尊重教师、耻于从师的不良风气进行了尖锐的批判。他指出:"古之圣人,其出人也远矣,犹且从师而问焉。今之众人,其下圣人也亦远矣,而耻学于师。是故圣益圣,愚益愚。其皆出于此乎。"他的这些卓越见解阐明和充分肯定了教师的重要社会作用。

(二) 教师的任务

《师说》开头第二句话说:"师者,所以传道、授业、解惑也。"仅用十一个字,把教师的任务概括得很全面。一是传道,即传授封建主义的政治伦理道德;二是授业,即讲授《诗》、《书》、《易》、《春秋》等儒家的经典;三是解惑,即解答学生在学习"道"与"业"过程中所提出的疑难问题。这三项职责包含了思想道德教育、文化知识教育和智力发展教育。只有完成这三方面的任务,即以传道为本,以授业、解惑辅之,才配称作教师。实践证明,时至今日,作为教师的根本任务,仍不外乎这三个方面。

(三) 择师的标准

韩愈说:"生乎吾前,其闻道也,固先乎吾,吾从而师之;生乎吾后,其闻道也,亦先乎吾,吾从而师之,吾师道也。夫庸知其年之先后生于吾乎?是故无贵无贱,无长无少,道之所存,师之所存也。"他把"道"作为择师的根本标准。他认为可以师者,不在于其年龄的大小和地位,而在于其懂得"道"比自己早或比自己多,师其"道"也。因此,韩愈要求做一个教师首先对"道"要有坚定的信念。

(四) 论师生关系

《师说》最后写到:"圣人无常师。孔子师郯子、苌弘、师襄、老聃。郯子之徒,其贤不及孔子。孔子曰:'三人行,必有我师。'是故弟子不必不如师,师不必贤于弟子,闻道有先后,术业有专攻,如是而已。"他以孔子为例得出三条结论。

一是"弟子不必不如师"。这是指学生完全有可能,也应该超过老师。因此做学生的不能自卑,要立志发奋,敢于超过老师,这是对孔子"后生可畏"思想的继承和发挥。

二是"师不必贤于弟子"。这是指做学生的对老师不能求全责备,要虚心向老师学习,学其所长。同时,做教师的也不应满足于自己已有的知识,更不要不懂装懂,要尊重学生,也要向学生学习,在业务上要学而不厌,精益求精,方能适应教学需要。这是对孔子"学而不厌,诲人不倦"思想的继承与发挥。

三是"闻道有先后,术业有专攻"。这是指老师比学生懂得道理要早一些,多一些,在某方面有专长,做学生应向老师学习。同时,学生在老师的启发教导下,在某方面会有独到之处,甚至有所专长。因此,教师向学生学习也是必要的,是有益的。

五、王夫之论教师

教师在教学过程中,担负着重大责任,起着主导作用。教师如何对待教学工作,就会影响到学生学习的质量。因此,王夫之主张教师应做到"恒教事"、"知自明"、"不泥古"。

(一)"恒教事"

王夫之认为,教师对待自己的工作,要像园丁培育花卉和农夫耕耘自己的土地一样,不等待"云雷丽泽"之天,而总是孜孜不倦于"教事",即"经纶草昧太虚,不贷于云雷丽泽,讲习君子,必恒其教事"。① 他认为,教事即是"教人明"。他的教人明有三方面的要求,即"悉知之"、"决信之"和"率行之"。教学达到了这种要求,既知且行,才算是教学生明白了。

(二)"知自明"

王夫之认为,教人明者须先自明。教师"以己昏昏"是不能"使人昭昭"的,自己明然后才能明人。他说:"欲明人者先自明。"他认为,教师要自明,"必先穷理格物以致其知","博学详说"以自勉,然后再"力行"以"验其实",使所教所作,皆"晓然具著于心目"。教师对教材领会到知其当然,亦知其所以然,达到"由来不昧,而条理不迷",融会贯通的地步,才算"自明"了。他还认为,教师对"教事"应本着实事求是的态度,知之为知之,不知为不知。教学生要"持之有故",以"所学知者开学者以聪明",不可华而不实,也不可守旧不放。

(三)"不泥古"

王夫之要求教师,既要"诲不倦",又要"学不厌"。学习除了"解析万物,求物之理"以外,还要学习书本知识,接受过去的文化遗产。但是,不能唯古为信、食古不化,更不可"泥古非今",温故是为了知新。他说:"君子之学,诲以之则不厌不倦","习教事者,温故而知新"。② 为此,王夫之主张以"今知"去顺通"古知",做到"新故相资而新其故","推故而别致其新",即从过去的文化遗产中择取还有生命的东西,并加以发展,给予新生;而对于过时的、无用的东西,则予以排除。

---

① 《姜斋文集》卷一。
② 《周易内传》卷二。

(四)"正言"、"正行"、"正教"

王夫之非常重视教师自身的道德行为对学生所产生的影响。他说:"立教有本,躬行为起化之原;谨教有术,正道为渐摩之益。"①他认为,教师必须要实行"身教",即"躬行"。"躬行"是"不言之教",所谓"圣人有独至,不言而化成"。鉴于此,他强调教师应该以身作则,为人师表,要以自己的模范行为,即"正言"、"正行"、"正教"去教育和影响学生。他是这样说的,更是这样做的。

第二节　教育的作用

中国古代教育家关于教育观的丰富内涵和价值,时刻体现出对教育的作用的再认识。下面几位古代教育家的观点就是极好的佐证。

一、孔子关于教育作用的观点

(一)教育是"立国之基"

《子路》记载,孔子和弟子去卫国途中有一番议论:"子适卫,冉有仆。子曰:'庶矣哉!'冉有曰:'既庶矣,又何加焉?'曰:'富之。'曰:'既富矣,又何加焉?'曰:'教之。'"孔子意识到了生产、经济发展与教育的关系,将庶、富视为立国基础的基础,更把教育视为立国根本的根本。孔子与子贡的一段对话也反映了这一思想。"子贡问政。子曰:'足食,足兵,民信之矣。'子贡曰:'必不得已而去,于斯三者何先?'曰:'去兵。'子贡曰:'必不得已而去,于斯二者何先?'曰:'去食。自古皆有死,民无信不立。'"②孔子认为民信是一个国家存在的基础,而民之能信首先是教育问题。因此,孔子认为治国中精神的力量远

---

① 《四书训义》卷三十二。
② 《论语·颜渊》。

胜于物质的力量,而教育的作用显然是其他任何政治措施所无法比拟的。

(二) 教育是"为政之本"

首先,"为政以德",政治应当是"德治"。孔子认为:"道之以政,齐之以刑,民免而无耻;道之以德,齐之以礼,有耻且格。"①道德的引导、礼教的规范才是使人心悦诚服的政治措施,其中统治者立足于自身修养而吸引人民的行动最为关键。鲁国贵族季康问政于孔子,回答是:"政者,正也。子帅以正,孰敢不正?"②"其身正,不令而行;其身不正,虽令不从。"③为政似乎并无多大奥秘,不过就是修身、正身。"苟正其身矣,于从政乎何有? 不能正其身,如正人何?"④所以,政治是一种对人的感化,而为政也就是一种完善自身由此影响他人的教育活动;教育过程也就是政治实现的过程,教育的好坏就关乎政治的优劣。

其次,"德治"还需要一批"朝闻道,夕死可矣"的"志士仁人"。孔子赞同"仕而优则学,学而优则仕"⑤的主张,希望通过教育造就"谋道不谋食"的君子,实现其社会理想。孔门师生既将政治视为学习(教育)的继续,也将学习(教育)当成实现政治的有效手段。当有人问孔子:"子奚不为政?"答曰:"《书》云:'孝乎惟孝,友于兄弟。'施于有政,是亦为政,奚其为为政?"孔子认为教育和政治没有什么区别。他还说:"为政以德,譬如北辰,居其所而众星拱之。"⑥他强调教育对政治的决定作用,主张以道德教化治国。孔子又说:"临之以庄则敬,孝慈

---

① 《论语·为政》。
② 《论语·颜渊》。
③ 《论语·子路》。
④ 《论语·子路》。
⑤ 《论语·子张》。
⑥ 《论语·为政》。

则忠,举善而教不能则劝。"①他主张执政者应具有高尚的道德修养,社会上人与人之间都应具备相应的道德,这个社会才能安定。

所以,孔子认为政治首先应该是教育过程,与教育结合的政治是最好的政治,而与政治结合的教育是最好的教育。把政治理解为柔性的教育、感化,而不是刚性的制度、法令,这是儒家思想的特点,同样反映了孔子意识中对人的尊重。

(三)"性相近,习相远"

孔子说:"性相近也,习相远也。"②他认为人的先天素质差别很小,由于教育和环境习染的不同,造成了人性的差别很大。基于此,孔子特别重视教育。《论语》将《学而》作为第一篇,而开宗明义第一章就是"学而时习之",正反映了孔子这一思想。孔子从"习相远"出发,还很重视早期教育,他说:"少成若天性,习惯之为常。"③

孔子认为,人的聪明才智不是先天的,主要是靠后天习得。无论何人,只要肯努力求学,就一定能获得成功,世界上不存在不配和不堪教育的人。《中庸》曾引孔子的话说:"人一能之,己百之;人十能之,己千之。果能此道矣,虽愚必明,虽柔必强。"这把人的主观能动性摆在更为重要的地位,认为只要充分发挥学习的积极性,愚昧可以变为聪明,柔弱可以变为刚强。

二、孟子关于教育作用的观点

(一)"得民心"、"明人伦"

孟子主张行仁政,省刑罚,薄税敛,使民能有五亩之宅、百亩之田,"乐岁终身饱,凶岁免于死亡",其目的在于使"王者"能"得天下"。他说:"得天下有道:得其民,斯得天下矣;得其民有道:得其心,斯得

---

① 《论语·为政》。
② 《论语·阳货》。
③ 《大戴礼记·保傅》。

民矣。"①这是指"得天下"必须首先"得民心"。仁政和德治是相辅相成的,孟子认为好的政治赶不上好的教育,因为"善政,民畏之,善教,民爱之。善政得民财,善教得民心"。② 仁政必须辅以善教,善教的目的在于"得民心"。

孟子说:"凡有四端于我者,知皆扩而充之矣。若火之始燃,泉之始达。苟能充之,足以保四海;不能充之,不足以事父母。"③扩充善端如同星火燎原,如同涓滴成河,汇成天下安定。孟子把政治理解为教育,又把教育理解为人伦的建立。他说:"夏曰校,殷曰序,周曰庠,学则三代共之,皆所以明人伦也。人伦明于上,小民亲于下。"④这说明了教育是通过"明人伦"为政治服务的。

(二)"存心养性"、"求放心"、"扩充善端"

孟子说:"仁义礼智非由外铄我也,我固有之也。"⑤他认为人性本善,仁、义、礼、智四善端存在于人性之中,重要的是把这善端扩充起来。扩充善端,就将成为大人、贤人,以至圣人。要扩充善端,必靠"反求诸己"的自我教育。这首先要求存其善心,养其善性,要尽其心,知其性,如果失去了善心就应当把它找回来。他说:"仁,人心也;义,人路也。舍其路而弗由,放其心而不知求,哀哉!人有鸡犬放,则知求之,有放心而不知求!学问之道无他,求其放心而已矣。"⑥由此,在孟子看来,教育的作用就在于存心养性,在于求其放心,在于将其心性中固有的善端扩而充之。在这个意义上说,任何人只要接受教育,肯于学习都可以成为圣人,"人皆可以为尧舜"。相反,如果不接受教育,不肯学习就会成为与禽兽差不多的小人。

---

① 《孟子·离娄上》。
② 《孟子·尽心上》。
③ 《孟子·公孙丑上》。
④ 《孟子·滕文公上》。
⑤ 《孟子·告子上》。
⑥ 《孟子·告子上》。

三、荀子关于教育作用的观点

(一)"政教习俗,相顺而后行"

荀子认为:"政教习俗,相顺而后行。"①他指出了"政治、社会与教育(或学校)的正确关系是统一'相顺',三者在'相顺'的情况下,才能实现教育的最大作用"。

荀子认为,教育与政治应当有一个先后的作用顺序,这就是学习——教育——政治。学习是政治的起点,政治是学习的结果。从某种意义上说,政治可以归结为教育与学习。对此,荀子有一段名言。当有人向他请教,"请问为国"时,答曰:"闻修身,未尝闻为国也。君者仪也,民者影也,仪正而影正。君若槃也,民若水也,槃圆水圆。君射则臣决。楚庄王好细腰,故朝有饿人。故曰:闻修身,未尝闻为国也。"②他认为,治国无非是君主做出好榜样,让人民效法而已。就此意义上说,君主就是老师。所谓"天下无君,诸侯有能德明威积,海内之民莫不愿得以为君师"。③ 君主既是楷模,就应注意完善自身。这样,荀子就把政治理解为学习与教育。

(二)"化性起伪"

荀子的教育作用论,其精神之所在,就在于"化性起伪"。他说:"凡所贵尧、禹君子者,能化性,能起伪,伪起而生礼义;然则圣人之于礼义积伪也,亦犹陶埏而生之也。"④他认为,任何人的道德观念和知识才能,皆不是人之本性所固有的,而是后天"积伪"的结果,也就是"化性起伪"。

在人的个性形成和发展中,荀子特别强调环境和教育的作用。

---

① 《荀子·大略》。
② 《荀子·君道》。
③ 《荀子·正论》。
④ 《荀子·性恶》。

他说:"蓬中麻中,不扶而直。"①他认为,人只有不断积累经验、知识和道德,才能成其"积","积"而后才能"成人"。他认为教育的作用在于改造人的本性,通过不断学习,使知识和道德不断"积累",从而"习俗移志,安久移质",从量变到质变,使人的才能和性格"长迁于善"、"长迁而不返其初",最终达到"则化矣"的目的。

他又说:"我欲贱而贵,愚而智,贫而富,可乎?曰:其唯学乎!……上为圣人,下为士君子,孰禁我哉!"②他认为教育不仅可以人由愚转化为智、由恶转化为善,还可以改变一个人的政治和经济地位。这种主张用教育使人获得道德、知识和才能,然后以知识、道德来升降一个人的政治、经济地位。"无德不贵,无能不官"。③

四、董仲舒关于教育作用的观点

(一) 教育是治国之本

董仲舒认为教育是治国之本,提出"教,政之本也;狱,政之末也",④"天之任德不任刑也"。⑤

他说:"尔(指统治者)好谊(义),则民向仁而俗善;尔好利,则民好邪而俗败。由是观之,天子大夫者,下民之所视效,远方之所四面而内望也。"⑥这是指统治者进德修身、节制贪欲,才可能清明政治,实现所谓仁政德治的理想。因此,他曾向汉武帝进言,要让未来的统治者"少则习之学,长则材诸位",⑦建议加强治术人才的培养教育,使这些人懂治术、善教化、德刑并用。他强调了教育对培养统治人才的重

---

① 《荀子·劝学》。
② 《荀子·儒效》。
③ 《荀子·王制》。
④ 《春秋繁露·精华》。
⑤ 《汉书·董仲舒传》。
⑥ 《汉书·董仲舒传》。
⑦ 《汉书·董仲舒传》。

要作用。

董仲舒告诫统治者,要防范百姓"犯上作乱",就必须建造牢固的"堤防"。他认为这种"堤防"就是社会教化,其作用远非刑罚所可比。他说:"夫万民之从利也,如水之走下,不以教化堤防之,不能止也。是故教化立而奸邪皆止者,其堤防完也;教化废而奸邪并出,刑罚不能胜者,其堤防坏也。"①他还告诫统治者,要"南面而治天下"必须"以教化为大务",②强调了加强社会教化对维护封建统治的极端重要性。所谓"教化已明,习俗已成,子孙循之,行五六百岁尚未败也",③进一步说明加强社会教化是长治久安之策。

(二)"化名成性"

董仲舒还根据其"圣人之性"、"中民之性"、"斗筲之性"的人性说提出"凡人之性,莫不善义",④认为人有善端和善质,就具有了接受王道教化而至于善德的基础,否则"无其质,则王教不能化"。⑤他认为教化致善是人性的继续和发展,将教化视为人的发展。他还认为人的理性认识能力主要指道德认识能力,是接受教育的可能性。董仲舒否定人性可以"不教而善",强调人性并非就是善,得出"善,教诲之所然"⑥及"性非教化不成"⑦的结论。

董仲舒说:"性如茧如卵,卵待复而为雏,茧待缲而为丝,性待教而为善,此之谓真天。"⑧在这个思想基础上,他把教育看成国之"大务",曰:"立大学以教于国,设庠序以化于邑。"⑨由于历史和阶级之

---

① 《汉书·董仲舒传》。
② 《汉书·董仲舒传》。
③ 《汉书·董仲舒传》。
④ 《汉书·董仲舒传》。
⑤ 《春秋繁露·玉英》。
⑥ 《春秋繁露·实性》。
⑦ 《汉书·董仲舒传》。
⑧ 《春秋繁露·深察名号》。
⑨ 《汉书·董仲舒传》。

限,董仲舒又把处于被统治地位的"民"看成是"萌而无识",有待于君主的教化,他说:"天生民,性有善质而未能善,于是为之立王以善之,此天意也。民受未能善之性于天,而退受成性之教于王,王承天意以成民之性为任者也。……万民之性苟已善,则王者受命尚何任也?"①

五、韩愈关于教育作用的观点

韩愈把人性分为三个等级,他说:"性之品有三。""上焉者善焉而已矣,中焉者可导而上下也,下焉者恶焉而已矣。"②就是说,人之性有上、中、下三个品级。上品人之性天生是善的,中品人之性可诱导之为善为恶,下品人之性始终归于恶。

韩愈从其人的"性三品"说出发,认为教育对人的发展均具有重要作用,但对不同的人性所起的作用不尽一致。曰:"上焉者就学而愈明。""故上者可教。"③意即上品之人经过学习和教育,其善性便可更加发扬光大,学习与教育不仅是需要的,而且是行之有效的。曰:"中焉者,可导而上下也。"④意即学习与教育对于中品之人的人性改造起着重要作用,应按封建伦理道德标准来教育改造他们,使之顺性克情,弃恶从善,向着上品之人靠拢。曰:"下之性畏威而寡罪。""而下者可制也。"⑤意即对下品人来说,使之向善较难,教育对其收效也较难。但教育对其"恶性"仍具有重大的改造作用。

六、朱熹关于教育作用的观点

朱熹重视教育对于改变人性的重要作用。他说:"性只是理,以

---

① 《春秋繁露·深察名号》。
② 《韩昌黎全集·原性》卷十一。
③ 《韩昌黎全集·原性》卷十一。
④ 《韩昌黎全集·原性》卷十一。
⑤ 《韩昌黎全集·原性》。

其在人所禀,故谓之性。"①又说:"性者人之所受乎天者,其体则不过仁、义、礼、智之理而已。"②他认为人性就是"理",就是"仁、义、礼、智"封建道德规范的观点。朱熹把人性分成"天命之性"和"气质之性"两种。

朱熹认为,"天命之性"人人皆同,"气质之性"因人而异。他说:"天降生民,则既莫不与之仁义礼智之性矣。然其气质之禀,或不能齐,是以不能皆有以知其性之所有而全之也。"③他认为,人之善恶既与先天素质有关系,也与后天习染有关系。"人之生而有血气之身,则不能无气质之偏以拘之于前,而又有物欲之私以蔽之于后,是以不能皆知其性以至于乱伦理而陷于邪僻也。"④但在这两因素中,后天习染相差巨大,即环境与教育在人的道德品性形成中起着决定作用。"气质之性,固有美恶之不同。然以其初而言,则皆不甚相远也。但习于善则善,习于恶则恶,于是始相远耳。"⑤

因此,朱熹认为教育的作用在于"变化气质",发挥"气质之性"中所具有的"善性",去蔽明善,就好比下功夫把浊水中的明珠揩拭干净,恢复宝珠原有的光泽一样。他说《大学》中的"明明德"就是这个意思。而且,他还进一步指出,要"明明德",就必须"复尽天理,革尽人欲"。总之,朱熹从他的理学观点出发,认为教育的作用在于"变化气质"、"明明德",以实现"明天理,灭人欲"的根本任务。

七、王守仁关于教育作用的观点

王守仁基于其"致良知"学说认为,人先天具有的善性,只有昏蔽的问题,不存在丢失的问题。"良知""不能不昏蔽于物欲",故须"学

---

① 《朱文公文集》卷五十九。
② 《朱子四书或问》卷十四。
③ 《大学章句序》。
④ 《朱文公文集》卷十五(经筵讲义)。
⑤ 《论语集注》卷九。

以去其昏蔽"。① 所以,他认为教育的作用在于去掉后天的"物欲"对先天的"良知"所产生的各种"昏蔽",去掉"昏蔽","良知"的"天理"便能充分地发挥出来,"见父自然知孝,见兄自然知弟,见孺子入井自然知恻隐;此便是良知,不假外求"。②

"学以去其昏蔽"的目的是为了发现本心所具有的"良知"。所以,从积极的角度来说,王守仁又认为教育的作用是"明其心"。他说:"君子之学,以明其心,其心本无昧也,而欲为之蔽,习为之害,故去蔽与害而明复,非自外得也。"又说:"君子之学,唯求得其心,虽至于位天地,育万物,未有出于吾心之外也。"

无论是"学以去其昏蔽",还是"明其心",其实质是相同的,即在王守仁看来,教育的作用就是明心、存心、求得其心;就是去昏蔽、去习染;就是存天理、去人欲。

八、王夫之关于教育作用的观点

(一) 教育为治国之本

王夫之认为,一个国家除了政治外,教育是最重要的。他说:"王者之以天下,不外乎政教之二端。语其本末,则教本也,政末也。语其先后,则政立而后教也施焉。"③他还具体分析道:"治道自治之亡而晦极矣!非其政之无一当于利病也,谓夫言政而无一及于教也。"④他认为明朝灭亡的一个重要原因就是"教化日衰",学校教育"名存实亡","其穷也,以教而锢人之子弟,其达也,以势而误人国家"。⑤ 由此,他希望"谋国者"能记取这个教训,对百姓除了"宽养"以外,还要施以"教化"。

---

① 《王文成公全书》卷二。
② 《王文成公全书》卷二。
③ 《礼记章句》卷五。
④ 《读通鉴论》卷十七。
⑤ 《读通鉴论》卷十七。

(二)"习与性成"

王夫之把人性分为"先天之性"和"后天之性"两种。"先天之性""天成之","后天之性""习成之"。他认为,"先天之性"在不断生长,"后天之性"也不断生成。即"夫性者,生理也。日生则日成也……故善来复而无难,未成可成,已成可革"。① 他明确提出人性不是天生的,而是在后天不断的生长变化过程中逐渐形成的,是"日生则日成"的。

王夫之反对"生而知之"的观点,他认为人的知识才能、道德观念是后天形成的,是学习和教育的结果,"学为成人之道","人之性随习迁"。教育不是"复性",而是一个"继善成性"的过程。"继善"是通过力行实践,掌握自然和社会伦理变化之道;"成性"就是利用人性中潜在的"知"、"能",进行创造性的活动。在"继善"的日生不息中,逐渐做到"取多用宏"、"取纯用粹",通过"用",使"人性"相对固定起来,即成为"性"的新成分而继承下去,丰富起来。

总之,王夫之认为,"性者天道,习者人道","性"与"习"是统一的,"天人相为有功",而形成后天的"习性",因此,人性的善恶并非天定,"性为最初之生理,而善与不善皆后起之分途也"。②

"人性随习易",而"习且与性成"。王夫之认为,在人性的形成和发展过程中,"习"起着重要的作用。他说:"孟子言性,孔子言习。性者天道,习者人道。《鲁论》二十篇皆言习。故曰:性与天道不可得而闻也,已失之习,而欲求之性,虽见性且不能救其习,况不能见乎!"③ 又说:"人之皆可为善者,性也;其有必不可使为善者,习也。……故曰:'习与性成'。成性而严师益友不能劝勉,醲赏重罚不能匡正矣。"④ 人的知识才能、道德观念"非性之本然",而是后天教育与学习

---

① 《尚书引义》卷三。
② 《四书训义》卷三十五。
③ 《俟解》。
④ 《读通鉴论》卷十。

的结果。"人之性随习迁",教育在人的发展过程中,起着决定性作用。

第三节　教育的目的

教育目的是教育理论和实践中的核心问题。任何教育改革,都是从教育目的的思考开始的,都是从对培养什么样的人的定位和设想开始的,并以此为指向和归宿。下面几位古代著名教育家关于教育目的的观点,对我们教育观的影响不可谓不深。

一、孔子关于教育目的的观点

(一) 培养志道、弘道的"志士"和"君子"

孔子一生以"朝闻道,夕死可矣"的精神求道,但其一生不得志,就把志道、弘道的希望完全寄托在弟子身上。他教育弟子"人能弘道,非道弘人",[①]"士志于道,而耻恶衣恶食者,未足与议也",[②]"笃信好学,守死善道",[③]"志士仁人,无求生以害仁,有杀身成仁"。[④] 他的弟子深有体会,如曾参说:"士不可以不弘毅,任重而道远。仁以为己任,不亦重乎?死而后已,不亦远乎!"[⑤]子夏曰:"百工居肆以成其事,君子学以致其道。"[⑥]可见,教道和学道是孔门师生的共同目的。

(二) 推行其道

志道和弘道并不是孔子教育的终极目的,推行其道才是其最终目的。孔子认为行道的途径有二:一是设学收徒,扩大道的影响;二

[①]《论语·卫灵公》。
[②]《论语·里仁》。
[③]《论语·泰伯》。
[④]《论语·卫灵公》。
[⑤]《论语·泰伯》。
[⑥]《论语·子张》。

是从政做官,以道治国安邦。当然这两者中还是以后者为最终目的。但是,孔子参政是有条件的,他经常教育他的学生"危邦不入,乱邦不居,天下有道则现,无道则隐。邦有道,贫且贱焉,耻也;邦无道,富且贵焉,耻也"。① 孔子死后,其弟子分散各地,基本都走上了这两条行道的途径。有"大者为卿相师傅,小者友教士大夫",最终使儒家成为春秋战国时期在教育上最大的学派。

(三)"学而优则仕"

子夏说:"仕而优则学,学而优则仕。"从理论上概括了孔子的教育目的的一个重要方面,辩证地处理了学优与仕优的关系,更为可贵的是还具有终生教育的性质。正因如此,孔子才推荐子贡、子路、冉求等人去做官,却反对子路使子羔为费宰。子曰:"贼夫人之子。"子路曰:"有民人焉,有社稷焉,何必读书,然后为学。"子曰:"是故恶夫佞者。"②孔子把学优和仕优联系起来,强调先学后仕。他说:"先进于礼乐,野人也;后进于礼乐,君子也。如用之,则吾从先进。"③这就表明,孔子是以学优保证仕优,主张"任人唯贤",反对"任人唯亲",在很大程度上对"不学而仕"的世袭制是一种批判,具有很大的进步意义。

二、孟子关于教育目的的观点

孟子主张"仁政"、"德治",认为好的政治不如好的教育,因为"善政,民畏之,善教,民爱之。善政得民财,善教得民心"。④ 而得民心才能得天下,他说:"得天下有道:得其民,斯得天下矣;得其民有道:得其心,斯得民矣。"⑤

---

① 《论语·泰伯》。
② 《论语·先进》。
③ 《论语·先进》。
④ 《孟子·尽心上》。
⑤ 《孟子·离娄上》。

孟子认为教的内容应是"申之以孝悌之义"。① 孟子更加强调"父子有亲,君臣有义,夫妇有别,长幼有序,朋友有信",要求受教育者都能了解和遵守封建社会里尊卑、贵贱、男女、长幼、朋友相互关系中必要的道德准则。他认为,"父子、君臣、夫妇、兄弟、朋友"五伦中,父子间的尊卑关系和兄弟间的长幼关系最为重要,能尊敬父兄也才能服从君主;取悦父母,也才能取信于朋友。他说:"居下位而不获于上,民不可得而治也。获于上有道,不信于友,弗获于上矣。信于友有道,事亲弗悦,弗信于友矣。"②他认为孝是最根本的,孝和悌是整个人伦道德的核心,而孝又是最根本的。他又说:"孩提之童,无不知爱其亲也;及其长也,无不知敬其兄也,亲亲,仁也;敬长,义也。"③他认为孝悌还是人们先天的善性,是人们先天的善端发展而成的四德仁、义、礼、智的实际内容。

孟子认为,兴办学校,反复申明孝悌之义,"皆所以明人伦也"。这都不过是为了要倡明父子、君臣、夫妇、兄弟、朋友等人与人之间应遵循的道德准则。他说:"人伦明于上,小民亲于下。"④这是指在上者能昌明人伦,在下的小民能相亲相爱,自然可以天下太平了。

三、荀子关于教育目的的观点

(一) 培养"礼"、"法"结合的"大儒"

荀子的教育目的是用封建的"礼义"来改造人性,培养"积文学,正身行,能属于礼义"的"贤能"之士,培养推行"礼"、"法"结合的"卿相士大夫"。⑤但是,礼义教育只能对上层阶级的人,而下层阶级的人则依赖于法治教化。他说:"由士以上则必以礼乐节之,众庶百姓则

---

① 《孟子·梁惠王上》。
② 《孟子·离娄上》。
③ 《孟子·尽心上》。
④ 《孟子·滕文公上》。
⑤ 《荀子·王制》。

必以法数制之。"①礼作为社会规范和道德准则,对它的认识和践行程度如何,是衡量贤与不贤和高低贵贱的尺度。他说:"礼者,人道之极也,然而不法礼,不足礼,谓无方之民;法礼,足礼,谓之有方之士。礼之中焉能思索,谓之能虑,礼之中焉能勿易,谓之能固。能虑、能固,加好之者焉,斯圣人矣。"②

《劝学》篇说:"学恶乎始?恶乎终?曰:其数则始乎诵经,终乎读礼,其义则始乎为士,终乎为圣人。"《儒效》篇说:"我欲贱而贵,愚而智,贫而富,可乎?曰:其唯学乎!彼学者,行之,曰士也;敦慕焉,君子也;知之,圣人也。上为圣人,下为士、君子,孰禁我哉。"

荀子把当时的儒者分为三等,即俗儒、雅儒和大儒。"士"是其认为"以欺愚者而求衣食"的"俗儒",是荀子最为鄙视的;"君子"是其认为能"尊贤畏法,而不敢怠傲",不"暗上",不"疾下",能"公、修而才"的"雅儒",这是荀子要培养的最基本人才;"圣人"则是其认为能取法"后王",能"统礼义,一制度",能根据礼法"以浅持博,以古持今,以一持万",能自觉遵守"礼义法度",具有坚定不移的意志和信念,"行法志坚","天不能死,地不能埋,桀、跖之世不能污"的"大儒",这是荀子要培养的最理想人才,也是荀子教育的最终目的。

(二)"博学,积善而化性"

荀子基于其主张的"性恶论"认为,所有人的本性都是恶的,而且这种恶性都是可以通过履行而使之"合于善"。他说:"凡人之性者,尧舜之与桀跖,其性一也;君子之与小人,其性一也","涂之人可以为禹"。③ 因此,凡人都要改变自己的恶性,化恶为善,而且人人可以通过"化性起伪"而成为"君子"甚至禹那样的"圣人"。

但是,这只是一种可能性,事实上并非每个人都成了君子和禹,

---

① 《荀子·富国》。
② 《荀子·礼论》。
③ 《荀子·性恶》。

因为人性本身是随着不同环境和教育可以多途发展变化的,"可以为尧禹,可以为桀跖,可以为工匠,可以为农贾,在势注错习俗之所积耳"。① 其中,"注错习俗"是指人对客观生活环境的影响与教育。

人是现实生活中的实体,有主观意识和客观行动的能动性,"性也者,吾所不能为也,然而可化也"。② 人们通过主客观的积极努力,就可以"习俗移志,安久移质","涂之人百姓,积善而全尽,谓之圣人"。③ 可见,荀子性恶论的普遍意义在于改变人的恶性之质而迁于善,所以他给教育的定义是"以善先人者,谓之教",④主张教育的目的是"博学,积善而化性"。⑤

四、韩愈关于教育目的的观点

韩愈说:"愈之志在古道。""读书以为学,缵言以为文,非以夸多而斗靡也,盖学所以为道,文所以为理耳。"⑥他认为教育的目的就是"学所以为道"。具体地说,学的"道"乃是"古道",是儒家仁义之道,也就是"先王之教"。

韩愈所作《原道》中说:"夫所谓先王之教者,何也?博爱之谓仁,行而宜之之谓义,由是而之焉之谓道,足乎己无待于外之谓德。其文:《诗》、《书》、《易》、《春秋》;其法:礼、乐、刑、政;其民:士、农、工、贾;其位:君臣、父子、师友、宾主、昆弟、夫妇;其服:麻、丝;其居:宫、室;其食:粟米、果蔬、鱼肉。其为道易明,而其为教易行也。是故以之为己,则顺而祥;以之为人,则爱而公;以之为心,则和而平;以之为天下国家,无所处而不当。"

---

① 《荀子·荣辱》。
② 《荀子·儒效》。
③ 《荀子·儒效》。
④ 《荀子·修身》。
⑤ 《荀子·富国》。
⑥ 《送陈秀才彤序》。

由此看出,韩愈所谓的"先王之教",其内容概括言之,就是"仁义道德"四个字。他认为诵习古圣之书,遵守先王之法,明乎人伦,本乎人生,乃是教育的根本任务,其核心则是"仁义道德"四个字。

五、朱熹关于教育目的的观点

(一)"存天理,灭人欲"

朱熹在其"天命(地)之性"与"气质之性"二元论的人性说基础上,进一步提出了"道心"与"人心"的划分。所谓"道心",是指"天理"、"义理",是完全符合封建主义"三纲五常"要求的道德意识;所谓"人心",是指人们的欲望和要求,他认为是低级的、自私的,是万恶之源,是十分有害的。

朱熹根据"人心"和"道心"的划分和对立,进一步提出了"存天理,灭人欲"的封建道德修养准则,也是整个教育思想的出发点。他说:"人之一心,天理存,则人欲亡;人欲胜则天理灭,未有天理人欲夹杂者,学者须要于此体认省察之。"[①]

朱熹还对何为"天理"、"人欲"作出了明确回答。"所谓天理,复是何物?仁、义、礼、智岂不是天理?君臣、父子、兄弟、夫妇、朋友岂不是天理?"[②]由此可见,"天理"就是维护封建等级制度的人伦关系,以及有利于维护封建统治秩序的道德信条。简言之,就是维护封建礼教的"三纲五常"。所谓"人欲",朱熹指出:"如夏葛冬裘,渴饮饥食,此理所当然,才是葛必欲精细,食必求饱美,这便是欲。"[③]又说:"如视听言动,人所同也。非礼勿视听言动,便是天理,非礼而视听言动,便是人欲。"[④]不难看出,他所说的"人欲",就是人们对物质生活的追求,以及一切违反封建礼教规定的思想、言论和行为。

---

① 《朱子语类辑略》。
② 《朱文公文集》卷五十九。
③ 《朱子语类》卷六十一。
④ 《朱子语类》卷四十。

由于"天理"和"人欲"的绝对对立,水火不能相容,从而导出封建教育的目的就是让人们恢复天理和战胜人欲。学校培养人才如此,社会教化亦是如此。正如朱熹所说:"学者须革尽人欲、复尽天理,方始是学。""圣人千言万语,只是教人明天理、灭人欲。"①

(二)"明人伦为本"

朱熹说:"古之圣王,设为学校,以教天下人……必皆有以去其气质之偏,物欲之蔽,以复其性,以尽其伦而后已焉。"②朱熹认为,要克服"气质之偏",革尽"物欲之蔽",以恢复善性,就必须"尽人伦"。他强调"父子有亲,君臣有义,夫妇有别,长幼有序,朋友有信,此人之大伦也。庠、序、学、校皆以明此而已"。在《白鹿洞书院揭示》中,也明确把上述五伦列为"教之目",置于首位,指出"学者学此而已"。

朱熹主张学校教育的目的应以"明人伦为本",要教人以"德行道艺之实"。他反复强调指出:"先王之学以明人伦为本。"③"熹窃观古昔圣贤所以教人为学之意,莫非使之讲明义理以修其向,然后推己及人,非徒欲其务记览、为词章,以钓声名,取利禄而已。"④然而,当时的学校教育却反其道而行之,士人"所以求于书,不越乎记诵、训诂、文词之间,以钓声名,干利禄而已",完全违背了"先王之学以明人伦为本"的本意,以致当时"师之所以教,弟子之所以学,则皆忘本逐末,怀利去义,而无复先王之意,以故学校之名虽在,而其实不举,其效至于风俗日敝,人材日衰"。⑤

为改变这种"风俗日敝,人材日衰"的状况,朱熹重申和强调教育"明人伦"的目的,使学校教育符合国家"立学教人之本意"。"明义反

---

① 《朱子语类》卷十三。
② 《朱文公文集》卷十五(经筵讲义)。
③ 《近思录》卷九。
④ 《白鹿洞书院教条》。
⑤ 《朱文公文集·镇江府学记》。

本,以遵先王教学之遗意",①使其具有"道德政理之实",以明"政事之本"、"道德之归",这样才能"教明于上,俗美于下,先王之道得以复明于世,而其遗风余韵,又将有以及于方来"。②

六、王守仁关于教育目的的观点

(一)"圣人可学而至"

王守仁提出"圣人可学而至"的口号,作为人们努力的目标。无论中人以上的人,或是中人以下的人,甚至是"愚夫愚妇",只要艰苦奋斗,奋发图强,经过"百死千难"的考验,对自己做一番存在价值的抉择,都可以达到"圣人"的目的。他说:"圣贤之道,坦若大路,夫妇之愚,可以与知。"王守仁认为,虽然人的"资质不同",并不妨碍他能上达于"圣人",所不同的只是每个人的努力程度,因此,"必须人一己百,人十己千,及其成功则一"。

此外,还要重视教育的方法,只要根据每个人"资质不同"的情况,贯彻学不躐等、循序渐进的原则,不懈的琢磨,进行修身养性的"身心"教育,皆可以培养成最高理想的人格"圣人"。

(二)"明人伦"

王守仁认为教育的目的在于"明人伦","夫三代之学,皆所以明人伦。"③他的理论基础则是"致良知"学说。他认为人人都有"不待学而有,不待虑而得"的"良知",也就是天理。他说:"吾心之良知,即所谓天理也。"④他指出:"良知良能,愚夫愚妇与圣人同。"但是否致此"良知",却是"圣愚之所由分也"。⑤ 圣人之所以为圣,在于能使自己的良知发扬光大,天理纯全;而一般人良知常被私欲所蒙蔽,为尘埃

---

① 《朱文公文集·镇江府学记》。
② 《学校贡举私议》。
③ 《万松书院记》。
④ 《王文成公全书》卷二(答顾东桥书)。
⑤ 《王文成公全书》卷二(答顾东桥书)。

所染,要想除掉私欲,恢复本心,必须有个为善去恶的"致良知"的功夫。他说:"若良知之发,更无私意障碍,即所谓充其恻隐之心,而仁不可胜用矣。然在常人,不能无私意障碍,所以须用致知格物之功,胜私复理。"①因此,"致良知"也就是"存天理,去人欲",以实现"明人伦"的教育目的。

在王守仁看来,"明人伦"就是三纲五常等封建道德观念,他明确地说:"所谓父子有亲、君臣有义、夫妇有别、长幼有序、朋友有信五者而已。唐虞三代之世,教育惟以此为教,而学者惟以此为学。"②其实质就是要求教育、培养具有封建道德观念的"顺民",维护封建伦常的社会秩序。他认为,能做到"人伦明于上,小民亲于下",就可以达到"齐家、治国、平天下"的政治目的。

他强调,"明伦之外无学矣,外此而学者,谓之异端;非此而论者,谓之邪说;假此而行者,谓之霸术;饰此而言者,谓之文辞;背此而驰者,谓之功利之徒,乱世之政。"③王守仁认为挽救社会政治危机必须从整顿教育开始,而整顿教育必须从重申"明人伦"的教育目的开始。

七、王夫之关于教育目的的观点

王夫之在教育目的上并不是一般性地主张"学为圣贤",而提出要造就能"救人道于乱世"的"豪杰"。他认为,当时的社会需要"荡涤其浊气,震其暮气,纳之于豪杰而后期之以圣贤,此救人道与乱世之大权也"。④"豪杰"有远大的政治理想和"堂堂巍巍、壁立万仞"的豪迈之气。他说"能兴即谓之豪杰",就是要求造就出来的人才,虎虎有生气,思想上行动上有不同于流俗的振作精神,有远大的胆识,不仅具有"救世之心",还要"当思何以挽之"。王夫之还说:"能俭、能勤、

---

① 《王文成公全书》卷一(传习录上)。
② 《王文成公全书》卷二(答顾东桥书)。
③ 《万松书院记》。
④ 《俟解》。

能慎,可以为豪杰矣。"所谓俭,就是"节其耳目口体之欲,节己而不节人";所谓勤,就是"不使此心昏昧偷安于近小,心专而致志";所谓慎,就是"畏其身入于非道,以守死持之而不为祸福利害所乱"。

王夫之期望通过教育造就一批具有新的精神风貌的经世致用的人才,承担起"救人道于乱世"的历史重任。他把"豪杰之士"看做是"国之桢干",是封建社会的"补天"之材,在很大程度上突破了儒家学者关于人才规格的传统观念。

第四节 教育的内容

中国传统文化博大精深,不断地影响着人们的生存发展和精神风貌。传统文化教育不仅有利于改善当代知识结构,更加有利于弘扬和培育民族精神,有效地继承与发展中国传统文化对加强教育具有很重要的实践意义。

一、孔子"道德优先"的教育内容

孔子的教学内容可以从三个角度概括:一是"四教",即文、行、忠、信,是指教学内容应包括文学、品行、忠诚和信实四个方面的教育;二是"六艺",即礼、乐、射、御、书、数;三是"六书",即《诗》、《书》、《礼》、《乐》、《易》、《春秋》。

"四教"中"文"属于文化知识范畴,"行"、"忠"、"信"则属于道德教育范畴;"六艺"是指孔子教学的主要科目;"六书"是孔子用的基本教材,实际上他只将其中的《诗》、《书》、《礼》、《乐》,作为学生的基本教材传授给学生,而未将《易》、《春秋》作为普遍化教材。"六书"偏重文化知识,属于文的范围;"六艺"则偏重于才能和技术的训练。

孔子特别重视思想品质和伦理道德教育,在教育内容中有关这方面的科目占突出地位,一般文化知识的学习服从于道德教育的需要。《论语·述而》载:"子曰:志于道,据于德,依于仁,游于艺。"《论语·学而》更是明确地说:"弟子入则孝,出则弟,谨而信,泛爱众而亲仁,行有余力,则以学文。"在有关道德伦理教育的科目中,孔子最重视诗、礼、乐。他要求学生:"兴于诗,立于礼,成于乐。"① 又说:"不学礼,无以立。"他对"诗"的教育作用评价尤高:"诗可以兴,可以观,可以群,可以怨。迩之事父,远之事君,多识于鸟兽草木之名。"②

关于教学内容,孔子还有"四科"一说。所谓"四科",是与孔门"十哲"的特长联系在一起的,"德行:颜渊、闵子骞、冉伯牛、仲弓;言语:宰我、子贡;政事:冉有、季路;文学:子游、子夏"。③ "四科"属于高级课程。

总之,孔子的教学内容包括道德教育、文化知识和技能技巧培养等三个部分,教学内容已基本完整。但是,孔子对这三个方面重视程度不同。他认为"行有余力,则以学文",即他把道德教育放在首位,这是其教育思想的核心所在。孔子对文化知识也不忽视,经他和后学不懈努力整理、补充而流传下来的"六书",被后世奉为儒家经典。"六书"中保存了中国古代重要的历史、文学、哲学、政治、经济、文化、教育等宝贵的文献资料。

孔子教学中宗教成分较少,特别是自然知识比较贫乏,涉及生产技艺和理念性的自然知识的研究与传授较少,孔子说:"君子不器。"《礼记·乐记》说:"德成而上,艺成而下。"中国古代教育内容形成了轻自然、斥技艺的传统,教育与科技脱节,教育内容和考试内容都排斥科学知识,与孔子的影响是分不开的。

二、孟子"明人伦"的教育内容

孟子主张教育的目的应是"申孝悌、明人伦",明确提出:"教以人

---

① 《论语·泰伯》。
② 《论语·阳货》。
③ 《论语·先进》。

伦——父子有亲,君臣有义,夫妇有别,长幼有序,朋友有信。"①他认为教育内容应以伦理道德教育为主体。他说"居仁由义,大人之事备矣",②意思是,要掌握仁义道德,就好像居住在"仁"里,行走在"义"的路上,应具有较完备的道德。

他还认为仁义礼智的基础就是孝悌,"仁之实,事亲是也;义之实,从兄是也;智之实,知斯二者弗去是也;礼之实,节文斯才者是也;乐之实,乐斯二者,乐则生矣;生则恶可已也,恶可已,则不知足之蹈之手之舞之"。③他主张教育应以伦理道德为基本内容,以孝悌为伦理道德的基础。即"申之以孝悌之义"。

就经书而言,孟子教学以《诗》、《书》、《礼》、《乐》及《春秋》为教材。

三、荀子"礼、法结合"的教育内容

荀子重视古代典籍的学习,尤其是儒家经典的传播。他认为,教育是"起伪"过程,是不断地积累起礼义或曰知识、道德,使原始状态下的人性得到改变的过程,这是"外铄"的过程。从"成积"而"起伪"的要求出发,荀子更加重视文化知识的学习,他的名言"善假于物",就是指人借助知识,来丰富人自身。因此,荀子重视古代典籍的学习,尤其是儒家经典的传播。

荀子很注重读经,以儒经为学习与教育的内容。他说:"学恶乎始?恶乎终?曰:其数则始乎诵经,终乎读礼。"④清人汪中经考证在其《荀卿子通论》一书中说:"荀卿之学,出于孔氏,而尤有功于诸经。……盖自七十二子之徒既殁,汉诸儒未兴,中更战国暴秦之乱,六艺之传,赖以不绝者荀卿也。"可见,荀子精通儒经,秦汉之际儒生

---

① 《孟子·滕文公上》。
② 《孟子·尽心上》。
③ 《孟子·离娄上》。
④ 《荀子·劝学》。

所学儒经及其解说,大都传自荀子。

荀子认为,诸经各有不同的教育作用。他说:"故《书》者,政事之纪也;《诗》者,中声之所止也;《礼》者,法之大分,类之纲纪也。故学至乎《礼》而止矣。夫是之谓道德之极,《礼》之敬文也,《乐》之中和也,《诗》、《书》之博也,《春秋》之微也,在天地之间者毕矣。"①

从荀子关于教育内容的论述中,可以看出他的重点放在《礼》上,不仅主张"终乎读礼",而且说:"《礼》者,法之大分,类之纲纪也。"②这是教学的总纲。他把"礼"看成是"人道之极"、"道德之极",即封建伦理道德的最高标准,看成是"强国之本"、"威行之道"。他甚至主张教学诸科目中必须"隆礼义而杀《诗》、《书》",③把礼义放在第一位。认为《礼》是自然与社会(道德与政治)的最高法则,"礼"是"正其经纬"的纲纪,学习必须以"明礼义"为本。

荀子还重视"法教",主张礼教与法教结合。他认为,法教之所以必要,从国家角度说,由于敌对势力存在,必须"严刑罚以防之";④从个人角度说,由于人生而"好利"、"疾恶",又必须"严刑罚以戒其心"。⑤ 他说:"道之与法也者,国家之本作也。"⑥他认为"学也者,礼、法也"。⑦ 所以,荀子的"隆礼",就有重法。

《荀子》书中,讲礼的分量颇重,除了《礼论》,还见于《修身》、《劝学》、《大略》、《法行》、《乐论》等,荀子门下出了法家韩非、李斯,他们的法治思想都来自荀子。

---

① 《荀子·劝学》。
② 《荀子·劝学》。
③ 《荀子·儒效》。
④ 《荀子·王制》。
⑤ 《荀子·富国》。
⑥ 《荀子·致士》。
⑦ 《荀子·修身》。

四、董仲舒"以仁义为指归"的教育内容

董仲舒重视"六艺"之教,认为"君子知在位者之不能以恶服人",必须"简六艺以赡养之"。① 他主张以"六艺"为教材,并对课程设置发表见解:"《诗》、《书》序其志,《礼》、《乐》纯其养,《易》、《春秋》明其知(智)。六学皆大,而各有所长:《诗》道志,故长于质;《礼》节制,故长于文;《乐》咏德,故长于风;《书》著功,故长于事;《易》本天地,故长于数;《春秋》正是非,故长于治人。能兼其所长,而不能偏举其详也。"②

行仁义,定礼乐是董仲舒强调的教育内容。他在《举贤良对策》中指出:"道者,所繇适于治之路也,仁、义、礼、乐皆其具也,故圣王已没,而子孙长久,安宁数百岁,此皆礼乐教化之功也。"他将仁义之道说成是天德,"仁之美者在天,天,仁也"。③ 又说:"仁义制度之数,尽取之天。"④"人之血气,化天志而仁;人之德行,化天理而义。"⑤他认为,作为受命于天来统治人世的君主,必须躬行仁义,泛爱群生,而不能以个人好恶滥行赏罚。除统治者自己行仁义外,还要推行到民众中去,即"渐民以仁,摩民以谊,节民以礼",达到"教化行而习俗美"的治国效果。

在董仲舒看来,人类社会要用仁义来维系:一方面,以仁对待别人;另一方面,则以义来约束自己,如《春秋繁露·仁义法》所说:"爱在人谓之仁,义在我谓之义;仁主人,义主我也。故曰仁者人也,义者我也,引之谓也。君子求仁义之别,以纪人我之间,然后辨乎内外之分,而著于顺逆之处也。"概括仁义之教的内涵,是宽以待人,严以律己。另外,他又发展了孔门"见利思义"与"君子谋道不谋食"之说,提

---

① 《春秋繁露·玉杯》。
② 《春秋繁露·玉杯》。
③ 《春秋繁露·王道通三》。
④ 《春秋繁露·基义》。
⑤ 《春秋繁露·为人者天》。

出"正其谊,不谋其利;明其道,不计其功",①又说"义之养生人大于利矣,何以知之?今人有大义而甚无利,虽贫与贱尚荣其行,以自好而乐生"。②把"义"超脱于"利"之上,只讲义不顾利。

总之,董仲舒实施的教学内容包括德育、智育、美育和体育诸方面,所谓纲常之教是为德,典章历史之教是为智,文之以礼,冶情于乐是为美。除此以外,他还对学生施以养生之道的体育之教。他将德育放在第一位,其他各育都需为"成德"服务,也就是为灌输封建伦常服务,大大限制了学生多方面的发展。

五、韩愈的儒家经典教育内容

韩愈根据其人的"性三品"说,认为人性天生就包含着仁、义、礼、智、信的道德内容,教育就是将这先验的道德内容发扬开来,使其付诸实践。正如他在其著作中所说:"其所读皆圣人之书,杨墨释老之学无所人于其心。"③"始者非三代两汉之书不敢观,非圣人之志不敢存。"④"行之乎仁义之途,游之乎读书之源,无迷其途,无绝其源,终吾身而已矣。"⑤

韩愈认为,社会上占大多数的人属于"中品之性",在顺性克情、以求善行的过程中,有必要接受以仁、义、礼、智、信为中心内容的封建教育。儒家的经典,诸如《诗》、《书》、《易》、《春秋》等都是教育的最好内容。

六、朱熹"明事穷理"的教育内容

朱熹说,"古之为教者,有小子之学,有大人之学",⑥主张把学校

---

① 《汉书·董仲舒传》。
② 《春秋繁露·身之养重于义》。
③ 《上宰相书》。
④ 《答李翊书》。
⑤ 《答李翊书》。
⑥ 《朱文公文集》卷十五(经筵讲义)。

教育划分为小学、大学两个阶段。他还对两个学段的入学年龄及学习内容做了阐述:"人生八岁,则自王公以下至于庶人之子弟,皆入小学,而教之以洒扫、应对、进退之节,礼、乐、射、御、书、数之文;及其十有五年,则自天子之元子、众子,以至公卿士大夫之适子,皆入大学,而教之以穷理、正心、修己、治人之道。此又学校之教,大小之节,所以分也。"①他把德育放在第一位,归结于"明人伦",以"四书"、"五经"为教本,目的在使学生学个"做人的样子",这也是学为圣人的前提。

朱熹认为小学教育内容的重点是伦理道德规范的训练和基本知识技能的学习,即以"教事"为主,"小学是事,如事君、事父、事兄、处友等事,只是教他依此规矩去做"。②他说:"教小儿只说个义理大概,只眼前事或以洒扫、应对之类作段子亦可。"③他还根据古代有关教育资料汇集了《小学》一书,编写了《童蒙须知》、《训蒙斋规》等,把这些作为小学教材和读物。清张伯行的《小学集解序》讲朱熹编《小学》的基本精神是"以立教、明伦、敬身、稽古为纲,以父子、君臣、夫妇、长幼、朋友、心术、威仪、衣服、饮食为目,使夫人大学者必由是而学焉"。

朱熹认为大学应使受教育者在道德、学问和能力方面有较高的水平和造诣,是在小学教育基础上"加光饰",是"因其所已知者推而致之以及其所未知者,而及其至也"。所以,他明确指出:"小学之事,知之浅而行之小者也;大学之道,知之深而行之大者也。"④又说:"国家建立学校之官,遍于郡国,盖所以幸教天下之士,使之知所以修身、齐家、治国、平天下之道,而待朝廷之用也。"⑤他认为大学的基本任务是培养"修身、齐家、治国、平天下"之才,大学教育内容的重点是"教理",他说:"小学者,学其事;大学者,学其小学所学之事之所以。""是

---

① 《大学章句序》。
② 《朱子语类》卷七。
③ 《朱子语类》卷七。
④ 《小学辑说》。
⑤ 《送李伯谏序》。

发明此事之理。"①朱熹为此精心规划了大学教育的教学内容和学习，选择《论语》、《孟子》、《大学》、《中庸》四书，作为大学的基本教材，并用理学的观点对各书进行重新解释。

七、王守仁"学以求尽其心"的教育内容

王守仁认为教学内容应当是"圣贤之学"，即"心学"，不是考究辞章支离破碎的程朱理学，反对学者为应付科举，沉溺于记诵、辞章之学，指出"自科举之业盛，士皆驰骛于记诵辞章，而功利得丧，分惑其心"，②致贻"世道之忧"。他认为"夫圣人之学，心学也，学以求尽其心而已"，③主张读书必须以"正心"为前提，读书要结合自己的思想实际，以净化思想为主，不必死记教条，驰逐功利，而陷溺其心志。

王守仁认为凡有助于"求其心"者均可作为教育内容，"读经、习礼、写字、弹琴、习射、无不可学"。他认为，《六经》是古代圣人之心的记籍，而且也是"吾心之记籍也"，他主张用个人的主观意识——"吾心"来衡量六经的实用价值，所谓"求六经之实于吾心"。他说："《六经》者非他也，吾心之常道也。故《易》也者，志吾心之阴阳消息者也；《书》也者，志吾心之纪纲政事者也；《诗》也者，志吾心之歌咏性情者也；《礼》也者，志吾心之条理节文者也；《乐》也者，志吾心之欣喜和平者也；《春秋》也者，志吾心之诚伪邪正者也。"④又说："《六经》者，吾心之记籍也，而《六经》之实，则具于吾心，犹之产业库藏之实积，种种色色具存于其家，其记籍者，特名状数目而已。"⑤由此，他主张通过学习《六经》阐明本心，"尽吾心之天理"。

---

① 《朱子语类》卷七。
② 《王文成公全书》卷七（万松书院记）。
③ 《王文成公全书》卷七（重修山阴县儒学记）。
④ 《稽山书院·尊经阁记》。
⑤ 《稽山书院·尊经阁记》。

关于写字、习礼、唱歌、弹琴、游戏、习射等等,都与"心学"有关,都是为了"存心养性"。他认为学习本身就是一种"行"的形式,"如言学孝,则必服劳奉养,躬行孝道,然后谓之学,岂徒悬空口耳讲说,而遂可以谓之学孝乎?学射则必张弓挟矢,引满中的;学书则必伸纸执笔,操觚染翰。尽天下之学,无有不行而可以言学者,则学之殆,固已即是行之矣",①"君子之学于射,以存其心也"。②

八、王夫之"身心之学"的教育内容

王夫之不否定学习"四书"、"五经"。但他不像前人那样抱残守缺。他慨叹"自秦以后,所谓儒学者止于记诵词章;所谓治道者不过权谋术数,而身心之学反以付之释老"。③ 如此学习儒家经典,实无补于世道人心。他提倡教育要为现实政治服务,以"今日之才,治今日之事";提倡多涉猎有关国计民生的知识,包括"天人、治乱、礼乐、兵刑、农桑、学校、律历、吏治之理"。他晚年教育后代不一定当知识分子,认为各行各业都可以做,"能士者士,次则医,次则农工商贾,各惟其力与其时"。④

在对待外来文化与中国文化传统方面,王夫之主张"体用胥有"。他认为,有"体"才有"用"的存在,有其"用"才有"体"的存在,"天下之用皆其有者也。吾从其用而知其体之有,岂待疑哉"。⑤ 他从"无车可乘,无器可贮",论证了"体以致用";从"不贮非器,不乘非车"论证了"用以备体",结论是两者"相需以实"。

---

① 《王文成公全书》卷二(答顾东桥书)。
② 《观德亭记》。
③ 《读四书大全说》卷四。
④ 《王船山年谱》。
⑤ 《周易外传》卷二。

第五节　教育原则和方法

中国传统文化博大精深,不仅教育内容对当代具有借鉴意义,而且关于教育原则和教学方法的论述也有着极高的价值。下面就古代著名教育家传承性的教育原则和方法分别加以剖析,以供借鉴。

一、了解学生,因材施教

了解学生是因材施教的前提,教师要首先了解学生的"材",然后才能因"材"而"教"之。

(一) 孔子

孔子是第一个运用因材施教者,也是他在教育上获得成功的重要原因之一。实行因材施教的前提是了解学生,他了解学生的方法主要有观察法和谈话法两种。

孔子通过"听其言而观其行"、"退而省其私"、"视其所以,观其所由,察其所安",观察学生的言行举止,由表及里地洞察学生内心的精神世界,了解学生;通过有目的的谈话、问答,与学生交流思想,了解学生的秉性。这样,孔子就对其学生的道德面貌、个性特点、智力差异、特殊才能等方面了然于胸,为后面的因材施教奠定了基础。

孔子根据对学生的了解,对学生进行有针对性的教学,主要从三个方面"因材施教"。

第一,充分发挥学生的特长。在孔子的私学里,德行、言语、政事、文学四方面都有出众之才,"德行:颜渊、闵子骞、冉伯牛、仲弓;言语:宰我、子贡;政事:冉有、季路;文学:子游、子夏。"[①]又如"由也果","赐也达","求也艺"。[②]

---

① 《论语·先进》。
② 《论语·先进》。

第二,正确地补偏救弊,以促进学生的正常发展。如子贡利口巧辞,孔子常黜其辩。如他问子贡:"女与回也孰愈?"对曰:"赐也何敢望回?回也闻一以知十,赐也闻一以知二。"子曰:"弗如也;吾与女弗如也。"①通过孔子的教育,使子贡有了自知之明,起了抑制子贡自满情绪的作用。又如《论语》中记载的事例:子路问:"闻斯行诸?"子曰:"有父兄在,如之何其闻斯行之?"冉有问:"闻斯行诸?"子曰:"闻斯行之。"公西华曰:"由也问闻斯行诸,子曰:'有父兄在',求也问闻斯行诸,子曰:'闻斯行之。'赤也惑,敢问。"子曰:"求也退,故进之;由也兼人,故退之。"

第三,从学生实际出发,进行教学。《论语》中孔子弟子关于"仁"的问答非常典型。"樊迟问仁。子曰:'爱人。'仲弓问仁。子曰:'出门如见大宾,使民如承大祭。己所不欲,勿使于人。在邦无怨,在家无怨。'仲弓曰:'雍虽不敏,请事斯语矣。'颜渊问仁。子曰:'克己复礼为仁。一日克己复礼,天下归仁焉。为仁由己,而由人乎哉?'颜渊曰:'请问其目。'子曰:'非礼勿视,非礼勿听,非礼勿言,非礼勿动。'颜渊曰:'回虽不敏,请事斯语矣。'"因为三人学业造诣和接受能力不同,所以,他们请教同一问题,孔子做了三种回答。

(二) 孟子

孟子认为人虽具有同样的善性,但由于客观环境的影响,及自我修养的不同,才能会有个别差异。他继承并发展了孔子因材施教的思想,针对不同类型的学生采取不同的教学法。他说:"君子之所以教者五:有如时雨化之者;有成德者;有达材者;有答问者;有私淑艾者。此五者,君子之所以教也。"②对几种不同类型的学生采取不同的施教方法。

因材施教并不意味着降低要求,无视教师的作用。孟子为此强

---

① 《论语·公冶长》。
② 《孟子·尽心上》。

调"大匠不为拙工改废绳墨,羿不为拙射变其彀率",①"羿之教人射,必志于彀,学者亦必志于彀。大匠诲人,必以规矩,学者亦必以规矩"。② 他还说:"教亦多术矣。予不屑之教诲也者,是亦教诲之而已矣。"③这说明他从教育实践中认识到了教法的多样性和灵活性。

(三)董仲舒

董仲舒在《春秋繁露·玉杯》中要求教学要"省其所为,而成其所湛",要求教师在深入观察学生所作所为基础上,根据他们的心性特点因材施教。

(四)韩愈

韩愈重视因材施教,认为每个时代都有人才,关键的问题在于教育者善于识别和培养。其著名的《马说》中说:"世有伯乐,然后有千里马。千里马常有,而伯乐不常有。……策之不以其道,食之不能尽其材,鸣之而不能通其意,执策而临之,曰:'天下无马!'呜呼! 其真无马邪? 其真不知马也。"伯乐善识千里马,只要有伯乐,千里马不会被埋没。如果没有伯乐那样的识别力,又不善于调教,千里马就会被埋没。人才就如千里马,既要善鉴别,又要善培养,人才就不会被糟蹋,而会涌现出来。

韩愈一贯主张"人者要尽其材"。其《进学解》中说:"大木为杗,细木为桷,欂栌、侏儒、椳、闑、扂、楔,各得其宜,施以成室者,匠氏之工也。"他主张教育者应如精明的木匠分别使用木料,使各类木料各得其宜一样,充分发挥受教育者的才能,这应成为教育的原则。韩愈热心培养青年,指导他们进行文学创作,发挥他们的才能,成为知名的作家。他要求当权者在用人方面做到人尽其才,他认为统一的国家应当能容纳和使用各种人才。他把"因材施教"和"因材使用"统一

---

① 《孟子·尽心上》。
② 《孟子·告子上》。
③ 《孟子·告子下》。

了起来。

(五) 朱熹

朱熹对孔子因材施教的教育理念进行了引申和发展。他在分析孔子根据每个学生的特点,分"德行"、"言语"、"政事"、"文学"四科进行教学时说:"德行者,潜心体道,默契于中,笃志力行,不言而信者也;言语者,善为辞令者也;政事者,达于为国治民之事者也;文学者,学于《诗》《书》《礼》《乐》之文,而能言其意者也。盖夫子教人,使各因其所长入于道。"①教师根据每个学生的特长而使之入于不同的发展之道。

他设喻说:"草木之生,播种封植,人力已至而未能自化,所少者,雨露之滋耳。及此时而雨之,则其化速矣。教人之妙,亦犹是也。"②人的成长犹草木之生,如得及时雨,便能迅速变化生长。教师依学生的不同特点和特长,传授不同的教学内容,采取不同的教学方法,学生就能迅速成长。因此,朱熹说:"圣贤施教,各因其材,小以成小,大以成大,无弃人也。"③

(六) 王守仁——"随人分限所及"

王守仁主张因材施教,他说:"学校之中,惟以成德为事,而才能之异,或有长于礼乐,长于政教,长于水土播植者,则就其成德,而因使益精其能于学校之中。"④他还提出"随人分限所及"而施教的思想。"随人分限所及"而施教,对不同的人来说即是"因材施教"。

他说:"人的资质不同,施教不可躐等。"⑤他认为"良知"人人具有,"愚夫愚妇与圣人同",但人们的资质、才力是各不相同的。圣人与常人固有不同,就是圣人之间亦有差别,"圣人之才力,亦有大小不

---

① 《朱子语类》。
② 《孟子集注》卷十三(尽心章句上)。
③ 《孟子集注》卷十三(尽心章句上)。
④ 《王文成公全书》卷二(传习录中)。
⑤ 《王文成公全书》卷一(传习录上)。

同,犹金之分两有轻重"。① 施教的分量内容以至方法,都要因人而殊,好比医生治病,"随其疾之虚实、强弱、寒热、内外,而斟酌加减、调理、补泄之"。不可"不问症候之如何,而必使人人服之也"。②

王守仁的"随人分限所及"而施教,不是消极地适应学生的资质、才力、脾性,或用一个模型去束缚学生,而是在更好地发挥各人之所长,起到"益精其能"的效果。他认为学校教育应该在"成德"的前提下,使各人的才能、特长得到充分发展。即使对学生不同的个性,也是如此,他说:"圣人教人,不是束缚他通做一般,只如狂者便从狂处成就他,狷者便从狷处成就他。人之才气,如何同得?"③也就是说,对"狂者",从勇敢方面去培养;对"狷者",则从办事谨慎方面去成就他。

(七) 王夫之——"深知其心""因材而授"

王夫之主张教者对学者必须因材施教。这是因为每个人"质有不齐",有"敏钝之差";每个人的"志量不齐",有大有小;每个人的德行不同,有长有短;每个人知识不等,有多有少,有深有浅,等等。教师必须了解和承认学生的这些差别,从学生实际出发,"各如其量"地进行教学,做到"人无不可教,教无不可施"。

王夫之说:"吾之与学者相接也,教无不可施。吾则因其所可知,而示之知焉;因其所可行,而示之行焉。其未能知,而引之以知焉;其未能行,而勉之以行焉。未尝无有以诲之也。"④他主张教师应在学生的所知所行基础上"以才量言",因其可知可行而教之。教师应在学生"已知已能"的基础上,把学生推向未知未能,以求上进;对"未能知未能行"的学生,应"引之以知","勉之以行"。总之,对学生应"因材而授",使学生突破原有水平,从不知到知,从知少到知多。只有这样,才能"人无不可教,教无不可施"。

---

① 《王文成公全书》卷一(传习录上)。
② 《与刘源道书》。
③ 《王文成公全书》卷三(传习录下)。
④ 《四书训义》卷十一。

要正确做到"因材而授",关键问题是了解学生,"深知其心"。只有深知学生的内心世界,才能做到"洞知其所自蔽,因其蔽而通之",然后再"因人而施之教",使每个学生皆"未尝不竭尽上达之旨"。①

王夫之提出"教以教人之学",则教者必须了解受教育者而因材施教。个人之间是有差别的,教者要顺应学者的个性去施教,偏高偏低都有缺憾。他说:"夫智仁各成其德,则其情殊也,其体异也,其效亦分也。……故教者顺其性之所近以深造之,各如其量而可矣。"②一个人有长处,亦有偏处,教人正是要导引学者的长处,使他能够进步,矫正学者的偏处,使他能走上正当的道路。他说:"教思之无穷也,必知其人德性之长而利导之,尤必知其人气质之偏而变化之。"③

王夫之认为教人先要看他的才性品质,再要看他的志向,又进而看他自己的努力与造诣如何,教学的分量也就因而不同。他说:"曲尽人材,知之悉也。……顺其所易,敌其所难,成其美,变其恶,教非一也。理一也,从人者异耳。才之偏,蒙也;养之者因所可施可受而使安习之。"④教学要根据学者可接受性而施教,要就其"可受之机"而施教,要因其可施可受而施教而为学。

二、启发教学,循序渐进

(一) 孔子

纵观中外教育史,孔子是启发式教学的首创者。他有一段至理名言:"不愤不启,不悱不发,举一隅不以三隅反,则不复也。"⑤就是说:教导学生,不到他想求懂而未懂的时候,不去启示其思路;不到他想说而说不出来的时候,不去开导其表达。举出一个方面的事理启

---

① 《张子正蒙注》卷六。
② 《四书训义》卷十。
③ 《四书训义》卷十五。
④ 《张子正蒙注·中正篇》。
⑤ 《论语·述而》。

发他,而他却不能自动推辞领悟,与此相连的三个方面的事理,我就不再告诉他。孔子要求教师要在学生"愤"、"悱"的心理状态下,进行启发教学,要求学生触类旁通,由无知到有知,由知之片面到知之全面,由知之错误到知之正确,最终独立获得知识。

这种启发教学包含三个基本要点:第一,教师的教学要引导学生探索未知的领域,激发起强烈的求知欲望,积极去思考问题,并力求能明确地表达;第二,教师的启发工作以学生积极思考为前提条件,其重要作用就体现在"开其意"、"达其辞";第三,使学生的思考能力得到发展,能从具体事例中概括出普遍原则,再以普遍原则类推于同类事物,而扩大认识范围。

孔子的启发教学运用得相当成功,甚为学生所赞服。其弟子颜渊喟然叹曰:"仰之弥高,钻之弥坚;瞻之在前,忽焉在后。夫子循循然善诱人,博我以文,约我以礼,欲罢不能。既竭吾才,如有所立卓尔。虽欲从之,末由也已。"[①]从教学方法论分析,核心是"夫子循循然善诱人",即循序渐进,这是启发教学的本质特点。孔子"无欲速"、"欲速则不达",即是要求循序渐进。

孔子在教学中运用教学和循序渐进的方法很多,主要有以下三个方面。

第一,由浅入深,由易到难。孔子经常针对学生提出的问题,加以启发引导,层层深入,循序渐进地回答学生所提问题,一步一步地提高学生的知识水平和认识能力。如《论语》中记载子路问君子:"子曰:'修己以敬。'曰:'如斯而已乎?'子曰:'修己以安人。'曰:'如斯而已乎?'曰:'修己以安百姓。修己以安百姓,尧舜其犹病诸?'"在何谓君子的问题上,子路连问三次,孔子连答三次,一次比一次深,一次比一次难,最后最深最难,连孔子最崇拜的尧舜都做不到。子路步步深入的提问,孔子"小叩则小鸣,大叩则大鸣",由浅入深,由易到难地

---

① 《论语·子罕》。

回答。

第二，能近取譬，推己及人。这是孔子非常喜欢的教学手段。《论语》中记载的他与子贡关于"仁"的问答即采用这种方法。"子贡曰：'如有博施于民而能济众，何如？可谓仁乎？'子曰：'何事于仁！必也圣乎！尧舜其犹病诸！夫仁者，已欲立而立人，已欲达而达人，能近取譬，可谓仁之方也已。'"孔子告诉子贡理解"仁"的方法，就是能近取譬，推己及人。他给其他弟子讲"仁"，也采取这种方法。如他对颜渊、仲弓说"一日克己复礼，天下归仁"，"己所不欲，勿使于人"。还有他说："逝者如斯夫！不舍昼夜。"这也是取一去不复返的流水为比喻，说人生光阴易逝，由己推向学生进行珍惜时间的教育。

第三，叩其两端，攻乎异端。这是孔子的教学方法。孔子提出："攻乎异端，斯害也已。"[1]意即反对两端不正确的东西，祸害就可以消灭了。这也成为了孔子启发教学的一种方法。如子贡问："师与商也孰贤？"子曰："师也过，商也不及。"曰："然则师愈与？"子曰："过犹不及。"[2]子张和子夏一个过，一个不及，在个性上各居一端，孔子采取攻叩两端的方法，得出"过犹不及"的结论，是符合唯物辩证法的。

还有孔子说："吾有知乎哉？无知也。有鄙夫问于我，空空如也。我叩其两端而竭焉。"[3]他把叩攻两端当作由无知向已知转化的条件，并经常用之于教学。如有一次，子贡问："乡人皆好之，何如？"子曰："示可也。""乡人皆恶之，何如？"子曰："示可也；不如乡人之善者好之，其不善者恶之。"[4]孔子回答用攻叩两端的方法，否定了"乡人皆好之"和"乡人皆恶之"两端，从而得出以"乡人之善者好之，其不善者恶之"为评价人的准绳是正确的。

---

[1]《论语·为政》。
[2]《论语·先进》。
[3]《论语·子罕》。
[4]《论语·子路》。

（二）孟子

孟子特别重视怀疑的精神。他说："尽信书，则不如无书。"①又说："故说诗者，不以文害辞，不以辞害志。以意逆志，是为得之。"②这是把孔子所重视的"阙疑"精神向前推进了一步。在启发思维过程中，他除了继承孔子"近思"和"中庸"的手段外，还提出了"时"与"权"的思想，重视思维的灵活性。他说："子莫执中，执中为近之。执中无权犹执一也。所恶执一者为其贼道也，举一而废百也。"③

孟子认为"其进锐者其退速"，④进程过于迅疾，势必影响实际效果，致使退步也快。他把学习看成一个自然发展的过程，必须按部就班、循序渐进，直至学有所成，不能一蹴而就。并以流水为喻加以说明，他说："源泉混混，不舍昼夜，盈科而后进，放乎四海。有本者如是，是之取尔。"⑤"流水之为物也，不盈科不行；君子之志于道也，不成章不达。"⑥这是指正确的进程应当像源源不断的流水那样，注满一个洼坎之后再注下一个洼坎，未注满时决不下流，由此渐次流入大海。

他还通过"揠苗助长"的寓言告诫人们必须注意到教学是一个自然有序的过程，人们应当关注并促进教学过程的实现，但决不能用"揠苗"的方法去助长，否则，"非徒无益，而又害之"。他认为教师不应诉诸强制的手段，而要适时的点化。他说："君子所过者化，所存者神。"⑦他认为，教育应当像"时雨"那样有化育万物的魅力。理想的教育"有如时雨化之者"，不需要任何强制。

---

① 《孟子·尽心下》。
② 《孟子·万章上》。
③ 《孟子·尽心上》。
④ 《孟子·尽心上》。
⑤ 《孟子·离娄下》。
⑥ 《孟子·尽心上》。
⑦ 《孟子·尽心上》。

(三) 董仲舒

董仲舒在《春秋繁露·玉杯》中提出教学要"造而勿趋"的要求,强调教学要量力而行,循序渐进。他还提倡只要深察慎思,做到"得一端而多连之,见一空(孔)而博贯之",就能尽知天下。这有助于促进学生的思维发展。所谓"多连"和"博贯",就是要求读书上不可就事论事,而应融会贯通,做到"合而通之,缘而求之"。

(四) 朱熹

朱熹认为教师的任务在于启发学生发现问题,帮助学生解决问题。他说"指引者,师之功也",[①]教师只是"示之于始而正之于终",[②]对学生的学习起引导、指正的作用。他坦率地告诉学生:"某此间讲说时少,践履时多,事事都用你自去理会,自去体察,自去涵养。书用你自去读,道理用你自去究索,某只是做得个引路底人,做得个证明的人,有疑难处,同商量而已。"[③]教师不做填鸭人,不要将现成的知识硬塞硬灌给学生,尽量少讲,多让学生自己践履、体察、思索、消化。教师应积极主动地启发学生,与学生一起共同解决疑难问题,而不是包办代替各种问题,使教师的主导作用与学生的主动性有机地结合起来,这恰好是启发式教学的精髓。

朱熹的启发式教学,主要是启发学生发现疑问,提出疑问。他认为疑问越多,学习的进步就越快、越大,"大疑则可大进"。他说:"读书始读,未知有疑,其次则渐渐有疑,中则节节是疑。过了这一番后,疑渐渐解,以致融会贯通,都无所疑,方始是学。"[④]学生读书学习不提出疑问,正是缺乏积极主动性的表现,"若用粗卤,不务精思,只道无疑处。非无可疑,理会未到,不知有疑耳。"[⑤]读书治学达到"群疑并

---

① 《朱子语类》卷八。
② 《朱子语类》卷八。
③ 《朱子语类》卷十三。
④ 《宋元学案·晦翁学案》。
⑤ 《学规类编》。

兴",才是学习效果大幅度提高的时刻。"学者读书,须是于无味处,当致思焉,至于群疑并兴,寝食俱废,乃能骤进"。①

朱熹也提出"循序而渐进"的主张。他说:"事有大小,理无大小,故教人有序而不可躐等。"又说:"君子教人有序,先传以小者近者,而后教以远者大者。"②还说:"圣贤之学,虽不可浅意量,然学之必自其近而易者始。"③又说:"圣贤教人,下学上达循循有序,……无妄意凌躐之弊。"④他提出"渐"与"顿"两个概念。"渐"是"顿"的原因,"顿"是"渐"的结果,如说"穷理之学,诚不可以顿进,然必穷之以渐,俟其积累之多,而廓然贯通,乃为识大体耳"。⑤"顿"起于"渐"之积累,它只能按部就班,"学问却有渐,无急迫之理"。⑥ 所以,他主张要像程颐说的那样,"今日格一件,明日格一件,积习既多,然后脱然自有贯通处",⑦其"工夫次第",是"先成乎其小",然后"驯致乎其大"。"小",便是"洒扫应对进退之节,礼乐射御书数之习"⑧的小学功夫;"大",则是"格物致知,进而诚意、正心、修身、齐家、治国、平天下"⑨的大学功夫。

朱熹认为"读书之法,当循序而有常",⑩他解释说:"以二书言之,则先《论》而后《孟》,通一书而后及一书。以一书言之,则其篇章文句,首尾次第,亦各有序而不可乱也。量力所至而谨守之;字求其训,句索其旨;未得乎前,则不敢求乎后;未通乎此,则不敢志乎彼。"⑪读

---

① 《学规类编》。
② 《朱子语类》卷八。
③ 《小学书》。
④ 《朱文公文集》卷一。
⑤ 《朱子语类》卷十四。
⑥ 《朱子语类》卷十八。
⑦ 《二程遗书》。
⑧ 《大学章句序》。
⑨ 《大学章句序》。
⑩ 《学规类编》。
⑪ 《程氏家塾读书分年日程·朱子读书法》。

书要循序渐进,还要求应当有个通盘的计划,做出周密的安排,"读书须是遍布周满,某尝以为宁详毋略,宁下毋高,宁拙毋巧,宁近毋远",①作为安排读书计划的原则。

(五)王守仁

王守仁在教育方法上采取"诱"、"导"、"讽"的"栽培涵养之方"。他说:"大抵童子之情,乐嬉游而惮拘检,如草木之始萌芽,舒畅之则条达,摧挠之则衰萎。"②因此,教育儿童应从他们"乐嬉游而惮拘检"的特点出发,以诱导、启发、讽劝的方法,来代替"督"、"责"、"罚"的方法,使他们"趋向鼓舞,中心喜悦",如春风时雨被及草木一样,"莫不萌动发越,自然日长月化"。

王守仁"随人分限所及"而施教的原则,对每个人来说,就是循序施教的意思。他说:"与人论学,亦须随人分限所及。"③所谓"随人分限所及",就是教学的分量要照顾到学生接受能力的界限,在"分限"内恰到好处地进行施教,不可"揠苗助长"。他指出:"超人圣人"的捷径是没有的。他说:"学起立移步,便是学步趋庭除之始;学步趋庭除,便是学奔走往来数千里之基。"④所以,教学应从学生的原有基础出发,逐步提高和加深,不可贪多图快。即使在"分限"之内,也要使学生量力有余,这样不仅能防止"食而不化",还会使学生"有自得之美"。如授书,"凡授书不在徒多,但贵精熟。量其资禀能二百字者,止可授以一百字,常使精神力量有余,则无厌苦之患,而有自得之美"。⑤

王守仁认为教学必须参照不同的年龄特征"从本原上用力,渐渐

---

① 《朱子语类》卷十。
② 《训蒙大意·示教读刘伯颂等》。
③ 《王文成公全书》卷二(传习录下)。
④ 《王文成公全书》卷二(传习录中)。
⑤ 《王文成公全书》卷二(传习录中)。

盈科而进"。① 一个人的发展,从婴儿到成人,有它的阶段性,应顺着其"精气日足,筋力日强,聪明日开"的顺序为学。

(六) 王夫之

王夫之注重"因材启发"。他认为,学生掌握知识、形成道德观念,应该是一个主动探索领会的学习过程。若无学生的"真心内动",光靠教师讲授,是无益的、没有意义的。他说:"若教则不愤而启,不悱而发,喋喋然徒劳而无益也。"②他认为启发是有时机的,必须先行学生有"自怀愤恨以不宁"的思考状态,教师才予以启发;必待学生有"若知若不知之机",教师才予以开导。若学生"不愤",虽予以启发,即不疑以为不必,也会视为固然,抱无所谓的态度;若学生"不悱",虽予以开导,即能信之以为实,然而终不知其所以然。所以,他说:"启发亦有时机。"

王夫之提倡"因机设教",认为要"尽人之材",必得"因机设教",只要"因机设教",则"人无不可喻"。他的"因机设教",包含"教之时"、"教之序"两方面内容。

"教之时"即授教的时机,是指教师的"教之机"和学生的"受之时"。"教之机"依据"受之时",两者相应而不离,相因而共存。教与学是矛盾的统一体,而矛盾的主要方面,是在教者方面。因为"受之机"不能听其自然而生,必须由教师善于期待学生的"自悟",同时,又要求教师善于启发学生的"自觉"。

"教之序"即教学要循序渐进。王夫之认为,教师在教学中首先要"知序",然后"施之有序",才能使学生"行之自远"。由于"物皆有之天序",如果教师掌握了"欲逾越而不能"的事物规律,并以此来教授学生,则难者可以易。他说:"有初学难而后易者,有初学易而后难

---

① 《王文成公全书》卷一(传习录上)。
② 《周易内传》卷四。

者,因其序则皆可使之易。"①他认为,"施之有序"可使学生易懂、易接受;可使学生能由博反约、"知其要归"之所在,"知其精义"之所存;可使学生"于其本而图之,则相因以渐达"。

三、学思结合,知行统一

(一) 孔子

学是思的基础,思是学的深化。学与思是相互联系、相互制约着的。学思结合是把感性认识上升为理性认识的辩证统一过程。孔子重视学,也重视思,主张学思并重,学思结合。其名言"学而不思则罔,思而不学则殆"②反映了学和思的内在联系和辩证关系,两者不可偏废。他既反对思而不学,又反对学而不思。孔子说:"吾尝终日不食,终夜不寝,以思,无益,不如学也。"③这是他的反面教训。又说"君子和而不同",④就是要求学生能独立思考。孔子虽重视见闻之学,但光是从"闻"、"见"中获得知识还不够,要有个飞跃,即思维,如不思考,将是"德之弃也"。他反对"饱食终日"而"无所用心",认为既不学又不思的人,是不堪教育的。

孔子的学思结合,说明学和思是互为条件,互相促进,学中有思,思中有学的统一体。其"君子九思"中的"疑思问",要求学生要重视"问"。他认为只要独立思考,必然生疑,疑则生问,问则求解,通过不同形式的答疑解问,就会使学生增长知识,提高能力和水平。他说:"不曰'如之何,如之何'者,吾未如之何也已矣。"⑤这说明其对"问"的高度重视。

孔子还主张知行统一,重视实践,力求让学生通过躬行践履将知

---

① 《张子正蒙注》卷四。
② 《论语·为政》。
③ 《论语·卫灵公》。
④ 《论语·子路》。
⑤ 《论语·卫灵公》。

识转化为能力。《论语》第一句话"学而时习之,不亦说乎"其中"习"就是练习、实习、实践的意思。"学"后要"习",即要通过实践才能培养学生的实际本领。孔子把"习"作为教学过程的一个阶段,其弟子曾参将"传不习乎?"作为每日"三省"己身的内容之一,子夏"日知其所亡,月无忘其所能,可谓好学也已矣"①的言论,表明当天立即练习和当月系统练习似乎已成为孔门弟子通常的学习制度。

孔子认为,知而不能行,其知无用,等于不知。他第一个把知行统一的观点,纳入到教学过程中,从而形成了学思结合,知行统一教学原则。他的这一思想为儒家后学所继承和发展,并以孔子的名义总结出"博学之,审问之,慎思之,明辨之,笃行之"五个阶段。这也是对孔子教学经验和教学实践的总结,对我国古代教学,曾起过重大影响。

(二) 荀子

荀子说:"今使涂之人伏术为学,专心一致,思索孰察,加日悬久,积善而不息,则通于神明,参于天地矣。"②这是表述"学"与"思"的辩证统一关系。荀子重视思维的作用,如说"思索以通之","思乃精"。反之,徒思而不学也是不对的,所以说"吾尝终日而思矣,不如须臾之所学也"。

《荀子·儒效》篇说:"不闻不若闻之,闻之不若见之,见之不若知之,知之不若行之,学至于行之而止矣。……故闻之而不见,虽博必谬;见之而不知,虽积必妄;知之而不行,虽敦必困。"这阐述了教学"闻、见、知、行"的过程,特别论证了"知"与"行"的辩证统一关系。闻、见都属于"知",即认识范畴。知是为了行,行了才算真知,所谓"知有所合谓之智"。行即实践,《荀子·劝学》篇:"不登高山,不知天之高也;不临深谿,不知地之厚也。""登"、"临"都指亲自实践。

---

① 《论语·子张》。
② 《荀子·性恶》。

(三) 朱熹

朱熹继承和发展了孔子学思并重的思想,主张把学与思结合起来。他说"学便是读,读了又思,思了又读,自然有意。若读而不思,必不知其意味;思而不读,纵使晓得,终是卼臲不安。一似请得人来守屋相似,不是自家人,终不属自家使唤。若读得熟而又思得精,自然心与理一,永远不忘"。① 他认为只有把学与思结合起来,才能真正掌握、运用自如。朱熹的"熟读精思"说,是孔子学思结合说的发展。

朱熹指出学思脱节的人必然失败。不努力"学"的人容易固执己见或墨守旧说,难以接受新知识新见解,"今学者有二种病,一是主私意,一是旧有先入之说"。② 不认真"思"的人容易"随声迁就","今有一般人看文字,却只摸得些渣滓,到有深意处,却全不识"。只有把"学"与"思"结合起来,才能克服这些弊病。

朱熹认为,采用比较众说异同的方法有助于学思结合。要了解众说,必须广泛学习;进行比较,必须深入思考。他说:"凡看文字,诸家说异同处最可观,某旧日看文字,专看异同处。如谢上蔡之说如彼,杨龟山之说如此。何者为得,何者为失;所以得者如何,所以失者如何。"③"至于文义有疑,众说纷错,则亦虚心静虑,勿遽取舍于其间。先使一说自为一说,而先自屈矣。复以从说互相诘难,而求其理之所安,以考其是非,则似是而非者,亦将夺于公论而无以立矣。大抵徐行却立,处静观动,如攻坚木,先其易者而后其节目;如解乱绳,有所不通,则姑置而徐理之。"④ 朱熹不仅继承了学思结合的思想,而且对如何学,如何思,怎样促进学思结合给出了许多精辟的见解。

朱熹认为做学问有两件事:一为致知,另一为力行,"大抵学问只有两途,致知力行而已"。"致知"与"力行",朱熹认为两者不可偏废,

---

① 《学规类编》。
② 《学规类编》。
③ 《朱子语类》卷十一。
④ 《读书之要》。

"知行常相须,如目无足不行,足无目不见","致知力行,用功不可偏,偏过一边,则一边受病"。①

朱熹说:"论先后,知为先;论轻重,行为重。"又说:"故圣贤教人,必以穷理为先,而力行以终之。"②说"知为先"、"穷理为先",就是从认识到实践,而不是从实践到认识。这从认识过程的普遍规律说,是错误的。至于说"行为重",所谓"知之之要未若行之之实",却有其积极因素。

朱熹十分强调"为学之实固在践履,苟徒知而不行,诚与不学无异",③强调"方其知之而行未及之,则知尚浅,既亲历其域则知之益明"。④ 还说:"书不可不读,但比之行,实差缓耳。不然,则又何必言'行有余力而后学文'耶!"⑤也就是说,只有经过亲身体验的知识,才能成为自己的财富而运用自如。只有知然后行,才能使知识得到巩固,才能达到知之深、知之远和知之实。

(四) 王守仁

王守仁鼓励学生独立思考,开动脑筋。他发展了孔子"疑思问"的主张,认为"问"、"思"都是一种学习。如说:"学之不能以无疑,则有问,问即学也。"⑥由于学问是无止境的,所以"又不能无疑,则有思,思即学也"。⑦

王守仁认为"知"与"行"不可分割,互相渗透。他说:"知行不可分作两事。""知是行之始,行是知之成。"又说:"知是行的主意,行是知的功夫。"⑧他主张在教学过程中要知行并进,知行合一。说:"知之

---

① 《朱子语类》卷九。
② 《朱子文集》卷五十四(答郭希吕)。
③ 《朱文公文集》卷五十九(答曹元可)。
④ 《宋元学案·晦翁学案》。
⑤ 《论语集注·为政》。
⑥ 《王文成公全书》卷二(答顾东桥书)。
⑦ 《王文成公全书》卷二(答顾东桥书)。
⑧ 《王文成公全书》卷一(传习录上)。

真切笃实处,即是行,行之明觉精察之处,即是知。"①"明觉精察"是"知"的特点,"真切笃实"是"行"的特点,两者应并进,缺一不可。只有发挥"知"对"行"的指导作用,才能"行得是";只有用"行"来完成"知",才能"知得真"。

王守仁在强调知行并进的同时,表现出更加重视行的倾向,提出"真知即所以为行,不行不谓之知"②的观点。他指出,"学、问、思、辨、行"是有机的统一,彼此不可割裂,没有知与行的截然划分,更没有谁先谁后的逻辑顺序,而是作为同一完整过程齐头并进的两个方面。

(五) 王夫之

王夫之认为"致知"的途径有两个,即"学"与"思"。他说:"致知之途有二:曰学,曰思。学则不恃己之聪明,而一唯先觉之是效,思则不徇古人之陈迹,而任吾警悟之灵。乃二者不可偏废,而必相资以为功。"③他认为学与思、虚心学习与独立思考,两者不可偏废,必须把它们结合起来。所以他说:"学愈博则思愈远,思之困则学必勤。"④学可以促进思考,思又有助于学,两者的关系是相辅相资,互相促进的。

他认为,必须在"学"的基础上,结合自己的"思",才能掌握好知识,并且"思"的广度和深度也必须相结合。否则,难以达到"致知"的目的。他说:"极思之深,而不能致思之大;或致思之大,而不能极思之深,则亦有所不思而不得尔。"⑤他主张"深者大而广之,大者深而致之",⑥即思维活动既不能钻牛角尖也不能停留在现象的表面,既要全面又要深入。

---

① 《王文成公全书》卷二(传习录中)。
② 《王文成公全书》卷二(答顾东桥书)。
③ 《四书训义》卷六。
④ 《四书训义》卷六。
⑤ 《读四书大全说》卷三。
⑥ 《读四书大全说》卷三。

关于知和行的关系,王夫之认为行在先,知在后,并且知行是互相为用的。他说:"行可兼知,而知不可兼行,……君子之学,未尝离行以为知。"①又说:"知行相资以为用,唯其各有致功,而亦各有其效,故相资以互用,则于其相互,益知其必分矣。同者不相为用,资于异者乃和同而起功,此定理也。不知其各有功效而相资,于是姚江王氏知行合一之说,得以借口以惑世。"②

王夫之认为"力行而后知之真",即"力行"是获得"真知"的可靠途径。他说:"学以求知之,求知之者,因将以力行之也。能力行焉,而后见闻讲习之非虚,乃学之实也。"③最终得出"学者非躬行而心得之,则固不知其指归之所在"④的结论,即学得知识是为了"行事"。

他从这一观点出发,主张"教必著行"。他说:"行不足以尽教之理,而教必著于行。"⑤教的东西,教师必须要求学生实行。"教才期于行",学的知识,不是为今天之用,就是为以后所用。学与用结合,知识到了"用",才达到了教学的目的。"知之尽,则实践之而已。"⑥

王夫之所以主张"教必著行"、"教期于行",不仅是因为"行可得知",而且还由于"知必以行为功",知识的效能只有在实践中才能得到验证。他认为:"不足以明行者,自恃其能,不可教诲也。"⑦总之,王夫之正确阐明了知行问题,提出了以"行"为主的"知行相资互用"的理论,并用于教学,从而得出了"教必著行"的唯物主义教学观。

---

① 《尚书引义》卷三。
② 《礼记章句》。
③ 《尚书引义》卷五。
④ 唐鉴:《王夫之传》。
⑤ 《礼记章句》卷二十四。
⑥ 《张子正蒙注》卷五。
⑦ 《周易内传》卷一。

第六节　其他教育思想

中国传统文化体现的教育思想非常广泛,下面就部分代表性的思想加以论述。

一、"有教无类"

孔子面对春秋末期官学衰落私学兴起,"学在官府"变为"学在四夷"的社会现实,从"性相近,习相远"的理论前提出发,极力主张扩大教育对象,明确提出"有教无类"的主张。

孔子说:"自行束脩以上,吾未尝无诲焉。"[①]"人洁己以进,与其洁也,不保其往也。"[②]只要诚心求教,潜心问学,都热心教诲,不管他们过去的经历和表现,一视同仁。

孔子从"有教无类"的思想出发,不仅把教育及于蛮夷之邦,而且打破"礼不下庶人"的等级制度,不分华夷,无别贵贱,杂收弟子。据清人朱彝尊的《孔门弟子考》统计,孔门弟子遍布鲁、齐、卫、晋、蔡、秦、宋、薛、吴、楚等国。从《论语》中可以看出,孔子认为"夷狄"、"蛮貊"是同样可以接受教育的。如樊迟问仁。子曰:"居处恭,执事敬,与人忠。虽之夷狄,不可弃也。"[③]子张问行。子曰:"言忠信,行笃敬,虽蛮貊之邦,行矣。"[④]孔子不仅吸收"蛮夷之邦"的子弟入学,而且还欲居"九夷"施教。

孔子在创办私学,聚徒讲学的教育实践中,广收门徒,其三千弟子中,既有各国当权的贵族,又有互乡童子和四野鄙夫。贵族如鲁国当政贵族子弟孟懿子,"以货殖致富、家累千金、结驷连骑"的子贡。

---

① 《论语·述而》。
② 《论语·述而》。
③ 《论语·子路》。
④ 《论语·卫灵公》。

更多的是像他一样"贫且贱"的人。穷居陋巷、箪食瓢饮的颜渊;为其母请粟的子华;"学稼为圃"的樊迟;卞之野人食黎藿,百里负米以养母的子路;"贱人"之子仲弓;鲁之鄙家子弟子张;穷困至"三天不举火十年不制衣"的曾参;"衣若悬鹑"的子夏;身着芦衣为父推车的闵子骞;"蓬户瓮牖、捉襟见肘"的原宪;"邦有道,免于刑戮"的南容;在"缧绁之中"的犯人公冶长;曾为大盗的颜涿聚等。对孔子这种做法,南郭惠子曾讥笑地问子贡说:"夫子之门何其杂也?"子贡曰:"君子正身以俟,欲来者不距(拒),欲去者不止,且夫良医之门多病人,檃括之侧多枉木,是以杂也。"① 利口巧辞、能言善辩的子贡反驳得好,阐发了孔子"有教无类"的教育思想。

总之,孔子提出"有教无类"的教育主张,打破了奴隶主贵族对文化教育垄断的局面,把教育对象从贵族扩大到平民,扩大受教育的范围,是顺应社会历史进步潮流,符合教育事业发展趋势的,在教育发展史上具有划时代的意义。

二、德育优先

(一) 孔子

孔子主张"为政以德",所以特别重视德育。"德之不修,学之不讲",首先是"德",次则为"学",即智育。"四教"中的行、忠、信都属于德育。孔子说"吾道一以贯之",曾参概括为"忠恕而已矣",忠恕也属于德育。孔子又说"修己以敬","行己有耻",就是要严以律己,一举一动为人表率。特别是从政,"政者正也,子帅以正,孰敢不正"。② 所以,他又说"己欲立而立人,己欲达而达人",③要经常进行自我检查,所谓"见贤思齐焉,见不贤而内自省也"。④

---

① 《荀子·法行》。
② 《论语·颜渊》。
③ 《论语·雍也》。
④ 《论语·里仁》。

孔子要求学生做到言行一致，行便是实际行动。如说"言必信，行必果"，①"今吾于人也，听其言而观其行"。② 他在教书育人过程中处处表现以身示范，如学不厌，见于读《易》"韦编三绝"；教不倦，见于"互乡难与言，童子见"，还表示"吾无行而不与二三子者，是丘也"。

孔子提出的德育主要内容是"礼"与"仁"，再就是"孝"。孔子强调"入则孝出则悌"。相传他说过"夫孝，德之本也，教之所由生也"，③他的学生有子也规定孝"为仁之本"。

（二）朱熹

朱熹坚持把道德教育放在学校教育的首位，认为教育思想的核心是进行道德教育，教学是为道德教育服务的。他说："立学校以教其民，……必始于洒扫、应对进退之间，礼、乐、射、御、书、数之际，使之敬恭，朝夕修其孝悌忠信而无违也。然后从而教之格物致知以尽其道，使知所以自身及家、自家及国而达之天下者，盖无二理。"又说："致知之要，当知善之所在，如父止于慈、子止于孝之类。若不务此，而徒欲泛然以观物之理，则吾恐其如大军之游骑，出太远而无所归也。"④他强调学校必须把道德教育置于优先地位。

朱熹所提倡的道德教育，其基本内容就是以"三纲五常"为中心的封建伦理道德。他说："三纲五常，礼之本也。"⑤"君臣父子，定位不易，事之常也；君令臣行，父传子继，道之经也。"⑥他认为，道德教育的基本任务就是"存天理、灭人欲"。他说"修德之实，在乎去人欲，存天理"，⑦"人之一心，天理存则人欲亡，人欲胜则天理灭，未有天理人欲

---

① 《论语·子路》。
② 《论语·公冶长》。
③ 《孝经》。
④ 《大学或问》。
⑤ 《论语集注·为政》。
⑥ 《朱文公文集》卷十四。
⑦ 《与刘共文》。

夹杂者","圣人千言万语,只是教人明天理、去人欲"。①

朱熹进行"存天理、灭人欲"的道德教育,主要是通过"变化气质"实现的。他认为,只有通过教育变化其气质,才能去蔽明善。他说:"学之为言效也。人性皆善而觉有先后,后觉者必效先觉者之所为,乃可以明善而复其初也。"②又说:"古之圣王,设为学校,以教天下之人,……必皆有以去其气质之偏、物欲之蔽,以复其性,以尽其伦而已焉。"③他把"变化气质"的道德教育细化为知(穷理)、情(窒欲)、意(立志)、行(力行)四个基本环节来实施。

朱熹在道德教育方面积累了大量的实践经验,提出了许多进行德育教育的指导原则和行之有效的德育方法。其主张的德育原则有禁于未发、循序渐进、知行并重等,进行德育教育的具体方法包括立志、主敬、存养、省察等。

（三）王守仁

王守仁德育思想的核心是"以心观德"。他认为,所谓德,就是"得之于其心"。他以习射为例,说:"是故慄于其心者,其动妄;荡于其心者,其视浮;歉于其心者,其气馁;忽于其心者,其貌惰;傲于其心者,其色矜。"④之所以有这五种不良表现,在于"心之不存";心不存,则在于不学。他认为射就是"射己之心"、"各得其心"就"可以观德"。

王守仁十分注意道德涵养。他对龙场书院诸生曾以四事相规,即立志、勤学、改过、责善。所谓立志,就是立圣贤之志,"立志而圣则圣矣,立志而贤则贤矣"。志不立,就像"无舵之舟,不衔之马"。⑤所谓勤学,就是"勤确谦抑",做到"称人之善而咎己之失,从人之长而明

---

① 《朱子语类》卷十四。
② 《论语集注·学而》。
③ 《朱文公文集》卷十五(经筵讲义)。
④ 《观德亭记》。
⑤ 《教条示龙场诸生》。

己之短,忠信乐易,表里一致"。① 所谓改过,就是善于改正自己的错误。他说:"不贵于无过,而贵于能改过。"②又说:"固亦不可以不痛自悔咎,然亦不当以此自歉,遂馁于改过从善之心。"③所谓责善,就是把自己置于朋辈监督之下。他认为"凡攻我之失者,皆我师也,安可以不乐受而心感之乎"。④ 他还认为,即便是老师,也要把自己置于学生监督之下,"人谓事师无犯无隐,而遂谓师无可谏,非也。谏师之道,直不至于犯,而婉不至于隐耳。使吾而是也,因得以明其是;吾而非也,因得以去其非"。⑤ 他认为这才叫"教学相长",并表示"诸生责善,当自吾始"。

(四) 王夫之

王夫之认为道德是人类社会的特有现象,绝不可以同一般动物的本能混淆,"故羔雏之能亲其母,不可谓之孝"。人的道德修养,亦从学习得来,"今一而知之者不待学而能,是羔雏贤于野人,而野人贤于君子矣"。⑥ 他从"质以忠信为美,德以好学为极",论证"君子之所以为君子者,学而已矣"。

在人的道德修养方面,王夫之提出许多有益的见解,主要有以下三点。

第一,强调立志。王夫之十分重视"志"在道德修养中的重要作用,说:"学者德业之始终,一以志为大小久暂之区量,故《大学》教人,必以知止为始,孔子之圣,唯志学之异于人也。"⑦鉴于这种认识,他强调教师必须把教育学生树立正确的志向置于重要地位。"正其

---

① 《教条示龙场诸生》。
② 《教条示龙场诸生》。
③ 《教条示龙场诸生》。
④ 《教条示龙场诸生》。
⑤ 《教条示龙场诸生》。
⑥ 《读四书大全说》卷七。
⑦ 《张子正蒙注》卷五。

志于道，则事理皆得，故教者尤以正志为本。"①在他看来，善于教人的教师，都是"示以至善以亟正其志"，为学生树立榜样以端正其志向。同时，王夫之还要求志向必须专一，"人之所为，万变不齐，而志则必一，从无一人而两志者"。②他主张无论发生什么情况，都应该矢志不移，"身可辱，生可损，国可亡，而志不可夺"。③如果朝三暮四，"志于彼又志于此"，这在王夫之看来，"则不可名为志，而直谓之无志"。④

第二，主张自得。王夫之认为道德修养的关键在于学生的自觉。他曾说："教在我，而自得在彼。"⑤要做到"自得"，他认为学生首先要能"自勉"。他说："学者不自勉，而欲教者之俯从，终其身于不知不能而已矣。"⑥如果学生要求教师降低标准，放松要求，"俯从"自己，最终将陷于"不知不能"的结局。所谓"自勉"，即是学生应该对自己坚持高标准、严要求。其次，学生要有"自修之心"。他说："有自修之心则来学，而因以教之。若未能有自修之志而强往教之，则虽教无益。"⑦他认为只有在学生产生了道德修养的自觉要求之后，教师因势利导给予教育，才会取得好的效果。否则，即使施教也不会见效。

第三，重视力行。王夫之指出，道德修养不能仅停留在意识阶段，还必须将道德知识变成实际行动。因此，他极为重视力行，认为在学、问、思、辨、行五者之中，"第一不容缓则莫如行"。在他看来，"行"不仅有检验道德知识正确与否的功效，"知者非真知也，力行而后知之真"，更为重要的是，"行"还是衡量一个人道德水准的标尺，如

---

① 《张子正蒙注》卷四。
② 《俟解》。
③ 《俟解》。
④ 《俟解》。
⑤ 《四书训义》卷十一。
⑥ 《四书训义》卷三十五。
⑦ 《礼记章句·曲礼》。

果"知而不复行",则非真有"大公之心"。他说:"何以谓之德?行焉而得之谓也。"①他认为所谓道德,即是将道德知识转化成为自身的道德行为。

三、自我教育

(一) 孔子自我教育的思想

1. 自我教育的目的

孔子是中国教育史上第一位重视自我教育的教育家。他认为,自我教育的目的就是主体能够修养成为道德高尚的"君子",成为维护和巩固封建宗法社会秩序的治国平天下的"君子儒"。孔子曾对他的弟子子夏说:"汝为君子儒,无为小人儒。"②孔子对君子的道德标准提出了许多具体要求,概括来说主要有以下四个方面。

一是泰而不骄。他说:"君子泰而不骄,小人骄而不泰。"③又说:"君子无众寡,无小大,无敢慢,斯不亦泰而不骄乎?"④泰而不骄的基本精神就是平等待人,平等处事,主要是戒骄。

二是谦让不争。孔子说:"君子无所争,必也射乎!揖让而升,下而饮。其争也君子。"⑤君子谦让不争主要是指谦让待人,不进行意气之争,而进行合礼合法之争。

三是讷言敏行。孔子说:"君子欲讷于言而敏于行。"⑥又说"君子名之必可言也,言之必可行之",⑦"君子耻其言而过其行"。⑧ 他主张说话谨慎,做事敏捷,要求君子要言行一致,不能言过其实,建议考察

---

① 《礼记章句·大学补传衍》。
② 《论语·雍也》。
③ 《论语·子路》。
④ 《论语·尧曰》。
⑤ 《论语·八佾》。
⑥ 《论语·里仁》。
⑦ 《论语·子路》。
⑧ 《论语·宪问》。

君子应当"听其言而观其行"。①

四是重义轻利。孔子说"君子有勇而无义为乱,小人有勇而无义为盗",②"君子喻于义,小人喻于利"。③ 他认为,君子应"义以为上","义以为质",应当重义轻利。此外,孔子还对君子的道德标准提出了如"君子成人之美,不成人之恶"、④"君子周而不比,小人比而不周"、⑤"君子和而不同,小人同而不和"⑥等具体要求。

2. 自我教育的原因

孔子认为,自我教育是完善学生道德素养的内在需要。他认为学生的道德行为必须以自觉、能动为基础,才能牢固和持久。他说:"君子求诸己,小人求诸人。"⑦孔子认为,学生是否能够实践和获得仁德,主要凭借自身的努力。他说:"为仁由己,而由人乎哉?"⑧他肯定道德修养是学生的自觉活动。他还说:"有能一日用其力于仁矣乎?我未见力不足者。"⑨他肯定道德修养是学生的能动活动。孔子强调学生应以严肃认真的态度自觉地进行修养以得到仁,即"修己以敬"。

孔子认为,自我教育还是营造社会道德风尚的迫切需要。为营造良好的社会道德风尚,孔子极力主张整个社会要重视自我教育。他说:"自天子以至于庶人,壹是皆以修身为本。"⑩对天子来说,"知所以修身,则知所以治人。知所以治人,则知所以治天下国家矣"。⑪ 对

---

① 《论语·公冶长》。
② 《论语·阳货》。
③ 《论语·里仁》。
④ 《论语·颜渊》。
⑤ 《论语·为政》。
⑥ 《论语·子路》。
⑦ 《论语·卫灵公》。
⑧ 《论语·颜渊》。
⑨ 《论语·里仁》。
⑩ 《礼记·大学》。
⑪ 《礼记中庸》。

庶人来说,"修身则道立",修身则"齐明盛服,非礼不动"。所以,无论是天子还是庶人,要成为一个有先行的人,就"不可以不修身",不可以不使自己天生的善性充实、完善起来。只要人们自觉地修养自身,就可以切实提高整个社会的道德素养,就可以切实营造良好的社会道德风尚。

3. 自我教育的方法

为了使主体有效地、自觉地进行自我教育,提高自我教育的能力,不断完善自身的仁德,孔子主张采取以下五种自我教育方法。

一是学习。孔子重视主体学习道德知识,他认为,"好学近乎知",提倡"学而知之"。主体只有学习和掌握道德知识,才能做到"知者不惑"。孔子认为,主体如果不好好学习和掌握道德知识,不但不能真正形成道德品质,反而会走向反面。他说:"好仁不好学,其蔽也愚;好知不好学,其蔽也荡;好信不好学,其蔽也贼;好直不好学,其蔽也绞;好勇不好学,其蔽也乱;好刚不好学,其蔽也狂。"①

关于怎样学习,孔子主张首先要明确学习目的。孔子认为,学习的目的是"志于道,据于德,依于仁,游于艺"。② 其次要端正学习态度。孔子说"知之为知之,不知为不知,是知也",③主张学习必须实事求是,不可不懂装懂。再次要好学好问。孔子"入太庙,每事问",④自十五岁志于学,数十年"学而不厌"。他主张"敏而好学,不耻下问",还说:"十室之邑,必有忠信如丘者焉,不如丘之好学也。"⑤最后要多见多闻。孔子主张"多闻,择其善者而从之;多见而识之",⑥认为主体

---

① 《论语·阳货》。
② 《论语·述而》。
③ 《论语·为政》。
④ 《论语·八佾》。
⑤ 《论语·公冶长》。
⑥ 《论语·述而》。

不仅要学习书本知识,而且要向他人学习,向社会实践学习,在多闻多见中使自己臻于"知者不惑"的境界。

二是"自省"。所谓"自省",就是主体要经常对自己的言行进行自我省察,严格要求自己,坚持自己的优点和长处,修正自己的过错和不足,不断提高自己的道德修养。孔子说:"见贤思齐焉,见不贤而内自省也。"[①]就是说,不论闻、见"贤"或"不贤"的人和事,都要自觉地与自己的言行联系起来进行自我省察。因而,君子应以"贤"的人和事为榜样,见贤思齐,"择善从之"。

孔子以其著名的"君子九思",列举了君子应该"自省"的诸多方面:"视思明,听思聪,色思温,貌思恭,言思忠,事思敬,忿思难,见得思义。"[②]他认为,主体若能经常进行"自省",就能不断提高自己的道德修养,成为具有理想人格的"君子"。正如曾子所言:"吾日三省吾身:为人谋而不忠乎?与朋友交而不信乎?传不习乎?"[③]主体若能经常进行"自省",还能使自己内无恶念,外无恶行,无处不符合仁、礼、义,从而内心坦然,无忧无惧,这就是孔子所说的:"内省不疚,夫何忧何惧?"[④]

三是"自讼"。所谓"自讼",就是主体要经常自觉地与自己不良的思想和行为进行斗争,勇于揭露它,以便自己的言行符合仁、礼、义、廉、明、忠、孝、北、弟、谦、宽、信、惠、敏、温、良、恭、俭、让、刚、毅、木、讷等等。因为孔子"未见能见其过而内自讼者",他特别强调"自讼",把检查出来的错误及时加以改正。他说"过则勿惮改",[⑤]"小人之过也必文",[⑥]教育自己的学生勇于承认和改正错误,不要文过饰

---

① 《论语·里仁》。
② 《论语·季氏》。
③ 《论语·学而》。
④ 《论语·颜渊》。
⑤ 《论语·学而》。
⑥ 《论语·子张》。

非。他不但赞扬子路"闻过则喜"的态度,还提出:"观过,斯知仁矣。"①

孔子进一步认为,主体若能正视自己的缺点、错误,并坚持改正,那就不算缺点、错误了,即"过而改之,善莫大焉"。②他说:"法语之言,能无从乎?改之为贵。巽与之言,能无说乎,绎之为贵。说而不绎,从而不改,吾未如之何也已矣。"③其弟子子贡说:"君子之过也,如日月之食焉:过也,人皆见之;更也,人皆仰之。"④就是说,君子有过即改仍不失为君子。所以,孔子说:"过而不改,是谓过矣"。⑤

四是"克己"。"克己"就是胜己、约己的意思,是以一定的道德规范、道德标准来克制、约束自己。孔子重视引导学生"克己复礼",认为"克己复礼为仁",⑥主张"约之以礼",即用"礼"来约束自己。他把"克己"的手段归结为"四勿"之教,即"非礼勿视,非礼勿听,非礼勿言,非礼勿动"。⑦他认为在"克己"过程中要做到严于律己、宽以待人。所以他说"其行己也恭",⑧"君子病无能焉,不病人之不知也",⑨"不患无位,患所以立。不患莫己知,求为可知也",⑩"不患人之不己知,患其不能也"。⑪他还说:"攻其恶,无攻人之恶",⑫"躬自厚而薄责于人"。⑬在孔子看来,只有人人对己严,对人宽,才可协调人们之

---

① 《论语·里仁》。
② 《左传·宣公二年》。
③ 《论语·子罕》。
④ 《论语·子张》。
⑤ 《论语·卫灵公》。
⑥ 《论语·颜渊》。
⑦ 《论语·颜渊》。
⑧ 《论语·公冶长》。
⑨ 《论语·卫灵公》。
⑩ 《论语·里仁》。
⑪ 《论语·宪问》。
⑫ 《论语·颜渊》。
⑬ 《论语·卫灵公》。

间的关系,维持社会的安定秩序。

孔子认为,要使"克己"取得理想的效果,必须注意两个基本要求。一是树信。他认为,主体要充满信心进行自我教育。在孔子看来,主体一旦有了坚强的道德信念,就能做到"当仁不让于师",就能成为"无求生以害仁,有杀生以成仁"的志士仁人,达到"从心所欲不逾矩"的最高道德境界。二是有恒。孔子认为,主体要想完成先行,必须持以恒心。他说:"人而无恒,不可以作巫医。"①他经常勉励学生凡事必须坚持到底,不可半途而废。所以,当冉求向孔子提出"非不说子之道,力不足也"之时,孔子立即批评道:"力不足者,中道而废,今女画。"②

五是立志。立志就是主体要在思想深处确立人生目的和远大理想,确立明确的努力方向使之成为个人前进的动力,以充分发挥个人的主观能动性。孔子重视教育主体立志。他说"三军可夺帅也,匹夫不可夺志也",③"苟志于仁矣,无恶也"。④

如何教育主体立志呢?孔子认为就是要求主体"志于道",教育他们下定决心"学道"、"守道"。他说:"朝闻道,夕死可矣。"⑤他要求主体下定决心"学道",并认为"道重于命"。孔子还要求主体下定决心"守道"。他说"守死善道","死而后已"。孔子认为,下定决心"学道"、"守道"的主体,就会不论遇到什么困难,都能"磨而不磷"、"涅而不缁","临大节而不可夺也";⑥就会不论遭受什么挫折,都能像松柏那样经得起严寒的考验,"岁寒,然后知松柏之后凋也"。⑦

---

① 《论语·子路》。
② 《论语·雍也》。
③ 《论语·子罕》。
④ 《论语·里仁》。
⑤ 《论语·里仁》。
⑥ 《论语·泰伯》。
⑦ 《论语·子罕》。

(二) 墨子自我教育的思想

1. 自我教育的目的

墨子认为,自我教育的目的就是主体修养成为具有多方面德行的君子。墨子对君子的道德标准提出了许多具体要求,概括起来主要包括以下四个方面。

一是兼爱。所谓兼爱,其本质是要求人们相亲相爱,爱人如己,彼此之间不要存在血缘与等级差别的观念。他说:"兼爱相若,一爱相若。一爱相若,其类在死也。"①也就是说,兼爱,和爱自己一个人一样,能兼爱,就是自爱,蛇受到攻击的时候,一定首尾相救,这也就是自救。而且,"爱人不外己,己在所爱之中,己在所爱,爱加于己"。②爱人是取得人爱的前提。

墨子认为,不相爱是当时社会混乱的最大原因,是一切社会问题的总根源。他说:"家主不相爱则必相篡,人与人不相爱则必相贼,君臣不相爱则不惠忠,父子不相爱则不慈孝,兄弟不相爱则不和调。"③他还正确地指出:"家主相爱则不相篡,人与人相爱则不相贼,君臣相爱则惠忠,父子相家则慈孝,兄弟相爱则和调。"④他认为只有培养"兼爱天下之人",才能达到社会安定的状态。

二是仁义。墨子说:"仁,仁爱也。义,利也。"⑤又说:"仁,体爱也。"⑥可见,仁是具体的爱,是爱人,义是利人。既然仁义是爱人和利人,那么仁义就是做爱人利人之事。因而,要成为仁义的君子,"必去六僻,必去喜、怒、乐、悲、爱、恶,而用于仁义"。⑦

---

① 《墨子·大取》。
② 《墨子·大取》。
③ 《墨子·兼爱中》。
④ 《墨子·兼爱中》。
⑤ 《墨子·经说下》。
⑥ 《墨子·经上》。
⑦ 《墨子·贵义》。

墨子还对义作了进一步的分析,他说:"义,志以天下为芬,而能利之,不必用。"①也就是说,义是君子立志把天下之事作为自己分内的事,而又有能力为天下谋利益,但不必考虑这样做对自己有什么用处。如果君子手、脚、口、鼻、耳,都用来从事义,就一定会成为圣人。墨子赞扬"倍禄而乡义"的高石子,这样的人努力修身可以成为圣人;批评"禄胜义"的胜绰,这样的人"言义而弗行,是犯明也"。

三是信勇。《经上》篇说:"信,言合于意也。"信指嘴上说的与心意相符合。《经说上》说:"信,必以其言之当也。"信是根据他说的是否有道理。墨子认为,"言不信者行不果"。这就要求君子必须具有信的德行,行为无信的人名声必受损害。

《经上》篇说:"勇,志之所以敢也。"勇是意志之所以敢作敢为的原因。《经说上》说:"勇,以其敢作敢为。"所以称之为勇;不能因为他对另一事不敢作敢为,就妨害他的勇武之名。墨子说:"君子战虽有陈,而勇为本焉。"②君子作战虽用阵势,但必以勇敢为本。如果有人打仗时临阵逃脱,没有表现出勇敢,他就不是君子。

四是忠孝。《经上》篇说:"忠,以为利而强君也。"忠,只要认为是利人的事,就俯首埋头,努力去做。《经说上》说:"忠,不利弱子孩,足将入正容。"忠,就是不顾襁褓中的弱子,过家门足将入而又止。

《经上》篇说:"孝,利亲也。"孝,就是为父母谋利益。《经说上》说:"孝,以亲为芬,而能利亲,不必得。"孝,是把父母的事作为自己分内的事而又有能力为父母谋利益,但不必考虑这样做自己能得到什么。

墨子对君子忠与孝的要求是"为人臣必忠","为人子必孝"。为臣不忠、为子不孝的人,不配做君子。

另外,君子还应具有慈、友、悌等德行,做慈爱之父、友爱之兄、敬

---

① 《墨子·经说上》。
② 《墨子·修身》。

顺之弟。

2. 自我教育的原因

墨子认为,自我教育是君子"为人处世"的需要。墨子所处时代的社会现实是:一方面,"父自爱也不爱子,故亏子而自利;兄自爱也不爱弟,故亏弟而自利;君自爱也不爱臣,故亏臣而自利",另一方面,"子自爱而不爱父,故亏父而自利;弟自爱而不爱兄,故亏兄而自利;臣自爱而不爱君,故亏君而自利"。[1] 父子、兄弟、君臣之间自爱自利而不相互兼爱的状况,导致父子不慈孝,兄弟不和调,君臣不惠忠,"此则天下之害也"。因此,君子只有不断进行自我教育,不断提高自己的道德水平,才能够做到为人父必慈,为人子必孝;为人兄必友,为人弟必悌;为人君必惠,为人臣必忠。这样才能处理好父子、兄弟、君臣之间的关系。君子只有不断进行自我教育,才能够做到"入则孝慈于亲戚,出则弟长于乡里,坐处有度,出入有节,男女有辨"。[2] 这样,君子就能明显增强自己为人处世的能力和水平。

墨子还认为,自我教育是君子"治国安邦"的需要。墨子所处的战国时代各诸侯国大国争霸,强欺弱,大拼小,战争频发。他说:"当今之时,天下之害孰为大?曰:'若大国之攻小国也,大家之乱小家也,强之却弱,众之暴寡,诈之谋愚,贵之敖贱,此天下之害也。'"[3] 当时,国家越强盛,物力越丰富,其专制力也越强,道德越低下,奢侈的程度也越严重。衣食丧葬,饮酒作乐,都漫无节制。而战国时代的儒家,出现了不少的腐儒,他们丧失了孔子的真精神,专讲外在的形式礼仪,不注重内在道德修养。还有一些人看不惯这种社会情形,因此独善其身,退出政治,听任政权操在小人手中。在这样的社会状况下,墨子希望君子不应袖手旁观,应当肩负起治国安邦的重任。他希

---

[1]《墨子·兼爱上》。
[2]《墨子·非命上》。
[3]《墨子·兼爱下》。

望君子更好地修德增知强能,"务求兴天下之利,除天下之害",[①]要"为万民兴利除害,富贵贫寡,安危治乱也"。[②]

3. 自我教育的方法

墨子提出了许多自我教育的方法,掌握这些方法更有助于君子的修身。

第一,善于学习。墨子认为,学习是进行自我教育的一个重要方法。君子善于学习,可以掌握更多的知识,如果知识少却不学习,则自我教育的功效就差。他说:"智少而不学,必寡。"[③]君子一定要善于学习,要终身不厌地学习,终身不倦地学习。

墨子主张,君子要学习闻知、说知和亲知。他说:"知,传受之,闻也。方不障,说也。身观焉,亲也。"[④]他认为知识包括闻知、说知、亲知三种,君子既要学习理性知识(闻知、说知),也要学习感性知识(亲知),要把理性知识和感性知识有机结合起来。墨子认为,君子学习时要具有虚怀若谷、取长补短的正确态度。他说:"江河不恶小谷之满己也,故能大。圣人者,事无辞也,物无违也,故能为天下器。是故江河之水,非一源之水也;千镒之裘,非一狐之白也。"[⑤]君子要能够成大器、做大事,必须能够像长江、黄河一样善于容纳百源之水,像价值千金的狐白裘一样善于集腋成裘。

第二,比较对照。君子品德是否日进,不仅可以与过去的自我作比较,而且还可以和他人作比较。《非攻上》有一段墨子借古语来表达自己观点的话:"古者有语曰:'君子不镜于水,而镜于人。镜于水,见面之容;镜于人,则知吉与凶。'"其意为,君子不在水中照镜子,而是以人作镜子。在水中照镜,只能看出面容;用人作镜,则可以知吉

---

① 《墨子·兼爱下》。
② 《墨子·尚同中》。
③ 《墨子·经说下》。
④ 《墨子·经说上》。
⑤ 《墨子·亲士》。

知凶。与他人作比较,可以看见他人的长处,看到自己的短处,从而取他人之长,补自己之短,不断完善自己。

君子"必选良者"作比较,才能不断完善自我。哪些人可以称之为良者呢?从近处看,"乡长者,乡之仁人也",乡长就是良者,君子应该"去若不善言,学乡长之善言;去若不善行,学乡长之善行"。从远处看,"国君者,国之仁人也",国君就是良者,君子应该"去若不善言,学国君之善言;去若不善行,学国君之善行"。[①] 君子不断取乡长、国君之善言和善行,自己就能够成为一个具有嘉言懿行的人。

第三,身体力行。墨子认为,君子自我教育的功效只有通过身体力行才能实现,"行,为也",想后才有功,有言而无行,何功之有?墨子主张,"口言之,身必行之","务言而缓行,虽辩不听"。他说:"言足以复行者,常之;不足以举行者,勿常。不足以举行而常之,是荡口也。"[②] 言论可付之实行的,应推崇;不可以实行的,不应推崇。不可以实行而推崇它,就是空言妄说、信口雌黄了。所以,一个有道德的人不仅要在嘴上说兼爱、仁义、信勇、忠孝等概念,更重要的是要身体力行之,否则他在道德领域就是一个言行不一的人,不能称为真正的君子。

因此,墨子反对只是空谈兼爱、仁义礼智信,一味自省内求的修养方法,提倡"君子以身戴行",强调修身要身体力行,在实践中锻炼意志,提升道德水平。的确,身体力行是君子将外在道德规范内化为道德信念的必由之路。同时,自我道德完善只有通过身体力行不断磨练,才能形成比较稳定的道德品格,不断完善自我。

(三)孟子自我教育的思想

1. 自我教育的目的

孟子认为,自我教育的目的就是自我修养成为品行高尚的君子,

[①]《墨子·尚同上》。
[②]《墨子·耕注》。

然后以其高尚的品德为统治阶级利益服务。孟子对君子的品德标准提出了许多具体要求,概括来说主要有以下三个方面。

一是仁义。首先,孟子强调君子要具有"仁"的品德。他说:"夫仁,天之尊爵也,人之安宅也。"①他认为"仁则荣","仁者无敌";"不仁则辱","天子不仁,不保四海;诸侯不仁,不保社稷;卿大夫不仁,不保宗庙;士庶人不仁,不保四体"。② 他说"苟不志于仁,终身忧辱,以陷于死亡",③并且"仁之胜不仁也,犹水胜火",④要求君子必须立志于仁。

其次,孟子还强调君子要有"义"的品德。他把"义"作为君子行为选择的最高标准。他说:"士穷不失义,达不离道。穷不失义,故士得己焉;达不离道,故民不失望焉。"⑤他认为利义相比,应轻利取义;生死关头,要舍生取义。他说:"鱼,我所欲也,熊掌,亦我所欲也;二者不可得兼,舍鱼而取熊掌者也。生亦我所欲也,义亦我所欲也;二者不可得兼,舍生而取义者也。"⑥

孟子常把"仁"和"义"放在一起进行探讨。他说:"仁,人之安宅也;义,人之正路也。旷安宅而弗居,舍正路而不由,哀哉!"⑦还说:"仁,人心也;义,人路也。舍其路而弗由,放其心而不知求,哀哉!"⑧他要求君子"居仁由义"。

二是礼信。孟子认为君子要具有"礼"的品德。他说:"君子所以异于人者,以其存心也。君子以仁存心,以礼存心。仁者爱人,有礼

---

① 《孟子·公孙丑上》。
② 《孟子·公孙丑上》。
③ 《孟子·离娄上》。
④ 《孟子·万章下》。
⑤ 《孟子·尽心上》。
⑥ 《孟子·万章下》。
⑦ 《孟子·离娄上》。
⑧ 《孟子·万章下》。

者敬人。爱人者,人恒爱之;敬人者,人恒敬之。"①他要求君子"非仁无为"、"非礼无行",不行"非义之义"、"非礼之礼"。

孟子认为君子还要具有"信"的品德。他极力主张"朋友有信"。他说:"居下位而不获于上,民不可得而治也。获于上有道:不信于友,弗获于上矣。信于友有道:事亲弗悦,弗信于友矣。悦亲有道:反身不诚,不悦于亲矣。诚身有道:不明乎善,不诚其身矣。是故诚者,天之道也;思诚者,人之道也。至诚而不动者,未之有也;不诚,未有能动者也。"②他主张君子对朋友必须讲诚信。总之,孟子认为君子要有"礼",有"礼"则上下不乱;要有"信",有"信"则可守操守。

三是孝悌。君子要具有孝悌的品德。孟子希望君子"入则孝,出则悌,守先王之道,以待后之学者"。③ 他认为,"事亲,事之本也","事,孰为大?事亲为大"。他说:"仁之实,事亲是也;义之实,从兄是也。"④所以,"亲亲,仁也;敬长,义也;无他,达之天下也"。⑤ 孟子认为,"尧舜之道,孝悌而已矣"。⑥ 因此,君子要具有"孝悌"的品德,对父母孝,对兄长悌,处理好与父母、兄长的关系,才能为家庭和社会所接纳并找到合适的位置,更好地效力于家庭,服务于社会。

2. 自我教育的原因

孟子认为,自我教育是君子"立命"的需要。他说:"尽其心者,知其性也。知其性,则知天矣。存其心,养其性,所以事天也。夭寿不贰,修身以俟之,所以立命也。"⑦就是说,君子应能够尽心去行善,懂得其本性。懂得其本性,也就懂得天命。君子如果能够保存其善心,

---

① 《孟子·离娄下》。
② 《孟子·离娄上》。
③ 《孟子·滕文公下》。
④ 《孟子·离娄上》。
⑤ 《孟子·尽心上》。
⑥ 《孟子·告子下》。
⑦ 《孟子·尽心上》。

培养其本性,便可用以对待天命。君子无论寿命长短都态度如一,修养身心以待天命,这样便可立命安身。总之,修身以立命安身是其自我教育的个体原因,为其进德修业奠定了基础。

孟子还认为,自我教育是君子"平天下"的需要。他说:"君子之言也,不下带而道存焉;君子之守,修其身而天下平。"①也就是说,君子的言词,虽讲平时常见的事,但道在其中。君子的操守,就是修养自身而能够使天下太平。孟子把"修身"和"治国"、"平天下"有机地联系起来,说:"天下之本在国,国之本在家,家之本在身。"②他认为君子如能专心自我教育,美化心灵,提高境界,去恶扬善而至身正行高,则国将治,天下将太平。总之,君子修身以平天下是其自我教育的社会原因,为其进德修业指明了方向。

3. 自我教育的原则

孟子提出了两个很有创造性的自我教育原则,这两个原则在今天仍然具有非常重要的理论和实践意义。

一是自求自得。孟子认为,自我教育必须在"自求"和"自得"上下工夫。他说:"仁义礼智,非由外铄我也,我固有之也弗思耳矣。故曰,'求则得之,舍则失之'。"③又说:"求则得之,舍则失之,是求有益于得也,求在我者也。"④也就是说,仁、义、礼、智这些自己所固有的"善端",君子只有积极探索、追求才能得到,放弃便会失掉,这是有益于收获的探求,因为探求在我自身之中。这就需要君子向内反求,通过"扩而充之"、"求其放心"等一系列"自求"的具体方法,以保持自身"善端",不断提高和完善自身"善端"。

孟子还说:"君子深造之以道,欲其自得之也。自得之,则居之安;居之安,则资之深;资之深,则取之左右逢其源。故君子欲其自得

---

① 《孟子·尽心下》。
② 《孟子·离娄上》。
③ 《孟子·告子上》。
④ 《孟子·尽心上》。

之也。"①意思是说，君子凭好的方法深造求道，想自觉地有所得；自觉地有所得，就能掌握得牢固；掌握得牢固，就能积累深厚；积累深厚，就能运用自如，左右逢源。所以，君子要充分发挥道德修养的主动性和积极性，自觉地有所得。例如，仁、义、礼、智作为君子必备的"善端"，只有"自得"才能不断提高和完善。

二是反求诸己。孟子从其"性善论"出发，认为君子自我教育的基本原则是"反求诸己"。他说："爱人不亲，反其仁；治人不治，反其智；礼人不答，反其敬。行有不得者，皆反求诸己。"②他曾多次强调君子要反求诸己，在协调人与人的关系时厚人责己，但不要自暴自弃。他认为："言非礼义，谓之自暴也；吾身不能居仁由义，谓之自弃也。""自暴者，不可与有言也；自弃者，不可与有为也。"③概言之，君子如果自暴自弃，就会失掉或摒弃其善行；反之，如能反求诸己，启迪、张扬心中之善，增进自觉、自养、自控的意识和能力，就能使善行发扬光大。

孟子还以射箭为例，希望君子不要埋怨超过自己的人，"仁者如射，射者正己而后发；发而不中，不怨胜己者，反求诸己而已"。④ 意思是说，在自我教育方面如同比赛射箭一样，射箭时先端正自己的姿态而后放箭；如果没有射中，不埋怨那些胜过自己的人，反躬自问罢了。通过"反求诸己"，君子可以及时发现并改掉自身的缺点、错误，不断完善自己的人格，使自己逐渐成为一个高尚完美的人。

4. 自我教育的方法

孟子结合自己自我教育的理论和实践，提出了许多独特的自我教育方法。

第一，改过迁善。孟子认为，君子有过，改了就好，不要去追究。

---

① 《孟子·离娄下》。
② 《孟子·离娄上》。
③ 《孟子·离娄上》。
④ 《孟子·公孙丑上》。

他说:"西子蒙不洁,则人皆掩鼻而过之;虽有恶人,齐戒沐浴,则可以祀上帝。"①他认为"人恒过,然后能改,改之为善"。②孟子赞许"过则改之"的"古之君子",批评"过则顺之"的"今之君子"。他说:"古之君子,过则改之;今之君子,过则顺之。古之君子,其过也,如日月之食,民皆见之;及其更也,民皆仰之。今之君子,岂徒顺之,又从为之辞。"③

孟子还主张君子就积极学习别人的善行,要"闻过则喜","闻善言则拜"。他说:"子路,人告之以有过,则喜。禹闻善言,则拜。大舜有大焉,善与人同,舍己从人,乐取于人以为善。自耕稼、陶、渔以至为帝,无非取于人者。取诸人以为善,是与人为善者也。"④他认为君子只要注重改过迁善,善于自持,长于自觉,则"皆可以为尧舜"。

第二,专心致志。孟子认为,如果不专心致志,一曝十寒,任何事情也是做不好的,即"不专心致志则不得也"。⑤因此,他主张君子在自我教育时,应集中精力、专心致志。他认为,君子的智慧无论高下,其修养的内容无论难易,只要专心致志则必将有所成就,如果心不在焉则必将一事无成。他举了对弈之例示证,他说:"今夫弈之为数,小数也。不专心致志,则不得也。弈秋,通国之善弈者也,使弈秋诲二人弈,其一人专心致志,惟弈秋之为听。一人虽听之,一心以为有鸿鹄将至,思援弓缴而射之。虽与之俱学,弗若之矣。为是其智弗若与?曰:非然也。"⑥

此外,孟子还以掘井取水的事例来说明自我教育必须坚持不懈、专心致志的道理。他说:"有为者,辟若掘井,掘井九仞而不及泉,犹

---

① 《孟子·离娄下》。
② 《孟子·告子下》。
③ 《孟子·公孙丑下》。
④ 《孟子·公孙丑上》。
⑤ 《孟子·告子上》。
⑥ 《孟子·告子上》。

为弃井也。"①君子进行自我教育,就是要抱定决心,自强不息,永远奋进,具有不达目的誓不罢休的精神和毅力。他还说:"舜何人也,予何人也,有为者亦若是。"②他认为凡是别人能做到的,君子只要努力进取,专心致志,一定也能做到,哪怕是像舜一样的"圣人",也是可学而至的。

第三,锻炼意志。孟子特别强调意志的锻炼,希望君子能够以坚强的意志来克服不良环境的影响,使他们更好地存养善性,发展与扩充善性。他认为,君子必须具有坚强的意志才能成为真正的君子,才能更好地为统治阶级服务。君子要具有坚强的意志,就必须依靠后天的意志磨练。他说:"天将降大任于斯人也,必先苦其心志,劳其筋骨,饿其体肤,空乏其身,行拂乱其所为,所以动心忍性,曾益其所不能。……困于心,衡于虑,而后作。"③他认为君子要取得自我教育的成效,就必须在后天的各种实践中不断磨练和提高自己的意志品质,以抑恶扬善,远过趋善,直至成为威德睿智、建功立业的"大任"之人。

第四,持志养气。孟子认为,一个人要卓有成效地进行自我教育,首先必须"尚志"、"持志",即要树立信心,确立志向,设定目标。齐国王子垫问孟子:"士何事?"孟子说:"尚志。"王子垫又问:"何谓尚志?"孟子回答说:"仁义而已矣。杀一无罪非仁也,非其有而取之非义也。居恶在?仁是也;路恶在?义是也。居仁由义,大人之事备矣。"④可见,士的最高志向是"居仁由义",士必须志于"仁义",所居所由无不在于"仁义",即士必须以"仁义"为志,才能分辨善恶,积极行符合"仁义"的善举,以此日渐成善,日臻完备。

孟子认为,一个人要进行自我教育,不仅要"尚志"、"持志",而且

---

① 《孟子·尽心上》。
② 《孟子·滕文公上》。
③ 《孟子·告子下》。
④ 《孟子·尽心上》。

更要"养气"。他认为,"气"是充满人身,能够影响肉体运动,而且还能反作用于心志和道德的东西。他认为君子只要注意"养气",经过一定量的积累就可以发生质变,逐渐形成圣人身上的所谓"浩然之气"。孟子说:"其为气也,至大至刚,以直养而无害,则塞于天地之间。其为气也,配义以道,无是,馁也。是集义之所生者,非义袭而取之也。行有不慊于心,则馁矣。"①每个君子都要善养其"浩然之气",有了它,就能去掉一切怯懦和软弱,就能秉持道义,刚正不阿,威严凛然,在任何环境下都不会乱性动心,胡作非为。

在"志"和"气"的关系上,孟子认为"志"是内在的统帅,是灵魂;"气"是外在的表现,因"志"而表现于形体。他说:"夫志,气之帅也;气,体之充也。夫志至焉;气次焉。故曰:'持其志,无暴其气。'……志一则动气,气一则动志也。"②要养好气,则必先持志,使自己有一个做人的崇高理想。作为君子,既要持志,又要养气,把自我修养成为具有远大志向和浩然之气的人物。

第七节 古代教育思想对教师教育的启示

中国古代众多的教育家在各具特色的教育实践中总结积累了丰富的教学经验,对教学理论、教学原则和方法,以及教师自身的素质要求等,都提出了许多有价值的思想见解,这些思想中的许多内容对当今的教师教育具有重要的指导意义。

一、重视教育公平——有教无类

孔子提出的"有教无类"思想,打破了贵贱、贫富和种族的界限,

---

① 《孟子·公孙丑上》。
② 《孟子·公孙丑上》。

把教育的范围扩大到平民，使广大平民有了接受教育、进入上层社会的机会，是巨大的社会进步。这一思想体现了平等教育观，对当今教育具有积极的启迪意义。

（一）社会应提供均等的教育机会

教育机会均等既是个体发展的需要，又是区域发展的需要。教育公平是整个社会公平的重要基石，也是社会和谐发展的基石。

当前，教育体制存在的一个突出问题是收费教育重于义务教育。随着社会的发展，中央和地方各级财政对教育的支出不断增长，但教育投入不足的问题依然突出，致使教育产业化思潮抬头，民办学校大量涌现，义务教育受到强烈冲击。一方面，财政投入的不足，使学校不得不以收费的方式或采取公办民助的方式将负担转移到学生和家长身上。另一方面，民办学校与公办学校的不平等地位使民办学校很难得到国家财政的资助，只有通过提高学生的学习费用来实现赢利性和公益性的双重目标。这样的教育体制容易使低收入家庭产生上学难的现象，乱收费、高收费问题难以解决，义务教育成了收费教育，甚至有贵族化倾向，区域之间、城乡之间、贫富之间受教育机会不均等的现象大量增加。

因此，当今教育应大力弘扬孔子"有教无类"的教育思想，坚持教育机会均等的原则，充分发扬社会主义制度的优越性，采取有效措施，建立公共的学校教育体系，公办民办一视同仁，合理、均衡配置教育资源，从政策、资金等方面适当倾斜，保证老少边穷地区儿童、农村留守儿童、进城务工人员子女等弱势群体享有均等的受教育机会和较高质量的教育，尽快解决"上学（好学校）难"、"上学（好学校）贵"等突出的教育不公平问题。

（二）教师应平等对待每一个学生

孔子的"有教无类"思想体现了教师平等博爱的精神。孔子对所有愿意求学的人，不问贵贱尊卑，一律施以教诲。但是，现实中教师对学生不够尊重，打骂、体罚学生的现象在很多学校不同程度地存在。特别是一些教师把学习成绩当作衡量学生的唯一标准,缺乏公平的原则,轻视学习差的学生,缺乏对他们的关心和爱护、沟通和交流。

作为教师应该积极借鉴孔子"有教无类"的教学思想,对本是人格平等的学生施以同样的爱心,对遗传素质、个性特征存在差异的学生施以有差异的教育。充分认识和肯定学生的各式各样的性格特征,承认其存在,教育其发展,做到爱心、态度上一视同仁,方式、方法上区别对待,把学生培养成他自己——充满希望、富有朝气、精神向上的有个性、有特色的"我"。这样才能全面提高学生素质,不拘一格培养人才。

孔子"有教无类"思想是建立在"爱人"基础上的,没有爱就没有教育,教师的"教育爱"属于每一个学生。教师爱的是所有的学生,而且是无条件的积极的关注,做到表里一致,忠诚如一,不求回报。然而,当前学校中的师生关系已不再那么清纯,不同程度地被金钱的铜臭气污染。有相当一部分教师,按学生的出身、家长职位的高低、金钱的多少,再次把学生划分为等级,这和孔子时代的仅作见面礼的"束脩"无法相比,也和孔子与其弟子建立起的密切的关系、结下的深厚情意无法相比。

因此,教师只有对学生实施崇高的爱,才能"学而不厌,诲人不倦",教师只有热爱教育、热爱学生,才能做到"教无类",才能平等地对待所有学生,促进所有学生的全面发展。在学校建立一种以尊重学生的人格、平等地对待学生为基础的师生关系,尊重学生的个性差异,从学生的实际出发对学生进行教育,促进学生的全面和谐发展。在课堂上,关心爱护每一个学生,不能只对优等生情有独钟,对后进生漠不关心;在课堂外,关爱身边的每一个学生,不管他是不是你的学生,只要他在学习上有困惑,都应该耐心地为他解惑。面对学生,自始至终都要有无私奉献之心、关怀爱护之意。平等教育不是表现在口号上,而是落实在教育教学的过程中。

二、尊重学生个性——因材施教

因材施教的模式实质上是一种个性化的教育。人的身心发展有个体差异性。比如,有的人形象思维能力强,有的人抽象思维能力强;有的具有艺术才能,有的具有组织才能;有的坚强,有的柔弱。只有因材施教,才能使不同性格、不同智力水平的人,从不同的起点上循序渐进,塑造成材。

现代教育强调的是个性化教育,目的是要尊重个体差异性,从个体特征出发进行引导,既能发挥个体特长又能实现全面发展。美国的分层教学模式,就是因材施教运用于教学实践中,在保持原行政班级不变的前提下,按学生某学科的学习能力不同,把全年级的学生分为该学科若干个不同的层次,在不同的教室里进行教学,针对不同层次设定不同的教学目标,采取不同的教学方法。我国虽然没有实行分层教学,但是人们意识到,随着素质教育的开展以及大众教育的普及,义务教育制度下的学科知识考试难度降低,而学校教育资源的提供又非常有限或不够充分,无法为学生的成长营造满意的环境。于是,很多家长们把孩子送到校外,培养兴趣,学习技能。例如,培养孩子学钢琴、学画画、学打球、学奥数、学英语等等。这种根据孩子的兴趣来培养的教育方法,其实就是一种因材施教的教育方法,可惜主要用在校外。按理说,学校应该成为因材施教的主阵地,只有这样,才能真正体现教育的个体性和主体性,使每个学生都能成长为个性鲜明、共性良好的特色之材。

古代教育家"因材施教"的教育原则,对我们实施素质教育大有启发。在很长一段时间里,我们采用的是"齐步走"的教育模式,忽视了学生的个性差异,不能保证所有学生都能提高其自身素质。而且,受应试教育的影响,评估一个学生的优良与否只依据其成绩的高低,高分则优。完全漠视学生的思想品德、身心素质、个性特长等,于是造成了"高分低能"个性特长被扼杀等可悲的现象。

这样的现实告诉我们,我们要发扬因材施教的思想,教学改革要从实际情况出发,改变"千校一面,万人一书"的呆板状况,本着既能提高教学质量,又能减轻学生负担的基本要求,开拓创新,加快实施素质教育的步伐,要做到以提高受教育者诸方面的素质为目标,重视人的思想道德素质、能力培养、个性发展、身体健康和心理健康教育;要做到从学生实际出发,注重学生的个性特点,实现全体学生的共同进步、共同发展,力求形成"校有特色、师有特点、生有特长"的生动活泼、丰富多彩的新局面,真正将因材施教落在实处,以促进全民族素质的提高。

三、以学生为主体——启发诱导

现代教育理论认为,在教学过程中教师和学生都是主体。教师是教学活动的主体,是教学活动的组织者、引导者、实施者;学生是学习活动的主体,是自我发展的探索者、建设者和参与者。师生双方各自从事着相互联系、相互促进的活动。所以,加强教师的主导作用,采用启发诱导式教学方法,是体现学生主体地位,调动学生学习主动性的重要途径。

教育、教学工作必须充分启发、调动学生的内因,尽量发挥学生的主观能动作用,然后学习才会是积极有效的。这就要求教师一定要面向全体学生,注意学生的兴趣、爱好和特长,应当把我们过去传统的以"教"为主逐步转到"教"与"学"并重。教师不仅要教好学生,传授好学科知识,而且更要注意启发学生,引导他们独立思考,培养他们的求知欲和创造精神,培养和提高学生分析问题和处理问题的能力。通过教育,使他们逐步形成既有独立自主精神,又善于向群众学习、在实践中学习、乐于与人合作共事的良好品格。

古代教育家启发诱导的教育方法,值得我们今天的教师在教学中思考和借鉴,具有十分重要的现实意义。现在大部分学校都已经实行多媒体教学,而多媒体教学的一大特点是方便快捷地展示大量信息,于是在制作课件时,许多教师为了突出这一特点,将与课文有关的所有材料,事无大小都罗列出来。在讲课时,为了能在规定时间内讲完,教师会自觉或不自觉地加快课堂教学速度,忽视与学生的互动。而且,讲课速度的加快会让信息呈现的速度相应地加快,无法让学生完整地做笔记,学生只能加快记笔记的速度,对所学内容印象不深甚至没有印象。于是,课堂上学生没有思考的余地,没有自己学习、消化的时间。课堂上学生只能被动地聆听和记录教学内容,学生成为单纯接收知识的容器,教师则成为了整个教学活动的中心。这是不符合教育原则和规律的。

在教学中,教师是照本宣科,生硬说教,还是采用委婉、含蓄、形象的启发式教育,收到的教学效果是完全不同的。生动直观的启发式教学,既能在本体与喻体之间建立起互相联系的纽带和桥梁,使学生通过喻体快速理解本体,又能留下广阔的思维空间,让学生自己去回味、思索、体会、领悟;既使学生百听不厌,百思不倦,提高学习积极性,又能培养学生举一反三、触类旁通的能力。

作为教师,我们必须认真学习和深刻领会因材施教的教育思想,坚持运用启发诱导教育原则,重视学生在学习过程中的心理状态和学习主动性的发挥,重视学生认知能力的发挥。应当从讲台上走下来,鼓励学生主动学习,保证学生在教学活动中的主体性。应当走进学生当中,与学生一起讨论,一起学习,形成师生互动、生生互动的教学场景,引导学生自己去发现探究知识、去培养健全人格。

教师要善于启发诱导学生,让学生自己思考求得理解。不能在学生还没有产生强烈求知欲时开导他,也不能在学生还没有产生迫切表达欲时启发他,而且教师的开导和启发,必须引而不发,让学生自己去思考、求索和验证。启发诱导的途径应当是:引导学生而不是给以牵掣;激励学生而不是强制其顺从;启发学生而不是直接把结论告诉他们。引导而不是牵制,就能处理好教与学之间的矛盾,使之和谐融洽;激励而不是强制,学生就会积极主动而不是消极应对;启发而不代劳,就可培养学生独立思考的能力。这样就能使师生和悦,学习轻松,并促进学生独立思考。正是在这样的教育方法之下,学生充分发挥主体意识,最终达到豁然开朗、欲罢不能、乐学好学的境界。

四、树立师德典范——言传身教

为人师表,以身作则,这是教师职业道德的重要特征,也是社会对教师行为提出的要求。孔子的言传身教,为广大教师树立了良好的师德典范,至今仍有重大的现实意义。因为教师以身作则,为人师表,学生就会在思想行为上受到潜移默化的教育,这也是最有力的说服教育。正如教育家加里宁所说:"教师的世界观,他的品德、他的生活、他对每一现象的态度都这样或那样地影响着全体学生。"通过教育学的学习,我们知道,"教育者的言行对学生行为准则、价值取向、性格形成和发展有较大的暗示作用"。社会的飞速发展,教育的重要地位,更需德才兼备、言传身教的教师。

重视教师对学生的影响是极其重要的。加里宁曾说:"教师每天都仿佛蹲在一面镜子里,外面有几百双精敏的、富于敏感的,即善于窥视教师优点和缺点的孩子的眼睛,在不断地盯视着他。"教师的言行时刻潜移默化着学生。对于学生来说,一个成功的教师无疑是他们崇拜与模仿的对象。所以,教师必须努力提高自身的修养,重视"言传身教"。其次,教师的劳动过程是师生双边活动的过程,是教师对学生直接施加影响的过程,具有鲜明的示范性。教师担负着"教书"和"育人"的双重任务,其劳动本身还具有创造性、长期性和长效性等特点。所以,教师的主要劳动手段是"言传身教",具有很强的示范性,教师的一切行为应成为学生的表率。教师的思想、行为、对待事物的态度,直接影响着学生,教师对学生的影响不会随着学业结束而消灭,这就要求教师必须重视"言传身教",对学生负责。再次,教师作为社会文化价值和准则的传递者,极易被学生看作代表和具有这些价值和准则的人,如果教师的行为能够与自己的说教相吻合,学生就容易受到积极的影响;如果不相吻合或者对立,就会产生不良影响。教育工作本身决定了教师应当成为学生的表率,处处做到言行一致。

作为教师,怎样才能做到"言传身教"呢?首先,"言传身教"要注意语言行动的为人师表。对学生适用的行动规范要求,教师不能例外,而且教师必须为学生作表率并自觉遵守,教师必须时刻注意自身的形象教育。其次,"言传身教"要注意语言行为的一致性。教师要以社会基本行为准则去要求学生,这种行为一致性的要求,对学生至关重要。教师对学生的行为要求和对自己的要求必须一致。同时,教师"言传身教"的一致性必须和家长、社会配合。再次,"言传身教"要注意行为的反复性。教师的以身示范,教育学生养成良好的品德、行为方式,并不是一次就能收到良好的效果,教育学生"言传身教"的重要环节是重复,教师只有多次重复示范,学生才能坚持下去,达到养成良好的行为习惯的目的。

总之,教师是学生的师表,无时无刻不在影响着学生。教师的"言传身教"对铸就学生美好的心灵、启迪学生健康的心智、培养学生高尚的品德以及丰富知识、健康体魄都起着积极的作用。加里宁指出:"一个教师必须好好检点自己,他应该感觉到,他的一举一动都处于最严格的监督之下,世界上任何人都没有受着这种严格的监督。"作为一名教师——人类"灵魂的工程师",要努力使自己言行一致,时刻接受学生和社会的监督。我们可以先言而后行,或行后而不言,但万万不能言而不行,更不能不言不行。所以,我们每个教师在教育学生的过程中,既要重视"言传",更要做到"身教"。

五、学习、实践、反思三位一体——学思结合、知行统一

"学习、实践、反思"是师范生培养的基本路径。首先,实践是学习、反思的核心和归属。所谓实践,是指教育教学实践,旨在获取实践知识、养成实践智慧。教育本质上是一种实践活动,教育的实践性

预示着教育由单纯知识的传递转变为意义生成的过程。教师作为教育实践者,在教学实践中所表现出的解决问题的机智就是教师的实践智慧。教师实践性知识积淀的状况、实践能力的强弱直接决定了其在职业中能否成为成功者,实践也是教师职业的价值所在。因此,在师范生的培养过程中,对学生教育实践能力的培养是教育教学的中心环节,理念知识必须源于实践、并与教师实践结合才有意义,教学反思也必须在教学实践的基础上才能得到内化和提升。其次,反思是学习、实践的内化和提升。中外众多教育的理论都认为,教学反思不仅能沟通理论和实践,使教学超越顽固的理论之上和狭隘的经验主义桎梏,而且通过教学反思可以使理论知识和实践经验得以融合、内化和提升。

"学习、实践、反思"是相互关联的一体化过程。只会"学习"和教授知识的教师是传统的"技工"和"教书匠",新型教师应该是教学和课程发展的主动参与者,而不是消极被动的执行者;是学生发展的促进者,而不是管理者;是"研究者"和"反思性实践者";是"学习、反思、实践"相互关联的学习者。没有学习,实践和反思就是无源之水、无本之木;没有反思,知识、技能和经验就得不到内化和提升;没有实践,学习和反思就是无的之矢。

在实际教学中,应做到"学习、实践、反思"三位一体,重视实践,把实践知识和实践智慧的养成贯穿于课程学习、教育技能训练、教育实践实习的全过程之中,在学习中实践、在实践中反思,在反思中成长,做到学、思、行相结合。首先,要采用案例教学、互动式课堂教学、课题驱动式教学、名师带动式教学等多样化的教育教学模式,做到教学模式灵活多样、不拘一格,将学生置于真实的教学情境中,教、学互动,学、研结合。其次,要开展体验、反思和试验等课程化的教学技能训练,将教学训练融入课程学习过程中,在知识学习过程中不断体验、反思、试验教学,知行合一,在不断的实践中养成教育实践能力和智慧。最后,要推行全程化的教育实践实习,把实践教学贯穿于学生培养的全过程,教育实践每学年都不间断,多次见习与实习,通过建立"教育考察——教育服务——教学体验——教育实践"连贯实践教学体系,"学习"、"实践"、"反思"反复融合,不断提升,强化学生的实践教学技能。

传统文化与师德建设

第一节 中国古代师德观

师德亦即教师道德,是指教师在从事教育活动中所形成的比较稳定的道德观念、行为规范和道德品质的总和。一个品德高尚、作风优秀的教师,其一言一行、一举一动,可以在学生优良品德形成过程产生表率和楷模作用;反之,则会对学生产生不良影响。从社会的角度看,教师的思想道德状况,不仅直接影响学生的培养和成长,而且也间接影响全社会的思想道德水平。

我国的教师队伍,长期以来在比较清苦的条件下,兢兢业业、勤勤恳恳、恪尽职守,以高尚的奉献精神、敬业精神,做出了杰出贡献。但也应看到,在新形势下,教师道德建设也遇到了严峻的挑战。市场经济的"双重效应"反映在教师身上,一方面促使教师更新观念,树立新的人生观和道德观,另一方面也对教师的道德生活产生了消极的影响。我国历来有重视教师道德的传统。在新的世纪里,我们在确定教师道德建设的目标时,既要立足现实,着眼未来,又要以史为鉴,继承和发扬历史上优秀的教师道德遗产和师德教育传统。

中国古代有关师德的内容是极为丰富的,归纳起来,代表性的观点主要如下。

一、学而不厌,诲人不倦

孔子认为教师首先应该具有"学而不厌,诲人不倦"的精神,这种观点《论语》中多有涉及。如:"子曰:若圣与仁,则吾岂敢?抑学而不厌,诲人不倦,则可谓云尔已矣。"①意思是,孔子说:如果说到圣与仁,那我怎么敢当!不过向圣与仁的方向努力,而不感厌烦地做,教诲别人也从不感觉疲倦,则可以这样说的。孔子本身就是"好古敏以求之","发愤忘食,乐以忘忧,不知老之将至","五十以学《易》"。还说:"默而识之,学而不厌,诲人不倦,何有于我哉?"②意思是,默默地增加知识,学而不厌,诲人不倦,这对我来说有何难啊?他一生就是以这种认真严肃、负责的教学态度,忠诚地、百折不挠地履行一个教师的义务和职责。

学而不厌,诲人不倦,不仅指教师自身要努力学习、永不满足,同时在教育学生时也要勤奋教导、永不疲倦,即"学不厌,智也;教不倦,仁也"。大教育家孔子在《礼记·学记》中说:"虽有佳肴,弗食,不知其旨也。虽有至道,弗学,不知其善也。是故学然后知不足,教然后知困。知不足,然后能自反也,知困,然后能自强也。故曰教学相长也。"也就是说,只有在学习的过程中才能知道不足,知道不足才能努力学习。韩愈在《师说》中也引用了孔子的话:三人行,则必有我师。因此,他说:"是故弟子不必不如师,师不必贤于弟子。闻道有先后,术业有专攻,如是而已。"他在《进学解》中则进一步要求教师:"口不绝吟于六艺之文,手不停披于百家之编。……焚膏油以继晷,恒兀兀以穷年。"他强调只有持之以恒地勤勉努力、刻苦钻研,人们的学问才能够有所长进。东汉思想家王充在《论衡·超奇》中提出的教师应具备的条件也着重指出:"通书千篇以上,万卷以下,弘畅雅闲,审定文

---

① 《论语·述而》。
② 《论语·述而》。

读,而以教授为人师者,通人也。"西汉著名教育家董仲舒也特别强调"学而不厌"的重要性,他说:"强勉学问,则闻见博而知益明;强勉行道,则德日起而大有功。"①也就是说,教师学习上勤奋努力,就会学识广博、智慧明达;道义上刻苦努力,品德就会与日俱增,日有长进的。同时,在学而不厌的基础上教育者还要诲人不倦。柳宗元根据自己的亲身体会和切身感受,曾强调"诲人不倦"是教师道德的重要内容。他说:"若言道讲古穷文辞,有来问我者,吾岂尝瞑目闭口耶?"②也就是说,若说讲道理和古代文辞,我是从来不对向我请教的人缄默不言的,这就与孔子的师德思想有异曲同工之处。后来,墨子对这一说法有了新的概括,在其《墨子·公孟四十八》中指出:"今夫世乱,求美女者众,美女虽不出,人多求之。今求善者寡,不强说人,人莫之知也。……行说人者,其功善亦多,何故不行说人也?"③意思是说:现在世间混乱,追求美女的人多,美女即使隐住不出,而人多追求她们;现在追求善的人太少了,不努力劝说人,人就不知道了。出门向人们劝说的,他的功绩和益处多。为什么不出来劝说人们呢?

二、以身作则,为人师表

"以身作则,为人师表",历来为众多学者所强调,是我国教师的优良传统。以身作则,为人师表突出强调教师的言谈举止对学生的学习态度、生活习惯以及健康成长产生的重要影响。孔子要求教师时时、事事、处处都要通过自己的模范行为做学生的楷模和表率,他说:"子帅以正,孰敢不正?"④"其身正,不令而行;其身不正,虽令不从。"⑤如果教师道德高尚和作风正派,即使不下达命令,学生也会执

---

① 《前汉书·董仲舒列传·对策一》。
② 《严厚舆秀才论为师道书》。
③ 《墨子·公孟四十八》。
④ 《论语·颜渊》。
⑤ 《论语·子路》。

行,否则就会"不正,不从"。又说:"苟正其身矣,于从政乎何有?不能正其身,如正人何?"①也就是说,教师在提倡学生要做到的同时,自己必须首先做到。如果连自身都不端正,又怎么能够有资格去端正别人呢?亚圣孟子继承并发展了这一思想,指出"大人者,正己而物正者也","其身正天下归之",主张"教者必以正"。荀子也指出:"夫师以身为正仪,而贵自安者也。"②西汉学者杨雄更是明确指出:"务学不如务求师。师者,人之模范也。"③可谓言简意赅、一语中的。杨雄在这里所提到的"人"既指教师是他人学习的典范,又指教师的自我定位,说明了教师作为人类灵魂工程师所具有的崇高地位。魏晋南北朝时期重要的思想家和杰出的教育家颜之推尤其注重以身作则,为人师表。他说:"人在少年,神情未定,所与款押,熏渍陶染,言笑举动,无心于学,潜移暗化,自然似之。"并认为:"夫风化者,自上而行于下者也,自先而施于后者也。是以父不慈则子不孝,兄不友则弟不恭,夫不义则妇不顺矣。"④他强调了处于社会上位的人对处于社会下位的人的影响。由此及彼,推广到广大教育者的身上也同样是适用的。唐代著名大教育家韩愈对此深有体会,他指出教师要"以身立教",也就是说教师必须率先垂范,躬身力行,这样才能更好地培养和教育学生。据《宋史》记载"瑗(宋代教育家胡瑗)教人有法,科条纤悉具备,以身先之"。清朝初期的王夫之在《四书训义》中也指出:"师弟子者以道相交而为人伦之一。……故欲正天下之人心,须顺天下之师受。主教为本,躬行为起化之原。"意即教师自身行为的教育和感化是引起学生思想品德转化的重要途径。可以说,以身作则、为人师表的这种巨大教育力量,是来源于教育者的自我对象化的严格律己性和通过平等交往而耳濡目染、潜移默化的真实感受,因此,它最容

---

① 《论语·子路》。
② 《荀子·修身》。
③ 《法言·学行》。
④ 《颜氏家训·治家第五》。

易激发学生的敬仰、信任、共鸣、向往和模仿,从而增强了教育的实效性。

三、师生平等,崇尚实干

师生关系在人格上是平等的。师生关系应是同志、朋友关系。教师要爱护学生,学生要尊敬老师。但是,我国长期以来推崇的是师道尊严,把教师与学生的关系,视为领导者与被领导者的关系。然而,孔子是主张师生关系平等的。孔子不喜欢学生对自己盲信盲从,鼓励学生发表不同意见。他最得意的弟子颜回,安贫乐道,闻一知十,孔子多次赞扬他。但是,孔子也公开批评过他。子曰:"回也,非助我者也,于吾言无所不说。"[①]这句话大意是:颜回,不属于对我有所帮助的那种人啊。他对我的话没有不高兴听从的,连一点异议都没有。时至今日,许多教师喜欢学生唯唯诺诺,是非不分的大有人在。教师如此,还谈什么培养学生的独立意识、民主意识?还谈什么培养学生的创造性?与孔子相比,有些人是应该脸红的。孔子有一个著名的论点,那就是"当仁不让于师"。他不仅这样说,还鼓励学生这样做,因而他的学生大多能"抗言相谏"。一次,孔子应卫灵公之邀进宫与南子谈话,弟子们认为,孔子不应该和这个风流女子相见。孔子面对责备自己的弟子,一时很难解释清楚,但他却没有大发雷霆,只是对天发誓,表示心迹:我见南子时如有半点不规矩,让上天抛弃我,让上天抛弃我。孔子与学生在一起,并非板着面孔,有时也开个玩笑。孔子周游列国,来到学生子游做县长的武城,听到了奏乐的声音。孔子笑着说:杀只鸡哪里用得着牛刀?(这个小地方还用礼乐教育吗?)子游听了便反驳说:您以前认为君子学道就会产生爱人之心,小人学了道会易听指挥、使唤,怎么能认为这个小地方就不用教育了呢?孔子听了说:子游说得对,我先前的话是开玩笑啊!孔子爱生如子,不

[①]《论语·先进第十一》。

唯在学习上诲之不倦,在生活上也关怀备至。孔子的学生冉伯牛患了麻风病,别人避之唯恐不及,孔子却多次去探望他。他执着伯牛的手,伤感流泪叹息。子路好勇,孔子一直担心他不得善终。后来子路与人作战,被敌手剁成肉酱。孔子听到消息悲伤不已,大病一场,不久便病逝了。

同时,孔子崇尚实干,反对花言巧语、纸上谈兵的现象。他说"巧言乱德",又说"巧言令色而鲜仁也"。① 他把"敏于事而慎于言"作为君子的标准之一,认为实实在在干事,是一个"君子"的必备素质。为了"矫枉",他采用了"过正"的方法。他说:"天何言哉?四时行焉,百物生焉,天何言哉!"他推崇上天无言,却实实在在地调停阴阳,运行四时,化生万物的"实干"精神,他希望人们也能如上天一样,埋头苦干,兴国利民。他对"实干"方面的推崇,还表现在自我评价方面。他说:"文,吾犹人也,躬行君子,则吾未之深也。"这句话的大意是:论书本知识,我大概不比别人差多少,但是,作为亲自实践的君子,那么,我就没有什么成就了。中国的知识分子素有"埋头苦干"的传统,不能说与孔子的倡导没有关系。今天,我们要在这方面加强对学生的教育,使学生既有才能,又有埋头苦干的精神。

四、持志养气,言行一致

所谓的持志,就是奉持人的意志;养气,就是保养人的意气或者勇气。孟子指出:"夫志,气之帅也;气,体之冲也。夫志至焉,气次焉,故曰:持其志,无暴其气。"②孟子在进行道德修养时,首先应当"持志"、"养气",即坚持崇高的志向,把士的最高志向规定为"居仁由义",人以仁义为志,就能很好地区分善恶,区分应当不应当,对符合仁义的就积极地去做,对不符合仁义的就加以克制。孟子说"人有不

---

① 《论语·学而》。
② 《孟子·公孙丑》。

为也,而后可以有为",①也就是说,如果人有所选择,克制其消极方面,人们就能达到所想的预期效果,取得成功。他提出了志与气的关系,认为一个人如果有了志与气,坚持了志与气的密切相联,则会"志一则动气,气一则动志"。孟子认为,普通的人只要注意"养气",经过量的积累就能形成所谓"浩然之气",通俗地说就是正直豪迈的心理或精神状态,就像他所说的"我善养吾浩然之气"这种浩然之气就是靠养出来的,一点点的善言善行积累起来的。同时,他提出"舍生取义"的理想境界:"生亦我所欲也,义亦我所欲也,二者不可得兼,舍生而取义者也。"与孔子一样,孟子也要求学生追求高尚的精神生活,不要贪图物质生活的享受,认为志士仁人应该把道德理想放在首位。孟子的"持志养气"思想,在两千多年的文化发展中,激励着一代又一代人培养一种敢于坚持信仰、乃至为之献身的精神。

墨子提倡躬行实践,言行结合。他认为:"志不强者智不达,言不信者行不果。"他严格要求言行的一致,不论在生产或战斗中,都是坚决执行任务,不屈不挠。墨子注重实践,判断一件事和评价一个人,他不是单纯地从结果来看,而是重视"志"(动机)和"功"(效果)的统一。墨子重视"修身",而且提出"修身"需言行结合,"合其志功而观焉",即评价一个的行为,必须将动机和效果统一起来全面地考察。因此,墨子要求弟子"利人乎即为,不利人乎即止",并注重培养与锻炼弟子的意志,要求弟子要有自我牺牲精神和强烈的社会责任感。并深刻地指出,理想道德品质的形成是一个艰苦漫长的过程,只有严格要求才能得以保障其确立。故墨子在向学生讲述"节用"学说时,就让学生接受艰苦生活的锻炼,穿"短褐之衣",吃"藜藿之羹",墨子自己同样终生"席不暇暖",一生都能坚持用自己的实际行为和高尚人格去感化学生。墨子为了保证教学的正常进行,还制定了十分严

---

① 《孟子·离娄章句下》。

格的规章制度和组织纪律,对违犯者严惩不贷。因此,墨子才能培养出刻苦勤劳、勤俭节约、自强不息的墨者,才使得墨者成为救国济世的全能型人才,他们皆可"赴火蹈刀,死不旋踵"。不仅如此,墨者常"以自苦为极"。墨子的大弟子禽滑厘跟随他三年,"手足病笃胼胝,面目黧黑,役身给使,不敢问欲"。墨家在教育精神上实行高度的统一性,特别注重"道义"。墨子是春秋后期社会大变革中从小生产者阶层中涌现出来,代表农民与手工业者利益的思想家,所以门下弟子多是"匹夫徒步之士"、"农与工肆之人",所收弟子不分贫富贵贱,只要能从事艰苦的劳动,具有吃苦耐劳的实践精神,并忠心耿耿履行墨家"道义",即可成为墨门弟子。

同时,墨子反对仅停留于言谈而不从事实践者。墨子指出:"言必信,行必果,使言行之合犹合符节也,无言而不行也。"意即出言必定守信用,行为必定要果断,使言行一致就像与符节相合一样,没有出言而不实行的。可见,墨子严格要求弟子言行一致,将自己的言谈、思想贯彻到实践中去。墨子说:"口言之,身必行之。今子口言之,而身不行,是子之身乱也。"意思是说,口出言,自身必须实行。现在你口已出言,但自身不去实行,是你自身混乱啊。"言足以复行者常之,不足以举行者勿常。不足以举行而常之,是荡口也。"此外,毕沅校注本《佚文》篇载,"禽子问曰:多言有益乎?墨子曰:蛙与蝇,日夜恒鸣,口舌干擗,然而不听。今观晨鸡,时夜而鸣,天下振动。多言何益?唯其言之时也。"说的是子禽向老师请教:"多说话有好处吗?"墨子答道:"蛤蟆、青蛙,白天黑夜叫个不停,叫得口干舌疲,然而没有人去听它的。你看那雄鸡,在黎明按时啼叫,天下震动,人们早早起身。多说话有什么好处呢?重要的是话要说得切合时机。"可见,墨子反对说无益的废话,认为说话一定要适合时宜方能奏效。要做到,不鸣则已,一鸣惊人。《墨子·修身》篇云:"志不强者智不达,言不信者行不果。"意即,意志不坚强的人智力就不会发达,出言不守信的人行为就没有成果。可见,在墨子看来,意志是智力发达的先决条件,也是言行一致的前提条件。

五、热爱学生，关心学生

热爱学生、关心学生是建立良好师生关系的前提和基础，也是中国古代师德理论的重要内容。大教育家孔子对自己的三千弟子就极其热爱和关心，无论从政治思想、品德作风、学业才能，甚至日常生活等细微方面也无不关怀备至，提出了"仁者爱人"这一教育理念。亚圣孟子认为："君子有三乐，而王天下不与存焉。父母俱在，兄弟无故，一乐也；仰不愧于天，俯不怍于人，二乐也；得天下英才而教育之，三乐也。"[①]他把"得天下英才而教育之"作为其人生一大乐事、幸事，并躬身力行，为得到"天下英才"而孜孜以求。除此之外，孟子还特别强调"仁者爱人，有礼者恒敬人；爱人者恒爱之，敬人者恒敬之"的思想。后来，荀子在孔子、孟子上述思想的基础之上，进一步强调教师在热爱学生、关心学生的同时，还应该对学生严格要求。正如《三字经》所述"养不教，父之过，教不严，师之惰"。如果教师出于对学生的真诚关心而严格要求，学生就会感到教师的严格要求恰恰是对自己高度负责的表现，特别是当学生功成名就，在后来的成长和发展过程中有所建树的时候，就会由衷地感激曾经严于约束自己的老师。荀子还着重指出："水深而回，树落而粪本，弟子通利则思师。"[②]可见，对于"严是爱，宽是害"的说法荀子是深有体会的。朱熹则对学校师生关系的不和谐提出了尖锐批评："师生相见，漠然如行路之人。"他发扬孔子以来热爱学生的精神，对学生充满深厚的感情，一日不讲学一日不快乐，"讲论经典，商略古今，率至夜半。虽疾病支离，至诸生问辩，则脱染沉疴之去体"。活生生一个可敬的教师形象。在他晚年被贬时，仍讲学不息。

[①]《孟子·尽心上》。
[②]《荀子·致士》。

由此可见，中国古代教育家热爱学生，关爱学生的优良传统，是建立在高度的自觉性之上的。他们深深懂得这是搞好教育工作、提高教育教学质量的重要措施，所以能做到对学生热爱有加，形成了中国古代师德历史发展上的一个优良传统。

六、严于律己，宽以待人

教师作为"传道、授业、解惑"者，对教师的要求是相当严格的，严于律己可以说是师德中最为基本的一项内容。教育家孔子作为古代私学的创始人，对教师应该严于律己有着很深的体会。他说："盖有不知而作知者，我无是也。"还说："子绝四：毋意，毋必，毋固，毋我。"① 显然，孔子对自己要求很严格，既不悬空揣测，也不拘泥固执，更不自以为是。对此，荀子一方面强调"师严而道尊"，一方面又特别重视教师要严于律己。"君子博学而日三省乎己，则知明而行无过矣。"② 又说："见善，修然必以自存也；见不善，愀然必以自省也。善在身，介然必以自好也；不善在身，灾然必以自恶也。"③ 东汉的王充认为："常言人长，命言人短。处逸乐而欲不放，居贫苦而志不倦。游必择友，不好苟交。忧德之不来，不患爵之不尊。"④ 这里，王充对教师的要求同样是很严格的。西汉的董仲舒在《春秋繁露·盟会要》中要求教师，"善无小而不举，恶无小而不去"。⑤ 可以说，中国古代教育家讲教师要严于律己，是因为他们认为教师的地位是崇高的，言谈举止都为学生所效法，所以，教师必须对自己严格要求，严于律己，只有这样才能够有资格去身为人师、行为世范。

---

① 《论语·子罕》。
② 《荀子·劝学》。
③ 《荀子·修身》。
④ 《论衡·自纪篇》。
⑤ 《春秋繁露·盟会要》。

第二节　中国师德的优秀传统

在我国古代,很多人既是教育家又是思想家,他们身上体现出的优秀品质很值得我们学习与继承。这里就孔子、墨子、孟子的言行作一简述。

一、万世师表——孔子

孔子(前551—前479)名丘,字仲尼,春秋末期鲁国陬(zou)邑人(今山东曲阜)。孔子开创私学、著书立说,为中国的文化教育事业的发展做出了贡献,被尊为儒家的始祖,后人敬称他为"孔夫子"。"圣"是聪明智慧的意思,孔子弟子3 000人,贤者70人,声誉甚高,古代公认他是有学问的聪明人,是"圣人"。西汉武帝之后,儒家思想对统治者有利,从此孔子受到尊崇。他在中国古代教育史上的地位,相当于苏格拉底在古希腊教育史上的地位。有关孔子育人为师的轶事早已为万世传颂,孔子也成为教师风范的最早楷模。

(一)诲人不倦,博学多闻

孔子最大的抱负虽然在政治方面,希望有所作为,但是他的政治思想在当时是不能实现的。他最大的成就主要还是在教育方面。他有40多年的时间没有离开过教育岗位。他热爱教育事业,积累有丰富的教育经验。作为一个教育家,无论在当时或后世他都有很高的威信和影响。

"诲人不倦"是教师的最重要品质之一。一个教师要真正做到这一点,首先必须有一颗强烈事业心,有为教育事业献身的精神。孔子在这方面称得上是一个典范人物。他虽然政治上不得志,有时生活困难,工作受到挫折,但是他从事教育事业的意志却是坚强的,并充满了信心和乐观主义精神。他说得好:"学而时习之,不亦说乎?有朋自远方来,不亦乐乎?人不知,而不愠,不亦君子乎。"意思是,学过的知识经常去温习,不也很愉快吗?有志同道合的朋友从远方来,不也很愉快吗?现在这句话经常被用以对远道而来的朋友表示欢迎。别人对我不了解、不理解,我并不生气;与不明智的人相处,我也不烦恼。能这样做的人,不就是君子吗?从他的这段自白中可以看到他那种专心致志、不图虚名、乐于培育人才的可贵品德。

孔子的教学态度是十分令人敬佩的。他不仅在周游列国时,常与随从的弟子在一起讲学论政,甚至有一次,他在陈国到楚国的途中,被乱兵包围,"绝粮,从者病,莫能兴,孔子讲诵弦歌不衰"。就是说,在粮食都吃光了,有许多学生都饿得站不起来的危急困难的情况下,孔子还是照常坚持教学,这的确体现了一个教育家"诲人不倦"的可贵精神和作风。

教师的另一个重要职责就是要把大量的文化知识传授给学生。孔子以"博学多闻"而知名于当世,他以诗、书、礼、乐、易、春秋等多方面的文化知识教育学生。这些知识、技艺实际是中国古代社会各级贵族在宗庙事务、政治、外交事务中经常用得着和必须掌握的。教师要圆满地完成"授业"的任务,必须精通自己所传授的学科知识,在这个方面孔子可称得上是个专家。他对中国古代文化典籍不仅熟悉,而且还有很高的造诣,对音乐、射、御也有一定的修养。根据各种史料记载:孔子在当时就是一个对"乐"相当爱好,并且有一定素养的人。《史记·孔子世家》记述孔子"诗三百篇,皆能弦歌之"。《论语》中关于孔子及其弟子"弹琴"、"鼓瑟"、"击磬"、"弦歌"的记述更比比皆是。他还喜欢评论"乐"。当他周游列国在齐国听到舜时的"韶乐"时,他评论为"尽美矣,又尽善也"。按照当时的标准来说,他确是一位多才多艺、文化知识丰富、艺术修养高深的教师。更为宝贵的是他研究、整理、编选了"诗"、"书"、"春秋"等中国古代文献,并作为教材传授给学生。这种教材建设的工作,在中国古代教育史上孔子的功绩应该说是首屈一指的。

孔子又是一个毫无保留地把自己的知识传授给学生的名师。有一次他很真诚、坦率地对他的学生说:"二三子以我为隐乎?吾隐乎尔!吾无行而不与二三子者,是丘也。"①意思是说:你们这些学生以为我有什么东西隐瞒你们吗?我对你们是没有隐瞒的,我没有什么行动不向你们公开的,这就是我孔丘的为人。他确实是竭尽自己所掌握的知识和本领无私地教给学生,不留一手,因而深为学生所崇敬。下面的故事很可以看出孔子的这种品质。陈亢问于伯鱼曰:"子亦有异闻乎?"对曰:"未也。尝独立,鲤趋而过庭。曰:'学诗乎?'对曰:'未也'。'不学诗,无以言。'鲤退而学诗。他日又独立,鲤趋而过庭。曰:'学礼乎?'对曰:'未也。'曰:'不学礼,无以立。'鲤退而学礼。闻斯二者。"陈亢退而喜曰:"问一得三。闻诗,闻礼,又闻君子之远其子也。"说的是有一次孔子的学生陈亢问孔子的儿子伯鱼(孔鲤):您在老师那里,曾得与众不同的传授吗?伯鱼回答说:没有。他曾经一个人站在庭中,我恭敬地走过。他问我道:学诗没有?我说:没有。他便说道:不学诗就不会发言。我便退回学诗。过了几天,他又一个人站在庭中,我又恭敬地走过。他问我道:学礼没有?我说:没有。他便说道:不学礼便无法在社会立足。我便退回学礼。陈亢回去非常高兴地说:我问一件事,知道了三件事。知诗,知礼,又知道君子对他儿子的态度。可见孔子对学生和儿子是一视同仁的,并没有在教学上对他的儿子有什么特殊的照顾。

  孔子一生勤奋好学,坚持不懈,是足以为人师表的。他也为自己的好学感到自豪。子曰:"十室之邑,必有忠信如丘者焉,不如丘之好学也。"意思是,就是在十户人家的地方,一定有像我这样又忠心又信实的人,但是不及我爱好学问罢了。他又谦逊地说"若圣与仁,则吾岂敢!抑为之不厌,海人不倦,则可谓云尔已矣。"②意即说,我是圣人,说我是仁人,我都不敢当!我只是永不自满地学习,永不疲倦地

---

① 《论语·述而》。
② 《论语·述而》。

教诲弟子而已。的确,孔子真是活到老学到老,直到晚年还是"发愤忘食,乐以忘忧,不知老之将至"。这种"学而不厌"的好学精神给后代当教师的人树立了良好的榜样。孔子一生都把这种满腔热情倾注于自己的教育事业,并以认真严肃、踏实负责的教学态度,忠实地百折不挠地去履行一个教师、一个教育家的义务和职责,他称得上是教师的楷模。

(二) 德才兼备,培育人才

孔子的私学是为实现其政治理想服务的,最终目的是造就修身、齐家、治国、平天下的优秀人才,以期能够实现"老安"、"少怀"、"友信"的理想社会。虽然在当时的历史条件下,他的政治理想是很难实现的,但他却通过几十年的精心教育,为当时社会造就了不少人才。

孔子主张"有教无类",他的学生自然也就很多,只要交得起学费,他没有不接受和不教育的。他的弟子地区分布很广,年龄相差也很大,阶级出身、个性和智力都有所不同。但是,作为教育家的孔子,以宽广的胸怀,采取了"吾未尝无诲焉"的积极态度,因而"弟子弥众,至自四方,莫不受业焉"。大面积地为当时的社会培育了人才。在他的三千弟子中,"身通六艺者七十有二人"。按照孔子的人才标准,这七十二人可以列入优秀人才的行列。

孔子培养人才是有他自己的标准的。概括起来说就是以德为主,德才兼备。

有一次他对子夏说:"女为君子儒,不为小人儒。"①这里孔子所谓的"君子"、"小人"是指人的道德品质而言。这句话的意思是说:你要去做一个君子式(道德品质优秀)的知识分子,不要做一个小人式(品质恶劣)的知识分子。

作为一个"君子"式的知识分子,应该有较高的道德修养和精神境界。孔子说:"君子坦荡荡,小人长戚戚。""君子"好像在阳关大道

---

① 《论语·雍也》。

上走路,路是平平坦坦,人是直来直去,心胸宽广,不考虑个人的利害得失,这就是"坦荡荡";"小人"则患得患失,顾虑很多,好像是过独木桥,时时刻刻提心吊胆,忧心忡忡,这就是"长戚戚"。

孔子时常教导他的学生,要他们不要过分追求物质生活享受。他说:"君子食无求饱,居无求安,敏于事而慎于言,就有道而正焉,可谓好学也已。"就是说:作为一个道德高尚的"君子",对自己要求应该严格,对饮食不要追求美味饱足,居住不要追求舒适华丽,对工作要勤劳敏捷,说话要谨慎,还要到有道德修养高尚的人那里去请教,以便修正自己的错误,这样可以说是好学的了。

孔子认为在他的学生中只有颜渊做到了这一点。他称赞颜渊说:"回也,其心三月不违仁。其余则日月至焉而已矣。""一箪食一瓢饮,在陋巷,人不堪其忧,回也不改其乐。贤哉回也。"①意思是,孔子说:颜回啊,他的心能长久地不离开仁德,其他的学生只是在短时间内想起仁德罢了。物质生活是如此艰苦,住在贫民窟里的一条陋巷中。任何人处于这种环境,心里的忧愁、烦恼都吃不消的。但即便生活条件再怎么艰苦,颜回还是一如既往的快乐。能做到这一点,这就是真正的乐观。

孔子赞扬了颜渊的这种精神境界,实质就是说作为一个"君子",必须具有像颜渊这样的思想和精神面貌。

孔子自己也是安贫乐道的。他说:"饭疏食饮水,曲肱而枕之,乐在其中矣。不义而富且贵,于我如浮云。"②意思是,孔子说:吃粗粮,喝白水,弯着胳膊当枕头,乐趣也就在这中间了。用不正当的手段得来的富贵,对于我来讲就像是天上的浮云一样。这里体现了一个教育家身教重于言教的可贵精神。

孔子十分重视培养学生的道德信念和情操。他要求学生要成为

---

① 《论语·雍也》。
② 《论语·述而》。

"笃信好学,守死善道"的"志士仁人"。他甚至激励人们和他的学生"杀身以成仁",即宁可牺牲生命来保卫仁的原则。这是孔子要求学生必须遵守的最高道德气节。

自然,提出"杀身以成仁"的目的在于培养为奴隶制、封建制殉难的"仁人"、"义士",有它的阶级局限性。但是,这种"气节"在中国历史上曾经激励过不少"仁人志士"为正义的事业而牺牲自己的生命。文天祥就是一个典型的例子。他不仅吟出了"人生自古谁无死,留取丹心照汗青"的悲壮诗句,而且在英勇就义前,他还在遗书上面写道:"孔曰成仁,孟曰取义。惟其义尽,所以仁至。读圣贤书,所学何事?于今而后,庶几无愧。"这种为正义事业不惜牺牲个人的一切、甚至生命的无畏精神,是我们中华民族的一笔珍贵的精神财富。

从上面这些内容,可见孔子对学生在道德品质、道德修养方面的要求是很严格的,这也是每一个教师应该学习和借鉴的可贵之处。

孔子培养人才以"德"为主,但也十分注意"才"的锻炼。没有一定的才干,就无法完成由"士"到"仕"的过渡,也无法完成应当担负的使命。要精通"诗、书、礼、乐",要"使于四方,不辱君命",没有过硬的本领是不行的。孔子说:"诵诗三百,授之以政,不达;使于四方,不能专对;虽多,亦奚以为?"意思是说:如果熟读《诗经》三百篇,交给他以政治任务,却办不了,叫他出使到其他地方,又不能独立地去谈判应对;虽然书读得很多,但有什么用处呢?所以,孔子在他的私学中很重视造就政治、外交、语言、文学、理财等方面的专家。

为了培养学生成才,孔子提出"好学"、"乐学"的主张。他说:"知之者不如好之者,好之者不如乐之者。"[①]孔子本身就是一个"好学"、"乐学"的表率。他自我表述说:用起功便忘记了吃饭,快乐便忘记了忧愁,不晓得衰老会要到来。这段话很形象地刻画了一个老教育家勤奋好学,刻苦钻研,不以为苦,反以为乐的精神面貌。孔子也时常

---

① 《论语·雍也》。

以这种精神来鼓励和教育他的学生。

(三) 言传身教,以身作则

榜样是一种具体而又有感化性的教育力量。"身教重于言教"是我国一个很有价值的教育传统和风尚。所谓"经师易求,人师难得",所强调的就是身教。孔子处处都用自己的实际行动感化学生,十分注重做到言行一致,以身作则。

比如,他一贯主张"改过迁善"。他说"过则勿惮改","过而不改是谓过矣",要求学生要正视自己的错误,有改过迁善的勇气,指出如果坚持不改,那就要铸成真正的或更大的错误。

那么,孔子自己是怎样对待改过的呢?《论语·述而》篇记载有这样的一个故事:陈司败问:"昭公知礼乎?"孔子曰:"知礼。"孔子退,揖巫马期而进之曰:"吾闻君子不党,君子亦党乎?君取于吴,为同姓,谓之吴孟子。君而知礼,孰不知礼?"巫马期以告。子曰:"丘也幸,苟有过,人必知之。"意思是,陈司败向孔子问鲁昭公懂不懂"礼"。孔子回答说:"懂礼。"孔子走后,陈司败便对孔子的学生巫马期说:我听说君子是无所偏袒的,难道孔子是有所偏袒吗?鲁君从吴国娶了位夫人,吴和鲁是同姓国家,违反了同姓不娶的规矩,怎能说鲁君懂礼呢?巫马期便把这些话转告给孔子。孔子听后说:我真幸运,假若有错误,人家一定给指出来。孔子这种很真诚地在学生面前承认自己说错了话的态度,十分难能可贵。

他常常告诫学生做学问应抱有老老实实的态度:"知之为知之,不知为不知,是知也。"[①]有一次有人向孔子请教关于"禘祭"(一种天子之礼)的知识,他坦白地说:"不知也。"并不因为自己是老师而不懂装懂。为了防止在学习或治学上犯主观主义的错误,孔子提出了"四毋"的治学格言:"毋意、毋必、毋固、毋我。"也就是说,不要主观揣测,不要武断,不要固执,不要自以为是。在这方面孔子自己也是身体力

---

① 《论语·为政》。

行,起了很好的表率作用。他研究历史,总要掌握了大量的文献资料、有了充分的证据之后才做结论,他十分谨慎地对待道听途说得来的材料,认为它往往有夸大和失实的地方,所以,他说:"道听而途说,德之弃也。"孔子这种老老实实对待学问的态度,对学生的影响是很大的。

孔子还一贯提倡"不耻下问"这种谦逊的求知精神。他说:"三人行,必有我师焉,择其善者而从之,其不善者而改之。"[①]这说明一个善于虚心学习的人,到处都能寻找到值得自己学习的老师,可以从别人的优点中受到教益,也可以从别人的缺点中吸取教训,修正错误。孔子在世时,学生就已把孔子当作"圣人"了,但是孔子总是谦虚地说:"若圣与仁,则吾岂敢?"他是不愿意接受"圣人"这个称号的。他又说:"文,莫吾犹人;躬行君子,则吾未之有得。"意思是说,在文化知识方面,我大概和别人差不多;至于成为身体力行的君子,那我还没有做到呢!他主张"君子求诸己","躬自厚而薄责于人"。孔子这种在道德和学问上严以律己和虚怀若谷的精神是值得人们学习的。

虚心和谦逊的对立面就是骄傲和自满,孔子对此是很不赞成的。他对一些"亡而为有,虚而为盈"[②]的人,即对本来没有却装做有、本来空虚却装做充足的装腔作势、华而无实的空头学问家,是极为鄙视的。他认为,就算你的才能美妙高超真比得上周公,只要骄傲而且吝啬,别的方面也就不值得一看了。骄傲和自满,的确是一个人学习前进道路上的大敌。它容易使人浅尝辄止,浮光掠影,学问很难达到精深的造诣。

教师的思想品德和言行,直接熏染和影响着学生,因此,要求教师言传身教、以身作则是非常必要的。孔子从自己的教育经验中概括出教育者必须"身教"重于"言教","正己"然后才能"正人"的思想,

---

① 《论语·述而》。
② 《论语·述而》。

是十分深刻的,并且符合教育原理。孔子本身无论在学习、修身、力行、改过等方面,无不为学生作出了良好的榜样。

正是由于这个缘故,孔子在学生的心目中才有很高的威信,他们对孔子是心悦诚服的。子贡赞扬孔子说:"见其礼而知其政,闻其乐而如其德,由百世之后,等百世之王,莫之能违也。自生民以来,未有夫子也。"①意思是说,看见一国的礼制,就了解它的政治;听到一国的音乐,就知道它的德教。即使从百代以后去评价百代以来的君王,任何一个君王都不能违离孔子之道,从有人类以来,没有人能及他老人家的。

孔子的另一个学生有若对孔子更是推崇备至。他说:"麒麟之于走兽,凤凰之于飞鸟,太山之于丘垤,河海之于行潦,类也。圣人之于民,亦类也。出于其类,拔乎其萃,自生民以来,未有盛于孔子也。"②其意思是,麒麟对于走兽,凤凰对于飞鸟,太山对于土堆,河海对于小溪,何尝不是同类。圣人对于百姓,亦是同类,但远远超出了他那一类,大大高出了他那一群。从有人类以来没有比孔子还要伟大的人了。当然,学生们这种赞美之词,未免有夸大之处,但却表达了学生对孔子的崇敬之情。

(四) 师生情笃,感人至深

在孔子的私学中,师生关系是比较亲密融洽的。《论语》中有不少段落记录了孔门师生之间感人的关系。

孔子与学生的接触很多,他们推心置腹,无话不谈。有一次,子路、曾晳、冉有、公西华四个人陪着孔子坐着,孔子让他们"各言尔志",学生们便都生动活泼地各抒己见。孔子特别赞赏曾晳的发言,曾晳说:"莫春者,春服既定,冠者五六人,童子六七人,浴乎沂,风乎舞雩,咏而归。"夫子喟然叹曰:"吾与点也。"意思是说:暮春三月,春

---

① 《孟子·公孙丑上》。
② 《孟子·公孙丑上》。

天衣服都穿上了,我和五六位成年人、六七个少年,去沂河里洗洗澡,在舞雩上吹吹风。一路唱着歌走回来。孔子长叹一声说:我是同意曾皙的想法的。曾皙敢于无拘无束地说出自己的愿望,孔子能够对学生敞开心怀,可见这是一种多么亲切无间的师生关系。

有的学生询问孔子对其他同学或对自己的看法怎样,孔子也是十分坦率的。有一次子贡问孔子,子贡问:"师与商也孰贤?"子曰:"师也过,商也不及。"曰:"然则师愈与?"子曰:"过犹不及。"意思是,子贡问孔子,子张和子夏这两个人,谁强一些? 孔子回答说:子张有些过分,子夏有些赶不上。子贡又问:那么,子张强一些罢。孔子回答说:过分和赶不上同样不好。这段对话说明了孔门师生间是能够互相信赖和真诚相见的。

子贡又征求孔子对自己的看法,孔子回答说:"汝器也。"子贡又问:"何器也?"孔子回答说:"瑚琏也。""瑚琏"是古代祭祀时盛粮食的器皿,是相当尊贵的。这里意思是:子贡还算是一个有用的人才。这种真挚的谈话,有助于师生之间的互相了解和增进彼此的感情。

孔子对学生要求十分严格,"宰予昼寝"①就是很好的例子。宰予是孔子的高材生,因为在白天睡了一下懒觉,孔子就批评他,责备十分严厉,有点恨铁不成钢之慨。又如,子路使子羔为费宰,子曰:"贼夫人之子。"子路曰:"有民人焉,有社稷焉,何必读书,然后为学。"②子曰:"是故恶夫佞者。"说的是,子路让子羔去做"费宰"(费县县长)。孔子说:这是害了别人的儿子。子路说:那地方有老百姓,有土地和五谷,为什么一定要读书才叫做学问呢? 孔子说:所以我讨厌强嘴利舌的人。在这里孔子一方面是对子路的责备、批评,另一方面也是对子羔的严格要求,因为在当时子羔无论在德或才方面还不足以承担"费宰"的重任。但是,学生有合乎他认为应该肯定的道德准则的行

---

① 《论语·先进》。
② 《论语·先进》。

为表现时,孔子总是不会忘记表扬他们的。鲁人为长府。闵子骞曰:"仍旧贯,如之何?何必改作?"子曰:"夫人不言,言必有中。"说的是有一次,鲁国翻修叫长府的金库。闵子骞说道:"照着老样子下去怎么样?为什么一定要翻造呢?"孔子说:"这个人平日不大开口,一开口一定中肯。"他表扬了闵子骞勤俭节约的美德。

又有一次,孔子把颜渊和子贡两个学生进行了一番比较。他说:"回也其庶乎,屡空。赐不受命,而货殖焉,亿则屡中。"①意思是说:颜渊的学问道德差不多了吧,可是常常穷得没有办法;子贡却不安本分,去囤积投机,猜测行情,竟每每猜对了。在这里孔子表扬了颜渊的"安贫乐道"精神。

在生活上孔子也是很关心学生的。他的学生伯牛生了病,孔子就去探望他,对自己的学生得了不治之症感到痛惜。他的另一个学生公冶长虽然坐过牢,但孔子认为这不是他的罪过,仍很关心他,还把自己的女儿嫁给了他。

自然,孔子和他的学生之间也存在着不少意见分歧,特别是政治观点和态度上的分歧,有时搞得师生关系也颇为紧张。例如,孔子提倡"孝悌",父母死了,要守孝三年,而宰我认为三年时间太长了,弄得许多事情都要停下来,不同意久丧,主张只要一年就够了。孔子为此十分气愤,斥责宰我,真是缺乏仁德。

由于政见不同,而使孔子大动肝火的恐怕要算冉求了,孔子是反对季氏的,尤其是对季氏的所谓"僭越"无礼的行为,认为"是可忍也,孰不可忍也"。② 可是冉求却违背孔子的意旨,真心实意的替季氏办事。这样,孔子当然十分恼火,他号召学生对冉求的行为"鸣鼓而攻之"。可见,有些学生尽管认真地向孔子学习,但并不认为他的一切见解都是对的。对待师生之间的意见分歧,在一些是非原则问题上

---

① 《论语·先进》。
② 《论语·八问》。

孔子还是比较圆通灵活的,但是一涉及像维护周礼、履行"孝悌"等根本道德准则时,他就坚守不移。有一次,子贡要把鲁国每月初一告祭祖庙的那只活羊去而不用。孔子说:子贡呀,你爱惜那只羊,我可是爱惜周礼。

尽管孔门师生有时闹了一些矛盾,甚至出现过紧张的局面,但这并不妨害他们那种经常存在的教学相长、尊师爱生的友好关系。就是像上述与孔子有所争论的学生宰我、冉求、子路等都是孔门私学的高才生,并且对孔子也是十分尊敬的。更为可贵的是孔子和弟子们在人格上是平等的。孔子具有坦白的胸襟和宽大的胸怀,他平易近人,能和学生们打成一片。孔子平时和学生谈话比较随便,不拘形式。孔子在郑国时与弟子失散,子贡到处寻找老师,郑人告诉他,说东门有一个人"累累若丧家之狗",子贡老实的把这话转告给孔子,孔子听后并不着恼,却欣然笑道:说我"似丧家之狗,然哉,然哉"。

孔子对晚生后辈寄予了无限的希望。他说."后生可畏,焉知来者之不如今也。"[①]他看到了每个学生都有发展前途,都能成为有用之才,这是一个老教育家对自己学生的高度信任、尊重和爱护。

大量的事实都说明了孔门师生间的感情是极为深厚的,他们的关系是十分密切而融洽的。颜渊把孔子当作父亲来看待,"回也视予犹父也"。颜渊死的时候,孔子哭得很伤心。跟着他的人说:你太伤心了。孔子说:真的太伤心了吗?我不为这样的人伤心,还为什么人伤心呢!

子路虽然经常受到孔子的批评,但他却一直愿意跟随孔子学习,实际上还充当了孔子的卫士的角色,成为孔子最信赖的人,一个最忠诚的追随者和拥护者,孔子称赞他说:"道不行,乘桴浮于海。从我者,其由与。"意思是说:我的学说和主张行不通的时候,我想坐着木排到海外去,跟随我的恐怕只有子路吧!

[①]《论语·子罕》。

至于子贡对孔子更是尊崇和敬佩。叔孙武叔毁仲尼,子贡曰:"无以为也!仲尼不可毁也。他人之贤者,丘陵也,犹可逾也;仲尼,日月也,无得而逾焉。人虽欲自绝,其何伤于日月乎?多见其不知量也。"①意思是,有一次叔孙武叔毁谤孔子,子贡十分愤慨地说:不要这样做,仲尼是毁谤不了的。别人的贤能,好比山丘,还可以超越过去;而仲尼简直是太阳和月亮,是不可能超越过他的。人们纵使要自绝于太阳和月亮,那对太阳月亮有什么损害呢?只不过是表示他不自量罢了。从这番维护孔子声誉的赞词中,足见子贡对自己老师的真心爱戴。

颜渊敬佩孔子的学问和为人,说"仰之弥高,钻之弥坚";②孟子又称赞孔子"出乎其类,拔乎其萃"。③ 前者是对于孔子之道的赞叹,后者赞叹孔子努力攻读,深入研究,达到极高水平。这些都是他们对孔子无限崇敬的肺腑之言。

正是由于孔门师生互敬互爱,亲密团结,所以即使在最困难的情况下,如访问列国诸侯时厄于匡、困于陈蔡,他们都能做到风雨同舟、患难与共。孔子死后,许多受教于孔子的弟子都来送葬,皆服丧三年,子贡则结庐于墓旁守丧六年才离开。他们师生的感情超过了父子兄弟。

二、躬行实践办教——墨子

墨子(公元前468年—公元前376年),名翟,汉族,春秋末战国初期宋国(今河南商丘)人,出生在鲁国(今山东滕州),是战国时期著名的思想家、教育家、科学家、军事家。墨家学派的创始人,后来其弟子收集其语录,完成《墨子》一书传世。他提出了"兼爱"、"非攻"、"尚

---

① 《论语·雍也》。
② 《论语·子罕》。
③ 《孟子·公孙丑上》。

贤"、"尚同"、"天志"、"明鬼"、"非命"、"非乐"、"节葬"、"节用"、"交相利"等观点,创立墨家学说,并有《墨子》一书传世。《墨子》一书中体现的墨子的思想在后世仍具有一定影响。

墨子的思想学说中,比较具有唯物主义观点,而且有辉煌成就的部分,是在他的认识方面。他在《墨经》中把感官、思维、感觉和理解,作为构成认识不可缺少的四个部分,并以客观存在的反映,必须通过感觉器官,作为认识过程中最基本的条件去理解。他认为人的感官与外界事物相接触,是知识直接的来源,但又必须通过"以知论物"才可得到明确的知识,这种认识过程肯定是有唯物主义因素的。他又提出有名的"三表"或"三法",作为认识客观事物的方法和检验认识的标准,观察对"国家百姓人民"是否有利,作为实践后判断是非的重要根据。尽管它的内容还不够完善,其中有一部分还含有唯心主义成分,但它的主要精神基本上是唯物主义的。墨子这种重视感觉经验,认定客观事物是知识的源泉,重视"国家百姓人民之利",并以之作为检验行为的标准,在中国思想史上是极其宝贵的,对于他的教育观点和教育实践上的影响也是很大的。

墨子在教育观点方面,很重视教育环境与教育作用的关系。他认为人性如"素丝","染于苍则苍,染于黄则黄",人性的善恶是由于环境中所受朋友的影响而形成的,所以必须审慎地选择足以发生好影响的社会环境。这种人性如染丝的观点,否定了人性有善恶之分,肯定了环境教育的作用,是具有朴素的唯物主义成分的。不过,他还不够了解人性是社会关系的产物,脱离了具体的历史性和阶级性把人性抽象化了,所以他的说法与古代所有思想家一样有形而上学的一面。

在教育目的方面,墨子为了要达到他所主张的"兼相爱"、"交相利"的思想,就把教育作为实现理想的武器之一。所以,他主张的教育对象是"农与工肆之人",而教育目的是要对他们授以实用的知识技能,在分工合作的原则下,各从事其所能,培养成为为人民谋福利的"为义的兼士"。不过,他仅想通过教育达到"为义"的目的,而不从改革生产关系上去努力,因而这种主张也是属于空想。

在教育内容方面,墨子为了要实现"为义"的理想,对弟子所用的教材很重视与生产有关的实用科学知识和技能,在他所著的《墨经》中,详载有关力学、几何学、光学等的研究记录,尤其在光学方面,对光线的照射、物体的阴影倒影以及平面镜、球面镜等记载很多。《墨子》一书从《备城门》以下各篇中载有关于防守方面的器械和使用技术等军事知识。至于文史方面的材料,如《诗》、《书》、《百家春秋》,也是墨家教学内容的一部分。

在教学方法方面,墨子很注重"上说下教"的政教活动,所教的范围不仅限于学生方面,所以主张"虽不叩,亦必鸣"。他在教学中重视躬行实践、言行一致,他要把"兼相爱、交相利"的道理付诸实际行动,要"言必信,行必果",使"言行之合犹合符节",要求教师"以身戴行",做到"口言之,身必行之"的地步。但是,墨子虽然重视实践,并不单纯地从行为的结果来判断人的好坏,主张必须把人的动机的"志"与行为效果的"功"合并起来看,才可断定人的好坏。墨子这种注重躬行实践和动机与效果同时并重的教法,是值得我们重视的。

墨子为了要达到培养"为义的兼士"的目的,要求学生必须有坚强的意志,处处以"义"为重,是非善恶的判断,亦必须从"为义"与"兼爱"出发,只要合乎标准的,就应当立定意志,坚决地去实行,不管遇到任何困难,虽粉身碎骨亦所不辞。孟子称他为"摩顶放踵,利天下而为之",就是说明这个道理。由于墨子平时培养学生具有刻苦奋斗和义侠牺牲的精神,因而他的弟子三百人多勇敢之士都能"赴火蹈刃亡不旋踵",墨者钜子孟胜守城战死,从死的弟子一百八十五人,这都是受了墨学的影响。这种勇敢牺牲的精神,当然很值得敬佩,可惜结果还是为了少数的国君和贵族。总之,墨子的思想学说主观上是从庶民利益出发的,反映了当时小私有者的思想意识,反对当时统治阶级专横奢侈、从事侵夺战争,提出了"非攻"、"节用"、"节葬"等主张,是具有积极进步意义的;但是他从实现"兼相爱"、"交相利"的理想出发,培养"为义"的兼士来消灭战争,就把贵族统治阶级同样作为可爱的对象,结果反而削弱了人民的反抗情绪,所以这种主张是属于空想的。同时,他还提出"天志"、"明鬼"的主张,强调天与鬼神能施行赏罚,要想利用宗教迷信对王公大人进行说教,希望他们施行善政,结果反而麻痹了人民的斗争意志,从此可知墨子的整个思想学说,既有进步的一面又有严重落后的一面。

墨子的世界观,虽然基本上是唯心主义的,但是在认识方面,具有唯物主义的因素,我们决不能一笔抹杀。他和他的弟子都出身于具有丰富生产经验的劳动阶层,在劳动实践中获得了一定程度的科学知识,能制造生产工具和守城器械,因而使他们在这基础上产生了一些自发的有唯物主义倾向的认识论,这是值得我们重视和宣扬的。

墨子不但是一位杰出的思想家,更是一位杰出的教育家,他对于社会环境和教育的作用有着很高的评价,同时他躬行实践,注重为人师表和自身道德的培养,对学生的教育寓于生活中的点滴和细节。下面的故事很说明这一点。

子墨子言见染丝者而叹曰:"染于苍则苍,染于黄则黄。所入者变,其色亦变。五入必(系物的丝绦),而已则为五色矣。故染不可以不慎也。非独染丝然也,国亦有染。"说的是有一次,墨子有事到染场里去,看见染色工人在染各种颜色的丝。他看了一阵,叹息说:丝原来是白的,但是一把它投进青色的染缸里,就变成青的了;把它投进黄色的染缸里就变成黄的了。不独染丝是如此,一个国家也是这样的。墨子认为无论做什么事,都得谨慎小心,倘若一鲁莽,便会像把丝投错了染缸一样,要想改变颜色也很困难了。所以,他非常重视改变环境和对学生加强教育。

再例如《墨子》中记载,子禽问曰:"多言与少言,何益?"墨子曰:"蛙与蝇,日夜恒鸣,口干舌擗,然而不听。今观晨鸡,时夜而鸣,天下振动。多言何益?唯其言之时也。"意思是有一次墨子的学生子禽问墨子：处理一件事情，话多些好呢，还是少些好呢？墨子回答他说：蛤蟆苍蝇之类，日日夜夜叫个不停，叫得口干舌燥，也没有一个人愿听它的。但是，那雄鸡一声响亮的啼叫，大家便为它振动了。你想，话说多了有什么用处呢？重要的是话要说得合时机、入情理、得要领。

墨子的话对我们改进教育学生的方法有很大的启示作用。对学生提出要求或进行批评，如果重过来倒过去，絮絮叨叨没个完，往往收不到应有的效果。如果能摸透学生的心理，选定适当时机，简明扼要而又切中要害地提示一下，即使是三言两语，也往往会收到比千言万语更好的效果。

墨子是践行实践的教育家。他要求他的学生要成为"自食其力"、"摩顶放踵，利天下而为之"的"兼士"，所以在教育内容上，他非常重视"相利、相爱"的道德教育和劳动教育。《墨子·鲁问》中记载：鲁之南鄙人，有吴虑者，冬陶夏耕，自比于舜。子墨子闻而见之。吴虑谓子墨子曰："义耳义耳，焉用言之哉？"子墨子曰："子之所谓义者，亦有力以劳人，有财以分人乎？"吴虑曰："有。"子墨子曰："翟尝计之矣。翟虑耕而食天下之人矣，盛，然后当一农之耕，分诸天下，不能人得一升粟。籍而以为得一升粟，其不能饱天下之饥者，既可睹矣。翟虑织而衣天下之人矣，盛，然后当一妇人之织，分诸天下，不能人得尺布。"意思是，当时鲁国的南边，有一位"自比于舜"的人叫吴虑。他冬天做陶器，夏天种田，过着自食其力的生活，对生产劳动有体会。墨子听说后，就亲自去拜访吴虑，问他道：教人耕与不教人耕，哪一种做法有功于义呢？吴虑问答说，教人耕者其功多。他听了吴虑的话，更加重视对学生进行生产劳动教育，并把参加生产劳动，不怕劳苦，辛勤耕作，作为一种美德。他以身作则，言传身带，经常穿着短衣和草鞋，昼夜不停地辛勤工作，为天下兴利除弊甘愿含辛茹苦。在他的教育和影响下，他的弟子们也都能吃苦耐劳，不惜牺牲自己。如他的弟子禽滑厘，由于每日劳苦磨炼，面目黧黑，手足生起老茧，从没叫过一声苦和累。

墨子在教学上曾提出"量力所能至"的自然原则。他要求教师做到"深其深,浅其浅",使学生能"浅者求浅""深者求深"。因此,他提倡学生质疑问难,自己总是幽默地运用浅显的比喻加以解答,使学生心领神会。

从道德思想上看,墨子的做法正体现了他一贯主张的"非攻、兼相爱、交相利"的墨家思想。墨子在教学中以身作则,循循善诱,为学生树立了很好的榜样。

三、一代名师——孟子

孟子(公元前372年—公元前289年),姓孟,名轲,字子舆,又字子车、子居,战国时期儒家学派代表,主张"仁政"、"王道",代表作《孟子》。孟子非常崇拜孔子,在教育思想上也继承了孔子教育思想的优良传统。成为我国先秦时代最主要的教育家之一。

孟子,鲁国邹邑(今山东邹县)人。据说他生于周烈王四年(公元前372年),卒于周赧王二十六年(公元前289年),活了八十四岁。他之所以能成为一位大学问家、大教育家,据说与他的母亲善于教诲有直接关系。东汉时候的人说孟子的父亲死得很早,孟子"幼被三迁之教"(赵岐《孟子题辞》)。孟子的母亲很重视环境的影响,为了选择合适的邻居,曾经三次搬家,最后把家迁到了学校旁边,这才安顿下来。除了选择良好的环境以外,孟子的母亲还曾经割断织布机上正在织的布头来教诫孟子努力学习。这些都说明孟子从小就受到了良好的教育。

孟子是孔子的嫡孙子思的弟子。他对于儒家学说有很深刻的研究,后代的学问家曾经把子思和孟子并称为思孟学派。孟子很早就开始从事教育事业。作为一代名师,孟子受到当时各国学问家和民众的普遍尊崇。他率领弟子游历各国进行讲学的时候,往往是后边随从几十辆车,跟着数百人。在齐威王的时候,孟子到著名的稷下学宫讲学,被尊为稷下先生而留居于学宫。孟子在稷下学宫影响很大,曾被列为卿,领取上大夫俸禄。但是,这只是一种荣誉和尊敬的表示,孟子没有真正在齐国做官,他在稷下学宫的职责就是传道授徒。壮年时期的孟子除因母亲逝世而归丧三年以外,大部分时间是在稷下学宫任教。由于讲学有成绩,所以齐威王曾经馈赠百金以表示感激。其后一段时间,孟子曾到宋国去游说宋偃王,又到魏国游说梁惠王。此后,他第二次到齐国的稷下学宫。这时候齐国已经是齐宣王当政的时期了。齐宣王不让孟子担负具体的职事,而是只听取他的议论和建议。孟子经常和齐宣王谈论政事,可是齐宣王并不真正重视孟子的意见。周赧王三年(公元前312年)齐宣王伐燕,孟子进谏,遭到拒绝,孟子遂辞去卿位,还归故乡邹地。

回到故乡以后,孟子专门从事教育和著述。孟子所教诲的许多弟子都很出名,如万章、公孙丑、乐正子、公都子、屋庐子、孟仲子等。孟子还和他的弟子一起,将言论编辑成书,即后世所流传的《孟子》。这本书在我国古代影响很大,几乎可与孔子的《论语》齐名。它记述了孟子的主要言论,不仅有孟子对弟子们所提出的问题的回答以及他在各诸国的游说,而且还记载了孟子的教育活动和许多教育主张。这些资料清楚地表明作为一代名师的孟子的远见卓识和深刻见解。

(一)因材施教,深入浅出

在长期的教学实践中,孟子总结了自己的经验,提出了许多有价值的主张。《孟子·尽心上》中记载"君子之所以教者五:有如时雨化之者,有成德者,有达财者,有答问者,有私淑艾者。此五者,君子之所以教也。"意思是,有道德的人教育人的方法有五种:有像及时雨一样启迪人的;有培养品德的;有培养才能的;有解答疑惑的;有感化他人使他们模仿的。孟子认为要取得教育成果,必须对不同的学生采取不同的教育方法。对那些才能卓越的学生,只需要稍加指点,就会达到春风化雨的结果。对有志于道德修养的人,要想办法加以熏陶。对有志于增长才能的人,要善于指导使他全面发展。对于一般学生要善于回答他们的问题,以解除其疑惑。对于因条件限制而不能跟大家一同学习的弟子,应当主要靠私下的个别辅导和教诲,使私淑弟子也能有较大的提高。孟子认为这些就是优秀的教师所应当采取的有效的教育方法。显而易见,这些方法是符合因材施教原则的。孟子认为,对学生的教诲方法不可呆板单一,而要灵活多样。他说:"教亦多术矣。予不屑之教诲也者,是亦教诲之而已矣。"①孟子的意思是说,对于有些学生要拒绝他的请教,表示自己不屑去教诲他。这样就可以促使这些学生深刻地反省自己的学习态度问题。这种教诲方法虽然和有问必答的通常的教育方式不同,但在某些情况下却可以起到不寻常的作用。

在具体的教诲中,孟子主张用简单的比喻来进行深入浅出的阐述。《孟子·梁惠王上》中记载:今有人攘其邻之鸡者。或告之曰:"是非君子之道。"曰:"请损之,月攘一鸡,以待来年然后已。如知其非义,斯速已矣,何待来年?"说的是他曾经用每天偷一只鸡改为每月偷一只鸡的比喻,来揭露不必立即改正错误的观点的荒谬。再如,孟子还用以五十步笑百步的比喻来揭露文过饰非的错误。"填然鼓之,兵刃既接,弃甲曳兵而走,或百步而后止,或五十步而后止。以五十步笑百步,则何如?"梁惠王曰"不可。直不百步耳,是亦走也。"②意思是:咚咚地敲起战鼓,兵器刀锋相交撞击,扔掉盔甲拖着兵器逃跑。有的人跑了一百步停下,有的人跑了五十步停下。凭着自己只跑了五十步,而耻笑他人跑了一百步,那怎么样呢? 惠王说:不可以。只不过没有跑上一百步,这也是逃跑呀。

孟子在诸侯国间游说时,也时常用类比的方法进行论证。《孟子》记载,曰:"挟太山以超北海,语人曰'我不能',是诚不能也。为长者折枝语,人曰'我不能',是不为也,非不能也。"说的是,他对齐宣王这样阐述"不能"和"不为"的道理,如果让一个人挟持泰山以跨越北

---

① 《孟子·告子下》。
② 《寡人之于国也》。

海,他对别人说我不能,这果真是不能做到的。如果让一个人替长者折下一段树枝,他却对人说我不能,其实是不去干,而不是不能干。通过这个比喻,孟子说明齐宣王之所以不行仁政而成就王业,并不是像挟持泰山以越过北海那样的做不到,而是像不替长者折枝那样的不愿去做。孟子认为齐宣王只想通过武力来开拓疆土,让秦楚这样的大国俯首称臣,能够独霸全国控制四夷,这就像缘木求鱼一样,是达不到目的。在《孟子》书中,这种生动而确切的比喻有一百五六十处,由此可见,孟子在教学中非常重视用深入浅出的方式来说明抽象而深奥的道理。我国古代的教育家很重视比喻在教学过程中的作用,说是"能博喻然后能为师"。[1] 孟子之所以能成为一代名师,与此也是很有关系的。

(二) 专心致志,持之以恒

孟子很重视专心致志对于取得良好成果的作用。他曾经用围棋国手弈秋教人下棋的事情来阐述这方面的道理。《孟子·告子上》中记载:孟子曰:"今夫弈之为数,小数也;不专心致志,则不得也。弈秋,通国之善弈者也。使弈秋诲二人弈,其一人专心致志,惟弈秋之为听;一人虽听之,一心以为有鸿鹄将至,思援弓缴而射之。虽与之俱学,弗若之矣。为是其智弗若与? 曰:非然也。"意思是说,当时弈秋是公认的全国最善于弈棋的高手。有一次,弈秋教两人下棋。其中一人能专心致志,认真听取弈秋的教诲,而另一个人虽然也在听讲,但却一心想着将有鸿鹄飞来,只考虑着如何拿弓缴一类的东西将其射下来。这两个虽然同时跟着弈秋学习,但效果差别很大了。这难道是因为他们两个人的智能有高低的缘故吗? 不是这样的,而正是由于能否专心致志学习的结果。

除了专心致志以外,孟子还认为在学习中要有坚强的意志,树立起持之以恒的精神。他说:"虽有天下易生之物也,一日暴之,十日寒

---

[1]《礼记·学记》。

之,未有能生者也。"①虽然天下有许多容易生长的植物,但若一曝十寒地对待,那么这些植物也是不会生长的。学习也是同样的道理,如果只凭心血来潮而学一阵子,但却不持之以恒地坚持下去,那也是不会有好结果的。孟子曾经对一位名叫高子的人说,"山径之蹊,间介然用之而成路;为间不用,则茅塞之矣。"②意思是山间的狭窄小路,如果经常有人走过,那就会畅通无阻,真正像条路的样子,可是要停一个时期没人通过这小路,那么小路就会被茅草堵塞,不像一条路了。如果要茅塞顿开,取得学习成果,也必须像通过山间小路一样,持之以恒地走下去。孟子说:"有为者辟若掘井,掘井九仞而不乃泉,犹为弃井也。"③有所作为、取得成效的途径是和掘井相同的。如果掘井九仞之深,因为没有见到泉水而就不再继续往下掘了,那么即使开掘了这么深,也只能算做弃井。要想使学习卓有成效,必须持之以恒,决不可功亏一篑、半途而废。对于这种持之以恒的学习精神,孟子曾用涌腾不息的泉水加以说明,如《孟子离娄下》中记载:徐子曰:"仲尼亟称于水曰:'水哉!水哉!'何取于水也?"孟子曰:"源泉混混,不舍昼夜,盈科而后进,放乎四海;有本者如是,是之取尔。苟为无本,七、八月之间雨集,沟浍皆盈;其涸也,可立而待也。故声闻过情,君子耻之。"他的意思是说,有本源的泉水,昼夜不停地奔腾流淌,遇到了坑洼之处,就把它注满之后再继续向前奔流,这样经过了一个阶段又一个阶段地不停息的奔流,泉水才能注入大海。孟子说:"流水之为物也,不盈科不行;君子之志于道也,不成章不达。"④意思是说,像流水这样的事物,如果它不注满所流经的坑洼之处,那它就不能再继续前进;如果有修养的人有志于求取奥妙的道理,那他就应当循序渐进。

在学习的具体方法上,孟子主张发挥学习者的主观能动性,他

---

① 《孟子·告子上》。
② 《孟子·尽心下》。
③ 《孟子·尽心上》。
④ 《孟子·尽心上》。

说:"君子深造之以道,欲其自得之也。自得之,则居之安;居之安,则资之深;则取诸之左右逢其源。故君子欲其自得之也。"①孟子认为,有修养的人要按照正确的路线进行深造,就应当要求他自己能奋发有为,积极主动地去求得知识。只有这种靠自己努力得到的知识,才能够牢固的掌握。只有牢固掌握的知识,才具有深厚的根基,使用这种知识的时候就可以左右逢源,运用自如。因此,就应该要求有修养的人能够主动自觉地进行学习。孟子所主张的这种"自求自得"的学习方法,强调了人的主观能动作用,因此是有积极意义的。可是,还应当看到,孟子并不反对外界事物对于学习的帮助和促进作用。他曾经赞许舜会耕种庄稼、制作陶器、打渔捕捞,还会当圣明的君主,但这些技能"无非取于人者",没有不靠外界力量的帮助而学会的。再好的工匠也需要借助规矩来画出方圆;再聪颖的乐师也需要凭借音律来演奏音乐。所以,在学习方法问题上,孟子实际上是将个人的主观努力和外在条件的帮助结合在一块来考虑的,只不过是更加注意了主观能动作用的发挥。

(三)循循善诱,耐心教诲

孟子不仅强调教学过程中学生的能动作用,而且很重视教师的严格要求和循循善诱、耐心教诲。对学生的严格要求是取得教学成果的一个关键。孟子曰:"大匠不为拙工改废绳墨,羿不为拙射变其彀率。君子引而不发,跃如也。中道而立,能者从之。"②意思是,古代传说中最著名的射手,有一个叫羿的人,他教人射箭,一定注意把弓张满,并且要求学习的人也把弓张满,并不因为射箭的人笨拙就改变张弓的限度。羿要求把弓张满就是坚持了他教学生的标准。古代的工匠制作物品时要用规画圆,要用矩作方。没有规矩就无以成方圆。工匠教徒弟的时候必须用规矩,学徒也要用规矩,所以"大匠不为拙

---

① 《孟子·离娄下》。
② 《孟子·尽心上》。

工改废绳墨",著名的工匠不会因为徒弟笨拙就废弃划线所用的绳墨而没有规矩。孟子认为无论学习的人基础水平如何,都要按既定的标准来教诲,而不应放松要求。

在坚持标准的基础上,教师应该循循善诱,采取多种办法引导学生达到标准。孟子认为,优秀的木匠和制造车辆的工匠,他们可以做出很好的器物,也能够把规矩教给学生,但如果不善于教诲,那就不会使学生变得灵巧一些。要使学生心灵手巧,必须循循善诱。教学生射箭的时候,不光是要教他用力把弓拉满,因为这是比较容易做到的,而且要给学生做出榜样,把弓拉开,引而不发,摆出跃跃欲试的架式,教诲学生如何把箭射中靶子。孟子说:"射于百步之外也,其至,尔力也;其中,非尔力也。"①靠力气可以把箭射到百步以外,但若使箭中靶子,却不是单凭你的气力就可以做到的了,而必须靠射箭的技巧。这种技巧也就需要教师的耐心教导和学生的反复练习。

在《孟子》一书中记载了不少关于孟子循循善诱教导学生的事例。"仁人之于弟也,不藏怒焉,不宿怨焉,亲爱之而已矣。"这句话的意思是,相传舜的弟弟象和其父母曾经千万百计置舜于死地。他们让舜上到高处修仓廪,舜上去以后他们就把梯子撤掉,再放火烧仓廪,舜设法逃脱。他们又让舜淘井,等舜到井下的时候,他们却用土石填塞井眼,以为舜必死无疑。象便到舜的住处,想霸占舜的财物和妻室,但舜这时正坐在床边弹琴,这使象大为惊异。原来,舜早有准备,他在井壁上早挖成一个斜井通到别处,所以才能逃脱。舜见到象,并不恼怒和怪罪,而还是以兄弟之礼待之,诚恳地请象帮助自己管理百姓。孟子的学生名叫万章的问孟子,舜这样对待象是虚伪的吗?孟子回答说:"君子可欺以其方,难罔以非其道。彼以爱兄之道来,故诚信而喜之,奚伪焉!"②君子虽然可以被人欺骗,但却不会被人

---

① 《孟子·万章下》。
② 《孟子·万章上》。

引入歧途。舜很诚恳地对待其弟象,这哪里能说是虚伪呢。

孟子讲述这个十分肯定的道理时,并没有简单阐述,而是先讲述了春秋时期著名的郑国的政治家子产的一个故事,然后再得出结论的。《孟子·万章上》记载:昔者有馈生鱼于郑子产,子产使校人畜之池。校人烹之,反命曰:"始舍之,圉圉焉,少则洋洋焉,悠然而逝。"子产曰:"得其所哉!得其所哉!"校人出曰:"孰谓子产智,予既烹而食之,曰:得其所哉!得其所哉!"故君子可欺之以方,难罔以非其道。意思是说,从前有人送活鱼给子产,子产让校人把鱼放养在池塘里。校人却将鱼偷偷地烹调后吃了,并且向子产汇报说:"我开始把鱼放进池塘的时候,那条鱼显得有些倦怠的样子,但不久就洋洋然自得其乐了,过了一会儿就在池塘里游得不见踪影啦。"子产听了很高兴,连连说:"鱼真正是到了它应该去的地方了!"校人汇报完毕后出来,对人说道:"谁还能说子产是一位足智多谋的人呢?我已经将鱼烹调后吃到肚里,子产却还说鱼到了它该去的地方。"孟子通过这个故事讲述道理,认为子产虽然受骗,但并非没有智慧。因为子产对于校人的合乎情理的叙述并不怀疑这是骗局,他是以君子之心来衡量事物的。孟子通过这个娓娓动听的故事说明"君子可欺以其方,难罔以非道"的道理,从而回答了万章所提出的问题。由此可见,孟子对于弟子的教诲是非常耐心并且是很有办法的。

对于这种由近及远、由生动具体的事物到抽象难懂的道理的教学方法,孟子自己曾经进行过总结。他说:"言近而指远者,善言也,守约而博施者善道也。君子之言也,不下带而道存焉;君子之守,修其身而天下平。"[1]孟子认为教导学生不要一开始就是讲深奥的道理,而要从人所共知的容易理解的事物开始,谈起来让人觉得很亲近,然而仔细体会其中的道理却感到很深远。这样的教诲就可以说是"善言"了。这种"善言"所叙说的事物可能是跟人极近的,甚至不超过人

---

[1]《孟子·尽心下》。

的衣带那么长的距离，但其意境却是很深远的。推而广之，这种教诲方法可以用来修身、治理天下了。总之，孟子认为应当采取由近及远的方法，循循善诱地向学生讲述许多具体而生动的事物，让学生懂得道理。老师讲述的内容是很广博的。但是，孟子又从另外一个角度指出，老师的广博知识和详细解说并不是为了自我炫耀，也不是故弄玄虚、哗众取宠，而是为了更好地教育学生。这就要求老师将自己的广博知识融会贯通，理出线索，归纳出简洁明快的结论。经过了这样的整理加工功夫，老师的讲授便会内容丰富、脉络清楚，说理透彻而又精练。这些意思用孟子的话来说就是"博学而详说之，将以反说约也"。[①] 博学而通达，正是孟子对于教师在学问知识方面的要求。

（四）持志养气，知耻改过

孟子非常重视对于学生的道德教育。他强调道德教育可以取得成果，可以培养出君子。这种道德教育思想的理论基础就是孟子所主张的性善论。

在孟子的时代，有人认为人性没有善和不善的区别，说人性就像湍急的流水，如果朝东扒开一个决口，水便会往东流，要是往西决口，水又会往西流。《孟子·告子》篇所引用的告子的话"人性之无分于善与不善也，犹水无分于东西也"，就是这种观点的典型说法。孟子也以水为比喻来反驳这种观点。他说："人性之善也，犹水之就下也。人无有不善，水无有不下。"[②]孟子认为人性一定向善是跟水一定要往低处流的道理是相同的。人可以具有仁、义、礼、智等高尚品德，其来源在于人天生就具有的恻隐之心、羞恶之心、辞让之心、是非之心。例如，现在要是有人猛然看见有个小孩将要掉到井里，那他一定会有怵惕恻隐之心，不忍心也不愿意看到将要发生的小孩掉到井里的惨祸。人之所以具有这种善良的想法，并不是由于人们和这个小孩的

[①]《孟子·离娄下》。
[②]《孟子·告子上》。

父母有什么私人交情,也不是要借这件事在乡党朋友那里沽名钓誉,也不是因为害怕听到小孩掉入井里的惨叫声音,而是因为人具有善良本性的缘故。孟子说:"恻隐之心,仁之端也;羞恶之心,义之端也;辞让之心,礼之端也;是非之心,智之端也。人之有是端也,犹其有四体也,有是四端而自谓不能者,自贼者也。"①他称恻隐之心、羞恶之心、辞让之心、是非之心为四个"善端",即善的开端起源。从这四个开端发展下去就能达到仁、义、礼、智,要是有人说不能达到,那他也一定是在自暴自弃。

尧舜是古代最著名的圣人。孟子认为,无论是谁,只要他能够发展、扩充他的四个善端,那么人人皆可成为尧舜那样的圣人。孟子的这种道德教育理论已经具有了初步的天赋平等的思想。他说:"仁义忠信,乐善不倦,此天爵也;公卿大夫,此人爵也。古人修其天爵,而人爵从之。今之人修其天爵以要(邀)人爵,既得人爵,而弃其天爵,则惑之甚者也,终亦心亡而已矣。"②孟子所说的"天爵"就是天赋的意思;所说的"人爵"指人在社会上的官爵权位。他认为,欣喜地、孜孜不倦地发展善端而达到仁义忠信,这是天赋予人的本性。过去的人修养其天赋并不是为了官爵权位,而现在有的人修养其天赋则是为了邀取功名利禄,得到官爵权位以后就把道德修养抛弃殆尽。孟子认为现在这些人真是太糊涂了,最后是不会有好结果的。孟子主张,人要发展善端,成为尧舜那样的善人、圣人,就必须注重道德修养,减少物质欲望。人如果追求声色美味等物质享受,那他的善性就会丧失,甚至尊如桀、纣那样的人也会成为万人唾骂的独夫民贼。孟子的这个观点,虽然把物质欲望和善性不恰当地对立起来,观点偏颇,但是在当时对于揭露和反对王公贵族们的奢侈腐化,还是有一定进步意义的。

---

① 《孟子·公孙丑》。
② 《孟子·告子上》。

关于道德修养的最高境界,孟子认为是培养出自己的浩然之气。这种浩然之气可以"塞于天地之间",①是至大至刚的冲天壮气、凛然正气。孟子在这里所指的实际上是远大的抱负和坚强的意志,它激励人们不论在任何情况下都要保持自己的坚定信念,要能够为远大理想奉献出自己的一切。在我国历史上,孟子的这种道德修养理论鼓舞过不少仁人之士为进步的事业而奋斗,起到了积极的作用。

　　为了培养这种浩然之气,孟子认为必须经过艰苦环境的磨练才能具有刚毅的、坚韧不拔的意志。他曾说过一段很有名的话:"故天降大任于斯人也,必先苦其心志,劳其筋骨,饿其体肤,空乏其身,行拂乱其所为,所以动心忍性,曾(增)益其所不能。"②孟子非常重视刻苦磨练的重要性。在艰苦的、恶劣的环境中,可以使人"动心忍性",承受更大限度的心理压力和生理上的负担,从而增长人的才能,在以后的适当时机便可以大显身手,一展宏图。孟子曾经列举了舜、傅说、胶鬲、管仲、孙叔敖、百里奚等作出过重大贡献的杰出人物的坎坷经历进行说明。这是很有说服力的。孟子的这种道德教育思想对后世有很大影响。他提出的"大丈夫"的标准是"富贵不能淫、贫贱不能移,威武不能屈"。③ 这曾经鼓励过不少仁人之士,为许多有理想的人所效法。

　　在道德教育方面,孟子还提倡知耻改过。他认为一个人做了坏事并不可怕,关键在于能够知道羞耻,这样才会有改恶从善的基础,才会使人的善端发扬起来。人若做了坏事,但却能够改过自新,这样的人同样可以被人尊重;但是善良之人若无知耻之心,犯了错误而不知悔改,这样的人将为人所不齿。孟子说:"西子蒙不洁,则人皆掩鼻而过之;虽有恶人,斋戒沐浴。则可以祀上帝。"④像西施那样的美女,假若她满面脏污,人们见了也会掩鼻而过。虽然有的人作过坏事,但

---

① 《孟子·公孙丑上》。
② 《孟子·告子下》。
③ 《孟子·滕文公下》。
④ 《孟子·离娄》。

他洗面革心改恶从善,仍然会受到人们尊重,正如斋戒沐浴以后可以去参加祭祀上帝的圣洁典礼一样。对于犯错误的人,孟子主张既往不咎,只要能迷途知返就行了。他说:"古之君子,其过也,如日月之食,民皆见之,及其更也、民皆仰之。"①古代有修养的人的错误就像日蚀月蚀一样,大家都会看见,等到他改正了错误,大家都会敬仰他,正像日蚀月蚀过后大家还会见到明亮的太阳和月亮一样。孟子非常反对文过饰非或将错就错的做法。他主张学习别人的长处,说:"取诸人以为善,是与人为善者也。故君子莫大乎与人为善。"②孟子的意思是说,如果有人能吸取别人的长处来发展自己的善端,那就可以说他是一位与人为善的人了,所以说判断是否可以被称为君子的标准没有比与人为善更重要的了。对于鼓励犯错误的人改过自新以加强道德修养,孟子提出了不少有价值的见解。

总之,在社会剧烈变革的战国时代,作为一位杰出的思想家和学问家的孟子,不仅提出过"民为贵、社稷次之,君为轻"③以及省刑罚、薄赋敛等具有积极意义的政治主张,而且传道授业,亲自培养和教育出一大批有才干的学生。不仅如此,孟子还在道德教育、师德等方面提出了比较系统的理论,其中不少真知灼见为历代传诵,成为我国人民的一笔宝贵精神财富。

第三节　古代教师的选拔与管理

一、教师的选任

《学记》中提出:"慎重择师"。我国古代,一直有着慎重选任教师的传统,在朝代的更替中,选用标准逐渐全面,选用方法逐步完备并

---

① 《孟子·公孙丑》。
② 《孟子·公孙丑》。
③ 《孟子·尽心下》。

逐步趋向制度化。而在选任教师的过程中,各个朝代始终把道德修养放在重要的地位。

在中国教育史上,一般以汉武帝立太学作为古代官僚制帝国官学确立的标志。官学由官府主办、管理,是朝廷控制思想、培养人才、实施教育政策的主要场所。官学教师是中国古代教师的重要组成部分,也是朝廷各项教师政策、制度实施的对象。汉代官学分中央、地方两个系统,中央官学主要指太学,地方官学主要指郡国学。太学教师称博士,郡国学教师称文学。

文帝时博士与诸子百家并立。武帝建元五年(公元前135年),罢黜百家,独尊儒术,置五经博士,博士一官遂为儒家学者所独占。元朔五年(公元前124年),置博士弟子五十人,并立课试弟子之法,标志着汉代太学的正式成立,博士也成为了太学的教师。汉代博士隶属于太常,太常选其中聪明威重者一人总领,西汉称仆射,东汉称祭酒。

汉代博士数量少、地位很高,为社会所尊崇,尤其为儒生所向往,因此朝廷对于博士的选拔录用自然十分严格,对学术资格的要求很高。最初,博士的人选惟看学问渊博与否,不问学派出身。[①] 汉武帝以后,随着独尊儒术文教政策的实施,博士只限于五经,因此对博士的选拔做出了新的规定,"取学通行修,博学多艺,晓古文尔雅,能属文章者为高第"。[②] 可见,除了学术水平的要求外,又增加了对道德水平的规定。此后,对于博士的道德要求越来越高。成帝阳朔二年,诏曰:

古之立太学,将以传先王之业,流化于天下也。儒林之官,四海渊源,宜皆明于古今,温故知新,通达国体,故谓之博士。否则学者无述焉,为下所轻,非所以尊道德也。"工欲善其事,必先利其器。"丞

---

① 安作璋等《齐鲁博士与两汉儒学》,载《秦汉史论丛》第8集,云南大学出版社,2001年。
② 卫宏《汉旧仪补遗》卷上。

相、御史其与中二千石、二千石杂举可充博士位者,使卓然可观。①

从汉成帝的诏书看,明确指出博士必须德才兼备,要有"明于古今"、"通达国体"的广博学识;具有"温故知新"的治学能力;可以为人师表的道德风范。

魏晋南北朝要求教师应是德行高尚渊博者,在社会上知名度较高。西晋武帝时规定博士须"履行清淳、通明典义",官位须在散骑常侍,中书侍郎,太子中庶人以上。北魏对博士、助教要求其"博阐经典、世履忠清、堪为人师"。魏明帝在太和二年(228年)的诏书中强调:"自顷儒官或非其人,将何以宣明圣道?其高选博士,才任侍中、常侍者。"②魏明帝在这里明确提出了博士须具备如侍中、常侍职位的才能标准。侍中、常侍的职责主要是为皇帝决策提供咨询与建议,才能素质要求较高。这是第一次对博士的才能提出了可以参照衡量的标准。刘靖则提出:"宜高选博士,取行为人表、经任人师者,掌教国子。"因此,主张对太学博士和学生都要"明制黜陟荣辱之路。其经明行修者,则进之以承德;荒教废业者,则退之以惩恶",③这表明即使是在动乱的魏晋南北朝时期,统治者也是关注教师的道德素质的。

唐宋作为官学高度发展的重要时期,教师队伍建设得到进一步加强,突出表现是北宋在唐代师德建设的基础上,又有新的发展。

文献记载表明,唐宋政府在拟任教师资格的问题上,都很强调对道德品质要求。唐代最高决策者重视教师的品德素质,太宗贞观六年,"尽召天下淳儒老德以为教官"。④ 贞观十一年,令诸州采访"儒术该通,可为师范"⑤的学者充实教师队伍。我们知道,唐高宗不太重视学校教育,即便如此,对教师的品德资格条件也是要求很严格的。他

---

① 《汉书》卷10《成帝纪》。
② 《三国志》卷三《明帝纪》。
③ 《三国志》卷一五《刘馥附靖传》。
④ 《新唐书·儒学传》。
⑤ 《唐大诏令集卷102》。

在《补授儒官诏》中提出,拟任教师要选择"景行淳良者",并经"所司简试"后,才能任用。① 唐代宗也要求"其学官委中书门下,选行业堪为师范者充"。② 代宗皇帝《增修学馆制》规定:"自今以后,国子祭酒司业及学官,必须取有德望、学识人充。"③

尽管唐代最高决策者对拟任教师的品德资格条件有很高的要求。但是,当时由于缺少具体的规定和措施,实际情况与要求差距较大。关于这方面认识,可从唐代宗时期任国子祭酒的归崇敬奏改学制的言论中体现出来。他提出,"所择博士"的资格条件应是"德行纯洁,文词雅正,仪形规范,可为师表"。他的建议,因"俗习既久,重难改作"而没有实行。④

到了北宋时期,官学发展很快。中央与地方政府对拟任教师的品德提出更加明确的要求。根据有关资料归纳如下。

一是,把"八行"作为拟任教师的基本条件。宋徽宗政和三年四月的诏书规定:以"八行添置教授"。同年四月七日,采纳太学博士陆德先的奏议,实行"以八行应格人,为教官选首"。⑤ 这里讲的"八行"是指"孝悌、睦姻、任恤、忠和"。具体含义为:"以善父母为孝,善兄弟为悌,善内亲为睦,善外亲为姻,信于朋友为任,仁于州里为恤,知君臣之义为忠,达于义利之分为和。"⑥"八行"实际上是把遵守封建社会伦理道德作为基本条件。以"八行"作为教师的"选首",说明道德资格条件放在了教师选择的重要地位。

二是,拟任教师必须遵纪守法。北宋教师的来源之一,是在现任文职官员中选择。为保证教师的品德条件,北宋明确规定,选择教师

---

① 《全唐文》卷二),高宗皇帝《补授儒官诏》。
② 《全唐文》卷四十六。
③ 《唐会要》卷六十六。
④ 《册府元龟·学校部》奏议三。
⑤ 《宋会要辑稿·崇儒》二之一九。
⑥ 《宋会要辑稿·选举》一二之三三。

要看在"历任"中,是否犯过赃罪、私罪或公罪。也就是要对拟任教师的为官履历进行全面的审察,符合"遵纪守法"条件的才能担任教师。宋仁宗天圣四年九月,下发诏书指令主管国子监行政事务的孙奭、冯元于外任京朝官中,共同奏举三至五人任教师,要求其资格条件是:"……,历任无人已赃罪者。"①宋仁宗于宝元二年十月十三日,采纳侍御史方偕的建议,规定今后所举京朝官、幕职州县官充国子监直讲的资格条件是"历任中不曾犯私罪或公罪杖以下者"。②宋哲宗元祐四年规定各级官员奏举、推荐内外学官即担任教师的资格条件是:"……,无私罪、停替,……,其行业纯备。"③由此可见,北宋政府非常重视教师的清正廉洁,对品德有缺陷的人进入教师队伍是严格限制的,这对保证教师队伍的道德素质是非常有利的。

三是拟任教师必须与中央保持一致。也就是说,持不同政见者,是不允许进入教师队伍的。北宋政府为保证其教育方针的贯彻落实,对持不同政见者,即与朝廷政治观点不一致的人,不得被任用为教师。宋徽宗政和四年五月十四日,"臣僚言:'乞应元符末上书邪等人,虽在未入仕以前,不差教授官及充考试官。'从之。"④这里所说的"上书邪等人",是指被宋徽宗列为持不同政见的人,即使是没有进入官僚队伍,也是不能担任教师的,更不用说是在任的官吏了。可见,对于拟任的教师,在政治上必须与中央保持一致,持不同政见者不允许进入教师队伍。

元代朝廷同样很重视教师的选任,并且把德性作为重要条件。大德七年(1203年)朝廷专门讨论了翰林、国子学官选举事宜,认为翰林院官应选通经史、能文辞者,国子学官应选举年高德劭能文辞

---

① 《宋会要辑稿·职官》二八之三。
② 《宋会要辑稿·职官》二八之三。
③ 《长编》卷四百二十九。
④ 《宋会要辑稿·崇儒》二之二二。

者。后又有规定：国子监师儒之职，有才德者不拘品级选用。① 从以上看出，教师任用的基本条件，不仅通经史、能文辞，而且要具备德行这一条件。

元代对选拔各地学官的条件，也有较系统的规定。其中，教授选拔的条件则相对较严，至元六年（1269年）的礼部札文规定："诸路散府上中州，拟依旧例合设教授一员。若有已设教授，乞行下各路体究，委是德行学问、通晓文字，可以为后进师范之人，拟令委保申省，依旧勾当。"②至元二十四年（1287年）的中书省咨文规定："各路并府、州教授别有迁调，影下窠阙，拟合令本路官司于所辖州郡教官内通行推选才德服众之人，碟委文资正官复察相应，然后行移本道按察司。公坐出题试验，将亲笔所业文字并察司的本碟文交申省部，移文翰林国史院，再行考校定夺。"③教授的任命，要经过路、道及中央翰林国史院的三级考试，才能过关。由此可见，元代是选拔才德服众之人担任教授职务的。

到了明朝，统治者很重视教师选任事宜。明太祖朱元璋说："太学，国家育才之地，天下人才所聚。为之师者，不专务记问博洽，在乎检身饬行，守道尊严，使之敬慕，日化于善，则贤才众矣。"可见，对教师德性是很看重的。在明朝，国家对于国子监祭酒和司业的选用，不是按照由低级到高级逐级升迁的任官方式，在来自全国各地的具有相应资格的官员中选取，而是选用当时的学术名流来担任。据《南雍志》和《明太学志》的祭酒、司业名录，在南北两监的祭酒和司业中，出自翰林院和詹事府左右春坊、左右谕德的人占了绝大部分。其中，祭酒的选用，有一些人是由国子监司业升任的。不仅如此，在国子监祭酒中，具有进士身份的人占到90%以上，而且有不少人是一甲三名中

---

① 《钦定国子监志》卷四四《官师志》。
② 《庙学典礼》卷一《设提举学校官及教授》。
③ 《庙学典礼》卷二《儒职升转保举后进例》。

的人物。这一切表明明代中央政府在任命教育部门官员时，考虑到了关于自身素质对未来国家教育的影响。国子监中其他一些官员的任命则有比较具体的资格要求。据《明会典》卷二称，"凡国子监监丞、博士、助教、学正、学录，与教官内升用。"这里的"教官"，是指地方儒学的教官。监丞和博士、助教、学正、学录等官，乃是国子监行政管理和教学管理的核心人物，因此，要求这些人从地方儒学教官中选用，也是从这些官员自身的教育素质着眼的。

从相关材料看，明朝小学所选用的教师，通常都要求在才学和品德方面足以胜任小学教师。所谓"儒士之谨饬"、"学行可为师范者"、"耆旧有学行者"、"择晓文学者充教读"，均表明了这一点。此外，《嘉靖内黄县志》卷四载社学要求选用"端庄有德，教训有法者"为教读，则对教师的教学技能也有所要求。具体到教师的选用，明代小学的做法整体上说还是比较严格的。洪武十六年（1383年），名太祖朱元璋诏民间立社学，"其经断有过之人，不许为师"。这是以最高统治者的身份来干预小学教师的选派。其后明中央政府设立提学官，在给他们的敕中，屡屡提及社学要"择立明师"。尤其是万历三年颁给提学官的上谕，其中明令社学"务求明师责成。……其行止有亏及训诂句读音韵差谬、字画不端、不通文理者，即行革退"。这些规定都具有法律效力，自然会影响到小学教师的选派。此外，如魏校督学广东也曾明确规定："教读不许罢闲吏员及吏员出身之宫，或生员因行止有亏黜者、丁忧者及有文无行、教唆险恶之徒。下至道士、师巫、邪术人等，宜先自退避。"这种规定，更是明明白白地将吏员等等在人们习惯观念上认为德行有问题的人排斥在外，也显示出对教师人格的看重。

综上所述，中华民族由重视教育进而重视教师，由于对教师的作用有深刻的认识，因而在选拔教师时格外重视道德修养方面的表现。

二、在任教师的管理

古代对教师管理有一个不断完善的过程。在汉晋时期,还没有提出对教师考核的具体标准和有关奖惩、升黜措施。到了唐代,教师的考核与朝廷命官一样,由吏部统一掌握,分小考和大考两种。小考每年一次,大考每3—5年一次。吏部参照几年小考等第,以决定其升降奖惩。要说明的是,唐代教师考核开始强调教学方面的因素。《登科记考·中》卷二十一载"诸博士,助教皆分经教授学者,每授一经,必令终讲。所讲未终,不得改业"。并且,"诸博士、助教,皆计当年讲授多少,以为考课等级"。

到了宋代以后,逐渐加强了对教师日常课业的检查,并据此评定教师工作的等级。熙宁四年(1071年),朝旨命国子监索取直讲前后出策论义题及所考试卷,看详优劣。同时,教官的升职降任还须根据学生的学业成绩来决定。这是宋代对教师考核评定的规章制度日趋完备成熟的重要标志。

在宋朝考核制度日趋完备的基础上,明清两代教师考核制度更加完善。教师作为官员要参加一般的考核,同时还要参加考满制度。归纳起来有两个内容。一是"通经"。清代考核教师每三年一次,按六等评定成绩。康熙时,凡四等以上者给凭赴任,五等学习三年再试,六等革职即开除教职。雍正时考核标准有所提高,规定四、五等俱解任学习。任教六年,考核合格,可以升为知县。二是学生科举考试成绩。《明会典》卷十二中记载:明太祖二十六年,制定学官考课法,专以科举为殿最。九年任满,核其中式举人,府9人,州6人,县3人者为最。其教官又考通经,即予升迁。举人少者为平等,即考通经亦不迁。举人至少及全无者为殿,又考不通经,则黜降即除职。

与唐代比较,北宋在师德建设方面取得了显著进步,下面就以宋代为例说明我国古代对教师师德的管理特点。简单讲,宋代师德管理的特点为,对在任教师的职业道德提出了具体的要求并制定出相应的规定,同时,又对教师的职业道德情况进行监督、考核,对模范遵守职业道德的进行奖励,对违反职业道德的教师予以处罚。

(一) 制定在任教师职业道德规范。

一是做到清正廉洁。北宋时期,在清正廉洁方面,对老师提出了更为严格而具体的要求,具体表现如下:(1)禁止接受学生的礼品。神宗元丰二年七月诏令:"前国子监直讲、和州防御推官沈铢以及国子监直讲、润州金坛县令叶涛,各罚铜十斤。沈铢勒停,叶涛冲替。"罪名是收受生员张育的瓷器、竹箪、茶、纸等礼品。① 宋徽宗大观、政和年间,对在任教师清正廉洁的规定更为严格,不仅禁止"受赇"、"受赂",甚至于禁止收受茶果酒食,并把禁止教师"受赇"、"受赂"的规定从中央官学推行到地方官学。政和四年九月二十三日,臣僚言:"伏见大观学法,职事受赂,已有明禁,迩者,大学、小学教谕受赇并以赃论,而州、县学校独未及之。"诏:"太学、辟雍、州、县学职事人,应受赂,并以政和四年二月三日小学旨挥,茶果酒食之类皆是。"②(2)禁止教师收取学生的束修(束修就是咸猪肉,后来基本上就是拜师费的意思,可以理解为学费)。唐代,在学生入学时,教师要收束修礼。唐中宗神龙二年九月,敕:"学生在学,各以长幼为序,初入学,皆行束修之礼。礼于师。国子太学,各绢三匹。四门学,绢二匹;俊士及律、书、算学,州、县各绢一匹。皆有酒脯。其束修三分入博士,二分入助教。"③到了宋代,则取消了学生向教师交束脩礼的作法,而改交国子监公用。④ 至北宋徽宗政和年间,更明确规定小学教师不得接受学生的束修。政和四年二月三日,中书省言:"'……,小学教谕增与月俸,给钱两贯,不许受束修。'从之。"⑤(3)不得接受学生家庭贿赂。宋神

---

① 《长编》卷二百九十九。
② 《宋会要辑稿·职官》二八之二〇。
③ 《唐会要》卷三十五。
④ 《宋会要辑稿·职官》八二之五。
⑤ 《宋会要辑稿·崇儒》二之二二。

宗熙宁八年十二月,诏:"职方员外郎张祥、宋璋各追两官勒停。祥等为诸王宫教授,宗室令戚、令志等皆从受业,因荐就试受其家白金为谢事觉,法寺以赃论故也。"① 元丰元年六月,诏书规定:"宗室教授,……,即授宗室月给䊪遗者,坐赃论。"②

二是要做到"传道授业"。儒学大师韩愈在他的《师说》一文中,明确地提出教师的职责是"传道、授业、解惑"。所谓"传道",就是向学生传授做人的道理;授业向学生教授专业知识技能;解惑就是向学生解答生活及学习中的困惑。

为确保教师的传道授业能体现国家的教育目标,宋政府对教师提出了传道授业方面的要求,以规范教师的教学活动。第一,教师不得教授邪说诐行。北宋徽宗年间曾建立规章制度,规定教师"凡邪说诐行,非先圣贤之书并元祐学术政事,不得教授"。③ 封建时代的学术思想是为维护封建皇权服务的一元化思想,即以儒家的圣贤之道为学校教育教学的依归和标准。其他思想被视为邪说,不得向学生灌输,这是教师在教学过程中所必须遵守的职业道德。第二,要按教学计划进行教育教学。唐文宗太和五年,国子祭酒裴通曾上奏:"诸博士、助教,皆分经教授学者,每授一经,必令终讲。所讲未终,不得改业。"④ 北宋时仍坚持唐朝的作法。如对"太学博士有易经而讲"的现象,宋神宗曾下诏书要求"中书本房立法",规定教师讲授经书要做到善始善终,以保证学校教学计划的完成。⑤ 宋徽宗宣和年间,"皇太子也曾上奏说:'本府学官耿南仲,先被旨讲《周易》讫,续讲《尚书》。今《周易》已讲讫,乞讲《尚书》'从之"。⑥ 可以看出,宋代朝廷对教师执

---

① 《长编》卷二百七十一。
② 《长编》卷三百五。
③ 《宋会要辑稿·刑法》二之四一。
④ 《唐会要》卷六十六。
⑤ 《长编》卷三百七。
⑥ 《长编拾补》卷四十八。

行教学计划的要求是很严格的,更换讲授某一经书,要经最高决策者的批准。第三,教师要遵循规定的教学方式方法。具体要求:一是要升堂讲授;二是要亲自撰写讲义;三是要轮流覆讲。是否做到上述三点,也是衡量教师是否遵守职业道德的标志。如违反这些规定,则要由地方行政长官即知州、通判"觉察点检",发现教师不遵守规定的,要申报提举学事司,并由提举学事司核实上报并作出处理。① 对宗学教师的教育教学方式方法的要求更为严格。对宗学教师"不升堂讲书,合从违令,笞十一科罪"、"有废慢,重置以法"、"不集众升堂者,增从杖八十科罪"。

第三,要做到忠于职守。北宋对教师要求,不仅要坚守岗位,同时要专注于自己的工作。在坚守岗位方面,对于"诸州教授,有或多务出入,罕在学校,至如过客到发"的教师,作出了"违者必罚"的规定。② 在坚守岗位的同时,要求教师不得从事与教育教学无关的工作,即"见任教授,不得为人撰书启、简牍、乐语之类,庶几日力有余办举职事,以副陛下责任师儒之意"。③ 教师除假日之外,工作中不得会客。宋神宗元丰年间国子监教师沈铢、叶涛受处罚的缘由,便是"并非假日受生员谒"。④ 此外,对教师有"弛慢不公,考察不实"等不忠于职守的行为,还要"重加谴责"。⑤

(二) 重视对在任教师的考核

历史上,有些朝代还是非常重视对现任教师的管理,尤其是在教师职业道德的监督与考核方面,做了许多有价值的工作。在北宋时期,首先加强了对地方官学的在任教师的师德监督。在宋神宗时由国子监负责监督工作。宋神宗熙宁八年五月,诏书规定:"诸路州学

---

① 《宋会要辑稿·崇儒》二之一九。
② 《宋会要辑稿·崇儒》二之一八。
③ 《宋会要辑稿·崇儒》二之二八。
④ 《长编》卷二百九十九。
⑤ 《宋史》卷165,《职官五》。

教授不职,委国子监奏劾。"①所谓"奏劾"也就是弹劾、参劾之意。对违法乱纪、不称职的教师,由国子监揭发罪状。采取对现任教师予以"奏劾"的举措,对及时纠正在任教师的有背职业道德的行为,保证教师队伍的整体道德素质具有重要意义。至宋徽宗崇宁二年建立提举学事司这一地方教育行政机构以后,对地方官学教师的监督已成为一种制度。据《宋史·职官志七》的记载:"提举学事司,掌一路州、县学政,岁巡所部,以察师儒之优劣、生员之勤惰,而专举刺之事。"这说明提举学事司每年都要对所辖的州、县进行巡察。所谓"以察师儒之优劣","专举刺之事"自然是对现任的所有教师的品德进行监督并进行情况反馈。宋徽宗在大观二年四月一日颁布的诏书中说:"学校肇建,师儒之官,置员甚众,泛选多士,不遑至详。"因而,"其间或容滥冒,不足以表率庠序",命令提举学事官,对教师队伍中有"趋尚不端、学术非正",即对在任教师中有不符合师德资格条件者,"体量按察闻奏",提举学事官"如或失觉,致他人案举"的,将受到"黜责"的处理。②

在做好监督的同时,主要做的事情是对在任教师职业道德的常规考核。在有些朝代,由于教师职业道德考核是纳入整个官僚系统的考核中,因而,对教师的品德考核没有设置特殊的制度,也没有提出特殊的要求。至北宋时期,则突出强调了对教师职业道德的考核问题。

宋仁宗时,不仅重视对教师的品德与业绩的考核,而且还与奖励相结合。庆历四年三月的诏书规定,对地方官学教师的品德考核内容是:"候及三年无私过,本处具教授人数并本人履业事状以闻,当议特与推恩。"③可见,地方官学教师在任期内在品德上没有过错,将会得到晋升。宋神宗时,对教师的考核,既有奖励又有处罚。熙宁四年

---

① 《长编》卷二百六十四。
② 《宋大诏令集》卷第157,《令提举学事体量师儒官御笔》。
③ 《宋会要辑稿·崇儒》二之四。

十月,规定:教师"如教导有方,实为士人之所归向,委主判官保明以闻及中书门下考察,许令再任;其职事不修者,许令中书门下及主判官检察取旨,不候任满,差替"。对考核合格的教师则可连任,对考核不合格的教师,不到任期,即革除教师职务。① 崇宁二年二月二十九日,规定:"诸路教授如合关升改官,……。如训导有方,绩效可见,即特与不用举主。……"②

宋朝考核教师的特点之一是,把对学生的品德考核结果与教师的考核联系起来。大观四年四月二十七日,臣僚言:"窃观陛下激劝教官,尤以课最为首务……故考课以四事第之,分为三等。以一路总之,别为优劣,而学事司于岁终类聚审复,具事状闻奏。"这说明,对教师的考核是有一定的标准的,即依"四事"为教师考核的主要标准。为防止在教师考核中的"观望阿私之弊",臣僚进一步建议说:"'今欲乞将提举学事司所定教官考课等第,委御史台常切觉察,有未允当,弹劾以闻。庶有以副陛下留神学校之意。'诏依。"③对考核工作还要由御台监督进行,考核不准确的要进行"弹劾",可见考核工作是非常严格的。但是,考核的"四事"我们已不能皆知,从大观四年五月吏部奏议中有两项尚有具体记载:"勘会诸路州学教授考课格内,第一项,教养有方,注谓贡士至辟雍升补推恩者多;又第四项,生徒率教,注谓士庶争讼戾规者少。"④上述考核内容的规定说明,无论是"教养有方",还是"生徒率教",都是考核教师职业道德的重要依据。

对教师履行师德的情况不仅要进行考核,而且要与奖惩紧密结合。

北宋时期,对教师品德可为师表的,予以奖励。如前述的晋升、保明再任、改官不用举主等即是例证。此外,对教师在清正廉洁方面

---

① 《宋会要辑稿·职官》二八之八。
② 《宋会要辑稿·崇儒》二之九。
③ 《宋会要辑稿·职官》五九之一四。
④ 《宋会要辑稿·职官》五九之一五。

表现突出的,则特殊予以奖励。宋神宗元丰二年,在处理太学生虞蕃控告教师"为奸赃欺罔"的案件中,发现国子监直讲满中行"所履洁廉,不涉吏议,且杂处众人倾侧挠法之中,而能修身检行如此,求于方今士人寡耻之习,已为鲜得,又群污朋枉日与之分职联事,卒不能移其操守",神宗认为满氏"尤在可嘉,宜少奖之",因而特任命满中行为馆阁校勘。①

对违背职业道德规定的要进行处罚。北宋时期,对有关违背教师职业道德的现象进行了规定,凡违背者要进行处罚。如不认真履行职责的、教师故纵学生违纪的、学生犯法不纠正或不举报的、收受贿赂的、在学生升舍中为奸不法的、推荐学校管理人员徇私的、训导无素学生犯法的、学生诽谤朝政与教师有联系的、教师讲授邪说诐行的等等。在此仅就几个方面加以说明。(1)学生犯法不纠正或不举报的。政和三年六月,尚书省鉴于"俗吏则以学为不急,不加察治,纵其犯法;庸吏则废法容奸,漫不加省,有罪不治",因而造成"学生近年在学殴斗争讼至或杀人"的情况,特制定学规。其内容之一,即规定教授对学生犯法不纠正或不举报的要与学生所犯的罪同样受到处理,如果故意放纵学生犯法的,在原罪基础上加二等从重处罚,即"州、县学生有犯,教授、令佐、职事人不纠举,与同罪;……若故纵并加二等"。②宋徽宗政和六年十一月,发布诏书要求学校在升学考试中有"吏缘为奸,士失所守,至假名代笔,觊免户役,挟书就试,侥幸苟得,请托求嘱,观望权要"的,命令有关部门,"重置以法"。"知而不举皆与同罪。提举、教授,仍加二等,尚书省检举学司官,察其失职者罢之。"③(2)教师故纵学生违反纪律的。北宋学生在学的纪律之一,即要求学生受完规定的学习日限,为确保这一规定的落实,北宋采取了

---

① 《长编》卷三百。
② 《宋会要辑稿·崇儒》。
③ 《宋大诏令集》卷157,《学生怀挟代笔监司互察御笔手诏》。

学生要"逐日亲书到历"的作法,即学生每天要亲自登记出勤情况。对违反上述规定的,将予以开除学籍的处分。即所谓"有请假托人代书,其不到及代书人实殿三举,仍落名籍"。教师不严格执行这一规定,甚至故意放纵学生违纪的,要"科违制之罪"。"庆历二年九月,本监请自今去经试补学生并依起请,听读满五百日,方许取解。已得国学文解省试下者,止听读一百日,许再请解,并十人与解三人。所有逐日听读亲书到历,如学官故纵者,科违制之罪。"①(3)教师接受贿赂的。北宋对教师收受学生贿赂的处罚是相当严格认真的。其中,最典型的事例是在宋神宗朝的国子监直讲王之,由于犯受贿罪即"坐受太学生章公弼赂,补上舍生不以实"而受到"除名,永不收叙"的处罚。②虽然在宋哲宗元祐年间得到"除雪"即平反,但由于"除雪不当",受到诉理所的指控,所以,宋哲宗于元符元年九月诏令:"元祐年指挥更不施行,并令改正。"③仍然维持原来的处罚决定。这说明对教师收受贿赂的处罚,即使由于某种原因撤销了处罚,一经发现平反不当,即行纠正。(4)不认真履行职责的。绍圣元年,监察御史刘拯言:"'太学复行元丰中三舍推陈恩注官、免省试、免解试之制。夫旧法欲行,必先严考察。请自今太学长贰、博士、正录,选学行纯备、众所推服者为之。有弛慢不公,考察不实,则重加谴责;……'从之。"④

第四节 对现代师德建设的启示

通过以上分析可以看出,我国古代对教师职业道德的认识还是比较深刻的,古代以孔子为代表的教育家,在他们的教育实践中,为我们树立了一个个教书育人的榜样,尤其是围绕师德在教师选拔的

---

① 《宋会要辑稿·崇儒》一之二九。
② 《长编》卷三百一。
③ 《长编》卷五百二。
④ 《宋史》卷165《职官五》。

标准、教师的管理、考核等方面,提出并实践了许多有价值的思想和举措。由于各方面的原因,我们现在在师德建设方面仍面临着许多亟待解决的问题。当前,师资队伍建设的实际迫切需要我们借鉴古代有价值的思想与做法,结合现代教育的具体情况,提出师德建设新的思路与方案,借以提高师资队伍的水平。

一、建立完善的师德建设的制度体系

制度建设是师德建设的根本保障,要确保师德建设有实效,建立健全长效机制是关键。制度在规范教师行为方式、建立科学合理的管理体制以及凝聚共识等方面都发挥着重要作用。

(一)把品德作为选拔教师的重要条件

教师是社会文化和社会精神最直接的创造者和守护者。教师的品格最能体现教育精神,又能影响社会文化。如前所述,古人在选任教师时,是非常重视其品德修养。这种做法很值得我们今天深思。社会发展到今天,不能说我们不重视师德建设,但其成效不太明显,原因是多方面的,但在教师选拔过程中,拟任教师在道德方面把关不严,或者说没有得力措施保证新任教师师德水准,是一个不可忽视的原因。随着教师教育体系的改革与变化,新任教师的来源变化很大,有些是师范专业毕业,有些来自非师范专业,再加上市场经济发展带来的影响,需要我们更加重视新任教师的师德问题,在选拔教师时要明确师德标准,并制定严格的选拔程序,把不适合从事教育工作的人员排除在教师队伍之外。

(二)制定具体的在任教师的职业道德规范

制定具体的师德规范,守奖违罚,对师德建设会起到促进作用。史料记载,宋代对在任教师的职业道德提出了具体的要求并制定出相应的规定,同时,又对教师的职业道德情况进行监督、考核,对模范遵守职业道德的进行奖励,对违反职业道德的教师予以处罚,起到了好的作用。以史为鉴,师德建设首先需要在法律基础上,制定具体的、科学的职业道德规范。我们国家已经在不断修改的基础上,颁布了新的教师职业道德规范。但是,国家层面上的规范,需要各个单位结合具体情况,拟定更加具体的规范,这样才有针对性和可操作性。

要注意的是,在制定规范的过程中要依据国家法律,把如何处理教师与学生关系作为核心内容,把教师定位在公民的位置上,不要把教师职业理想化。同时,要认识到师德规范只有与教师的教学实践和日常生活紧密联系才能真正发挥作用,实现既定目标。换言之,良好师德的形成只有由他律转化为自律,使师德内化为本色与角色的统一,才能从根本上起作用。因此,教师的自我教育和自我提高应该渗透于教师的日常行为之中,使之成为一种自觉自愿的行为,通过广泛深入的宣传教育活动和良好的舆论导向,引导广大教师自重、自慎、自省、自律,促进他们思想道德水平的不断提高。

当今世界国与国之间的竞争归根到底是人才的竞争,人才的培养靠教育,而教育的竞争又是教师的竞争。教师被定位为专业人才,这对教师师德规范提出了新要求,要求教师师德规范不仅要规范教师的德行,更要致力于教师专业建设。教师师德规范致力于教师专业建设应做到以下两点。其一,师德规范制订主体的专业性。这一点主要是指由教师专业组织制订师德规范。因为教师专业组织的成立是以教师专业化为前提,所以推进教学专业化以提升公共教育品质是其重要的组织目标之一。从这个角度而言,教师专业组织从专业立场出发制定师德规范是最佳途径。其二,师德规范的内容应结合教师专业发展和教师专业道德。教师专业化运动使得对教师的要求从只重视知识、技能的要求逐步过渡到对专业精神和专业知识、专业技能的要求。因此,师德规范的内容也应体现出这些要求,结合教师专业发展和专业道德来规定其内容。

(三)把师德表现作为考核教师的重要内容

现在对教师业绩的考核主要放在业务方面,师德方面没有引起足够的重视,致使普遍认为只要业务水平高了,就是一位优秀的教师。这种认识是错误的,业务水平高,师德有问题,只能是一位"经师","人师"不仅具有扎实的业务基础,同时要求师德修养高。教育事业的发展,人才培养目标的实现,需要造就大量的"人师"。正因为如此,我们必须改变重业务考核,轻师德考核的局面,把教师履行职业道德规范的情况纳入考核体系。这方面有以下三点值得注意:一是要拟定具体的违背师德的现象,并配以处罚的具体规定;二是要把教师师德表现与单位业绩考核结合,与单位主要负责人的业绩考核挂钩;三是建立教师退出机制。现在只进不出的现实不利于师德建设,不利于教师队伍建设,对在师德方面存在严重问题的,要调离教师岗位;对违反法律的,要给予严惩,并清除出教师队伍。

二、要重视教师的师德修养

教师的榜样作用是潜移默化的。《资治通鉴》曰:"经师易遇,人师难遭。"美国教育哲学家杜威也曾提出教育应当培养"道德知识"的观点,即学术知识中融合着对正义和美德的理解。做教师,不但要有渊博的知识,更要做到文以载道,将知识和品格完美结合,成为知行统一的典范。作为教师,要尊重学生,对学生注入真诚的爱,在此基础上精心培养并严格要求学生;也要民主、公平地对待学生,激发学生的自尊、自强与自重意识。因此,加强师德建设,要把教书育人作为教师的首要职责和中心任务,要充分发挥教师的人格魅力和学识魅力,使其成为学生健康成长的指导者和引路人。在师德修养方面,教师之间是有差别的,为了实现师德水平的整体提高,在教师队伍中树立榜样是有必要的,尽管"人师"难求,但现实生活中总有一部分教师不仅业务出众,而且在师德修养方面表现突出,如陶行知、张伯苓等,他们的作用是巨大的,要充分发挥他们的榜样作用,在精神、物质等方面加大支持力度,引导教育工作者重视自我修养,尽快成为"人师"。

教师的基本道德品质是师德的先天基础和后天补充,对师德的成长发挥着促进或制约的作用。制度化的师德培养,发生影响的时间和空间总是有限的,只有教师的自我修养才能全面地渗入到教师的生活之中,所以它对教师成长的影响既全面又持久。教师是一种崇高的社会职业,科学的进步、社会的发展离不开教育事业,离不开教师的劳动。因此,只有具备良好职业道德和良好人格特征的人才能胜任教师工作,教师只有不断加强自身道德建设,真正提高自我修养能力,才能把职业道德认识转化为相应的情感、意志信念,进而转化为自觉的行为。要通过中华民族传统美德教育,提高教师自我修养的自觉性。孔子特别强调道德修养要从自我做起,要"躬自厚而薄责于人",与别人发生矛盾冲突时,先要"求诸己",从自己身上找原因,做到"见贤思齐焉,见不贤而内自省也"。他认为善于自克才是道德修养高的标志。要培养"慎独"自律意识,"慎独"既是一种自我反省、自我监督、自我评价的修养方法,也是道德修养的最高境界。"慎独",即在无人独处的时候,依然能严格遵守道德规范,不违背原则,自觉为善,自觉拒恶。这是道德修养的理想境界。老子提出"重积德,则无不克"。韩愈在《原毁》中提出:"古之君子,其责己也重以周,其待人也轻以约。重以周,固不怠;轻以约,故人乐为善。"董仲舒提出教师的道德修养:"治我"要严、待人要宽,"义之法在正我,不在正人"。朱熹提出"主敬"、"存养"、"省察",即道德修养要严肃认真,谨慎谦恭,内无妄思,外无妄动,随时随地存心养性、反省自察,自觉去恶向善,自克自律,提高道德修养的自觉性,实现自身道德品质的完善和提高,树立良好的师德风范,当好学生健康成长的引路人。

三、营造良好的社会和校园环境

师德教育固然与教师自我教育关系密切,但环境的影响也是离不开的。良好的社会环境和和谐融洽的校园环境是师德建设不可缺少的条件。要指出的是,在社会环境营造方面领导的率先垂范作用是不可忽视的。实践证明,领导者的带头作用具有强大的说服力和影响力,是无声的命令,是最好的示范。我们知道,教师职业道德水平受到社会道德水平的制约与影响。在价值观、世界观多元化的今天,更是如此。"官德"的状况影响着社会风气,也影响和引领着社会公德,进而影响着师德建设。所以,从全社会角度讲,要建设好师德必须从建设好"官德"开始,在不良社会风气依然存在情况下,政府官员要恪守社会公德规范和从政规范,坚定理想信念,在社会公德建设中起到引领者的作用。同时,营造、构建融洽和谐的校园氛围是非常重要的。高尚师德的养成需要学校努力营造和谐的人文环境。构建学校、教师、学生之间和谐共处、积极向上的环境氛围,无疑对师德建设有着重要作用。师德建设是个系统工程,需要各方面密切配合,具体说不仅需要社会风气正,有良好的"官德",尊重和关爱教师的工作与生活,健康、文明的校园氛围也是不可缺少的。优良的校风,敬业、爱岗、奉献的校园氛围,团结和谐的人际关系,正确的道德舆论导向等等,能培养教师高度的政治责任感、勤奋刻苦的钻研精神、乐观向上的生活态度以及埋头苦干的工作作风;能够使青年教师一参加工作就投入到积极进取、催人奋进的环境中来。再就是,通过举办体育、科技、艺术、文化等活动,辅之以讲座、演讲、影评等手段以及社会调查、挂职锻炼等是教育方式多样化、形象化,以春风化雨、润物无声的方式注入广大教师心扉,在内化为情感意志的基础上,外化为教育学生、影响学生的高尚行为。

四、提高教师的经济待遇

教师是社会公民中的一个群体,他们有自己的生活,有自己的家庭,因此,物质条件是非常重要的。尤其是在市场经济大浪的冲击下,社会上拜金主义盛行,很多人以财富多少作为人们事业成功与否的标志,有的学者曾尖锐指出:教授热衷于四处赚钱越来越像商人,而商人钟情于著书立说越来越像教授。在这种情况下,教师队伍的物质待遇水平对教师是否忠诚于教育事业,是否自觉提高师德修养至关重要。诚然,自改革开放以来,国家采取措施、制定政策,教师职业收入大幅度提高,教师的责任感也不断增强。但不可否认的事实是,近些年来随着我国社会事业的发展,人们的经济地位产生了较大差距,这种差距既存在于行业之内,地区之间收入不平衡;又存在与行业之间,教师"坐冷板凳"的理想境界受到极大的冲击。古代对教师的管理,是以较高的物质薪酬和社会地位为前提的,我们要借鉴历史经验,在社会发展过程中妥善处理社会群体之间的矛盾,不断提高教师的社会地位和经济待遇。这样,对于解除教师潜心从事教育和科研的后顾之忧是一副振奋剂和定心丸。而且,还会使教师职业成为一种长久具有吸引力的社会职业,从而吸引大批有敬业精神、有才华的人投身于教育事业,这无论是对于教育水平、教师职业道德水准的提高,还是对于社会的发展都是有益的。

第四章 传统书院教育与教师教育改革

第一节 书院教育的产生与特点

一、书院的起源及发展过程

书院在中国有着悠久的历史,它源于唐,盛于宋,衰亡于清末,历时千载,是中国封建社会特有的一种教育组织,在世界教育发展史上独具特色,对中国封建社会后期学术文化的发展和人才的培养曾起过巨大的推进作用。

早期的官办书院是唐王朝修书、侍讲的地方。经过多年的战乱,大唐王朝立国时百废待兴,为统一思想,繁荣文化,于唐玄宗开元年间,在全国征集收藏于民间的图书,共收集到图书三千六百部,五万一千八百五十二卷,尚不包括佛经、道经等,不仅大大超过了前代,同时也是唐代藏书最丰富的时期。为了更好地整理图书,除在国家藏书机关兼校书机关"秘书省"、"弘文馆"、"崇文馆"等处藏书、校书外,还专门设置了"书院"这一机构开展此工作。开元六年(公元718年)设丽正修书院,十三年改称集贤殿书院。清代学者袁枚在《随园随笔》一书中明确指出:"书院之名,起于唐玄宗时,丽正书院、集贤书院皆建于省朝。为修书之地,非士子肄业之所也。"袁枚的说法成为书院研究者所公认的最权威的结论。唐代官府设置的丽正书院、集贤书院,虽非士子肄业之所,但它对于书院教育发展无疑也产生了明显的诱发作用。

唐代还兴起了许多私人创建的书院。《全唐诗》中提到了 11 所,见于地方志的有 17 所。如张九宗书院,据记载,该书院在(四川)遂宁县,唐贞观九年(公元 635 年)建,比官办的集贤书院还早 90 年。这些书院多半只是读书人自己读书治学的地方,不过也有一些书院有教学活动,并有数量可观的藏书。《九江府志》记载义门书院的情况:"唐义门陈衮即居左建立,聚书千卷,以资学者。"

五代时期,书院教育得到进一步发展。士人隐居山林读书讲学成为唐末五代的一种社会风尚,其聚徒讲学之地虽未以书院命名,实际上已是教育性质的书院。

宋初书院大多是私人隐居读书讲学发展起来的,也有一部分由世家大族的家塾发展而成。宋初书院发展的直接动因是"补官学之不足",因此多得到朝廷和官府的支持、褒奖和资助。宋初的书院一般来说规模都不大,组织机构也很简单,尚无完善的制度和规程,活动内容也比较单一,稳定性也较差。但是,在教育发展史上却表现出极强的生命力。

北宋三次兴学,从中央到地方各级官府均致力于发展官学,对民间或私人办学很少顾及,民间或私人创办的书院,朝廷和地方官府也很少过问。结果,宋初一度兴旺的书院在兴学运动中反而日渐沉寂了。自庆历兴学以后,直到宋朝南迁,八十余年间,几乎未见过一代皇帝对任何一所书院赐书、赐额、增田、赠屋之举,客观上影响了书院的发展,削弱了书院的社会影响。

在中国教育发展史上,南宋时期书院发展达到了一个鼎盛时期。南宋时期的书院数量大增,规模扩大,制度完备,内容充实,特色鲜明,影响显著。南宋书院的产生及发展同理学的产生与发展有着密切的关系。北宋时期是理学的基础时期,书院处于开创阶段;南宋时期是理学的成熟时期,其书院也处于相当完备的阶段。南宋理学的主要流派差不多都与书院的发展密切相关。理学的学术文化思想成为南宋书院教育的基本内容,书院教育成为理学研究和传播的主要基地。这时期的书院已建立起一套比较完备的制度,从办学宗旨、培养目标、教学内容和方式以及教师的选聘、学生来源及条件、经费筹集和组织管理等,都有了比较明确的规定和比较稳定的条例。朱熹为白鹿洞书院亲手拟定的《白鹿洞书院揭示》(也称《白鹿洞书院教条》、《白鹿洞书院学规》),后来成为各书院的标准条规,为书院制度化建设作出了重要贡献。

元代是以蒙古民族为主联合北方少数民族创建的封建帝国。元代书院政策的制定、确立和发展,经历了一个由不自觉到比较自觉,由不成熟、不稳定到比较成熟、比较稳定的发展过程。大体上可以说,元代对书院采取了由注意保护到鼓励发展,又由积极创办到加强控制的政策。到了元代,书院的地域分布与宋代相比有了很大变化。元代书院虽仍以江南为最多,大部分集中在长江流域,但与宋代相比,珠江流域由第二位降为第三位,而黄河流域则由第三位升为第二位。特别是黄河以北地区的书院都是元代以后才兴建的。

元代不少书院是私人捐资献田修建的。元代政府对有些不愿在朝做官,退而讲学,特别是捐私田建书院者,加以鼓励,倍加褒奖。元代以前的书院几乎全由私人或民间创办,朝廷或官府只是予以承认、支持或部分投资。元代各级官府更加强调由官方拨资兴建或修复书院,这种由官府直接创办或修复书院的措施,造成了书院的逐步官学化,所以官学化倾向是元代书院的重要特点。元代书院官学化的主要措施之一,就是加强对书院经费的管理和控制。元代书院官学化的另一项重大措施,是由各级官府为学院委派山长,选任主讲。这一措施,同样表明了官府对学院的重视,有利于稳定书院的管理和教学质量,也有助于提高书院管理人员和教学人员的社会地位。这一措施的初期,确实对书院的发展起到某种积极作用。但是,它对书院发展也有消极作用,特别是到后期,其弊端更充分暴露,导致书院管理混乱,师资猥杂。书院过多地"受官府之拘牵",丧失了独立自主的特点。

明代是中国封建社会发展的成熟阶段。明代中期出现了资本主义生产关系的萌芽。商品经济的繁荣和市民阶层的初步觉醒从封建社会内部撼动着封建统治的社会基础。明代书院作为与民间、特别是知识阶层有着血肉联系的文化教育机构,对此有最敏锐的反应。正是在错综复杂的政治思想、文化教育的激烈斗争中,明代书院也获得了新的发展。讲会(或称会讲)是明代书院的一大特点,也是明代书院兴盛的一个重要标志。讲会由书院之间联合经办,轮流主持,成为一个影响广泛的学术教育活动。明代书院讲会的发展,对明代书院的学风产生了重要影响,突出地表现为敢于怀疑,注重独立思考。明代书院由明初的多年沉寂到明中期的空前兴盛,又到明末的连续遭受禁毁,这种忽衰忽盛的曲折历程,正好说明封建社会后期统治者政局不稳,已潜伏着深层的危机,很值得深思。

清代是我国历史上最后一个封建王朝,中国古代书院发展到清代也经历了一个历史性的变革。明中叶书院的兴盛和讲会制度的发展,带动了学术的活跃,激发了知识分子关心民族前途的热情,同时也招致统治集团的恐惧,从而采取了连续禁毁的极端措施。清代统治者在鼓励书院发展的同时,加大控制力度,使书院逐步变成"广学校之不足"的官学附庸,书院主持者和主讲人多不再讲学修德,只是应付科举考试,读书士子也多迷恋于八股试贴,领取膏火。衡量书院成败得失也多以登科人数多少为准。书院讲学的主动性大为降低,学风日渐腐败。尽管如此,清代书院的发展并非全无成就。清代书院发展也有许多新的特点。首先,清代书院数量空前,分布地域甚广。清代书院共有一千八百余所,近人统计,清代书院三千余所。不仅内地沿海各省区广建书院,许多边远省份和少数民族聚居之地也建有不少书院,如吉林、黑龙江、青海、新疆、宁夏都有书院。特别是台湾地区,清代创立的书院六十余所。其次,官办书院占绝大多数。除各级官府以公银建立以外,也有各级官员出私产创建者。再次,商人出资创办的书院增多。随着商品经济的发展,商人的社会地位有所提高,但中国长期存在"重儒轻商"的传统观念。不少商人在取得经济地位以后,也想在文化上进而在政治上谋取一定的地位,因此希望子弟染被儒风,获得科第功名,积极捐资赞助书院或支持官府专门为商籍子弟开办书院。例如:杭州就有徽商与盐运官员共同创办的崇文、紫阳两大书院。

光绪二十四年四月二十三日(1898年6月11日),光绪皇帝在百日维新运动中通令全国,书院一律改为学堂。至光绪二十八年(1902年)大部分省区基本上实现了书院改为学堂的要求。存在千余年的古代书院,终于为新式学堂所代替。书院不仅为中国古代文化教育的发展作出了积极的贡献,也为近代教育的发展奠定了基础,书院改学堂确实是发展新式学堂的"至速之法"。书院长期积累的办学经验及教学的优良传统更是我国教育宝库中的珍贵遗产,为新教育的发展提供了有益的借鉴。这也正是研究书院的价值所在。

二、书院的教育特色

在对书院的研究中,我们不难看出,书院办学理念、教育理念及教学模式对中国教育产生着深远的影响。

(一)书院基本上属于私学性质。书院在其发展过程中,虽自元代开始逐渐官学化,但大多数是私人创办的,或以私人创办或主持为主得到朝廷和地方官府的鼓励和资助。资助的形式是或赐银拨款,或划拨田产,有的还赐名、赐书、赐匾,成为我国最早的私办官助、民办公助的办学兴教的形式。它与官学既有互补的关系,又有抗衡的关系。一般说来,官学衰败时,书院往往兴起,一旦官学发展,书院便被冷落,历史上出现多次官学盛书院衰、官学败书院兴的交替互补的局面。总体上说,官私互补,满足了士子读书的要求。

（二）书院的教学机构简单，学风纯正。在教育体制上，书院在人事上不受官府约束。因为大多都是民间集资自办，所以机构简单，管理人员较少。一般来说，书院的主持人又是书院的主讲人，被称为山长。书院的管理人员除山长外，有的还设有副山长、助教、讲书等，协助山长管理书院教育教学等事宜，在一定条件下学生也可以参与书院的管理。同时，书院进行规范化、制度化的管理，设置、颁布严格的学规，要求师生共同遵守，互相监督。此外，书院自主管理经费收支。书院的主持人往往自筹办学经费，主要途径既有名人捐款，也有官方赐学田、赐房屋等。书院的开支主要用于教学、购书和进行学术研究，经费可以得到充分有效的利用。

书院学规严谨合理，提倡高风亮节，注重自身修养及人格建树，与"钓声名、取利禄"的世俗读书动机泾渭分明，因而书院也就更成为学生所倾慕的求学之所。书院与官学的培养目标截然不同。书院的培养目标，首先要求学生学会为人处世，追求学生人格的完善，其次强调道德与学问的并进，而不像官学那样以科举入仕为唯一目标。虽然科举考试从官制上确定了儒家经史的地位，并从侧面强化了儒家在意识形态中的主导地位，但在历史上真正能够推动儒学的发展和真正体现儒家精神的，不是官学与科举，而是民间的书院。与官学只为科举、只重词章不同，书院更注重儒家义理的研究与领悟，更注重儒家思想的推广与普及。书院教育不重求学者的身份门第，因而始终保持一种面向社会的流动性，成为沟通精英文化和世俗文化的桥梁。更有书院的师生以究明义理、传播人文思想为己任，自觉地在"市井愚蒙"中进行儒家的礼乐教化，并直接参与社学、乡约等社会实践活动。

（三）书院教学采取百家争鸣、门户开放的政策。书院教学不拘泥于一家之言，允许不同学派之间进行广泛的学术论辩。每一个学派的大师所主持的书院，一般会成为这个学派进行学术研究和教育活动的基地，但由于书院教育崇尚自由讲学、注重学术研讨、倡导不同学派之间的学术交流与切磋,因此书院倡导并推行"讲会"制度。所谓"讲会"其实类似于现代社会的学术研讨会,是以规范或不规范形式举行的学术聚会活动。自朱熹邀请与他论战多年的陆九渊到自己主持的白鹿洞书院讲学,首开书院"讲会"之先河后,逐渐形成书院的"讲会"制度,使我国古代高等教育的教学气氛活跃,学术研究气氛浓厚。在书院定期举行的讲会中,各派学者云集,面对面地各抒己见、质疑问难。书院讲会制度的盛行,不仅打破了各家书院之间的门户之见,而且打破了师生之间在授业上的地域限制。学生有机会接触到不同学派的大师,聆听不同的学术见解,并与之进行自由交流,由此形成了高等教育机构开放办学的传统,这种开放式教学有利于学术交流。

（四）书院教学坚持教育和学术兼顾的原则。讲学和学术研究是书院的主要活动内容。教学和研究紧密结合是书院教育的特点。国家学术的发展、科技的进步均有赖于高等教育,大学不仅应该成为最高学府,而且也要成为学术研究的场所。古时比较著名的书院,在当时既是一方教育活动的中心,又是学者探讨学术、进行研究的胜地。书院主持人既从事培养人才的教育教学工作,又从事学术理论的研究和传播工作,并把学术研究作为教学的重点,组织学生参加研究讨论和著书、编书,聘请持不同学术观点的学者来院讲会,开展学术交流,形成百家争鸣的活跃氛围。尤其是宋明之际,许多著名的学者在主持自己的书院的过程中,注重学术交流,形成了自己书院鲜明的个性,形成独具的教学、科研特色。书院的学术研究工作并不局限于教师,学生通过自学和与教师相互讨论切磋学问的方法求得高深的学术水平,其研究成果可汇集成册出版,既使教学研究的成绩充分体现,得到学界的承认,又推动了学术事业的发展。从某种角度上来说,书院集教育教学组织和学术研究机构于一身也有其必要性。学术研究是书院教育教学的基础,为教学提供了知识储备和知识拓展,使教学活动得以充满活力地持续开展下去;而书院的教育教学,又是其学术研究成果得以传播和进一步发展的必要条件,并且能够在一定程度上提高书院的知名度和影响力。

(五)书院的教学以学生自学、师生之间的自由研讨为主。书院的课程设置比较灵活、富有弹性,也不固守一定的教学形式。书院主持人、外聘的大师等授业者只是学术上的顾问,讲学一般也只是针对某个问题或学生的疑难困惑之处发表自己的学术见解。在教学过程中注重讲明义理,多采用问难论辩式,注意激发学生的学习兴趣,培养学生的学习能力。这种指导性的教学和提纲挈领式的讲授,着重于启发学生思考,由学生随其深浅自行体会。书院的学生以个人读书、钻研为主,在自己学习的基础上,可以对教师提出疑问,教师也可以随时随地对学生进行解答指导。书院的教师甚至把指导学生如何自学作为教学的重要任务。至于教学内容,对不同的教育对象各有差异,提倡因材施教,决不强求一致。对于学生学习中所遇到的疑难问题,更是随其钻研体会的程度,令其各有所思,不求一律。老师有时略加点化,启发自悟;有时明白讲解,以期彻悟。书院一般都无固定的修业年限,学生学习进度的快慢完全取决于自己的能力。由于无固定课程和教科书,教师讲学时间又少,所以学生必须通过自学来获得更多的知识。若想在学术研究上有所建树,更要看平日自学功夫如何。一些书院藏书丰富,经常邀请各方学者举行讲会,这对扩大学生眼界,引起学生自由研究、讨论的兴趣是很有帮助的。同时,优厚的膏火津贴和奖励等措施,也为学生的自学创造了条件。对学生的考查,亦不集中体现在一次大规模的考试上,而是注重德才兼备和平时考核。学生在学术上的表现及平日的操行等都有详细的记录和评判,书院里的季考或岁考的成绩要参照平时成绩斟酌给定。

(六)书院教学注重知行结合,既注重知识的日积月累,又讲求知识在现实中的运用。书院的大师们认为只教学生"读书穷理"是不够的,还必须把读书穷理与"躬行践履"相结合,引导学生把掌握的知识义理付之于亲身实践。书院的教学寓教于乐,注重激发学生探求学问的兴趣及潜移默化地引导学生完善自身的人格。古代著名的书院多建于依山傍水、环境优美之地,那里既是读书求学的好场所,又是抒发情怀、陶冶心灵的好地方。同时,书院课程安排得不多,又无升学就业的压力,留给学生个人支配的时间相当充裕,除自己看书思考之外,还可广交学友,共同讨论、共同研究,亦可流连于山水之间,饮酒吟诗,高谈阔论。这样的教学形式既受到学生们的欢迎,也得到了大师们的赞同。例如,朱熹在白鹿洞书院讲学期间,十分注重培养学生的学习兴趣。他每有闲暇即赴书院留居,与生徒游于泉石山水林木之间,寓讲说、启迪、点化于游乐之中,既讲授了知识学问又加深了师生之间的情谊。

(七)书院重视互相切磋,尊师重道,师生关系融洽。在中国古代教育史上,尤其是在私学教育中,形成了尊师爱生的优良传统。书院制度是由私学演化发展而来的,它理所当然地继承了私学这一光荣传统。书院推崇自由讲学、切磋、讨论之风,师生关系也是介于师友之间,既不同于官学中那种强制性的灌输、训导,更有别于现代意义上职业化的'教'与'学'的关系。书院实行自由择师的制度。古代书院的主讲或受聘于书院的名师宿儒,不仅在学术上有巨大成就,而且懂得尊重学生。学生往往是慕先生之名而来,也能够尊师敬道、虚心好学。师生常在一起讲学辩论,他们之间以道相交、以诚相待,因而结下了深厚的情谊。例如,明代东林书院的师生思想极为活跃,积极参与政治活动,致力于讽议朝政、议论得失。大家志趣相投,因而感情甚笃。天启五年,大太监魏忠贤禁毁书院,首及东林。书院师生在惨遭政治迫害的情况下,仍能生死相随、矢志不移。

(八)书院有一套严格的规章制度,成为"学规"。书院制订学规是受了佛教禅林制度的影响和启发。"学规"重视立志、存心、穷理、察微、克行、接物等,非常重视生徒的品德修养。第一个系统完整的书院学规是南宋朱熹制定的"白鹿洞规",后来成为历代书院共同依据的范本。学规首先提出了教育的根本任务,是让学生明确封建纲常的"义理",并把它见之于身心修养,以达到人人自觉维护封建统治的最终目的。其次,它要求学生按学、问、思、辨的"为学之序"去"穷理"、"笃行"。再次,它指明了修身、处事、接物之要,作为实际生活与思想教育的准绳。"白鹿洞规"概括了封建社会教育的基本精神和要求,成为封建社会教育的共同准则,一般官学也常采用。

(九)书院具有藏书的功能。藏书是古代书院的重要内容和特征,书院藏书也因此成为中国古代藏书中的一种重要类型,与官府藏书、私人藏书、寺院藏书一起,并称为中国古代藏书事业的四大支柱。一般书院都重视图书的收集、整理、修订工作,许多书院建设了藏书楼、藏书阁或书库,因此各地书院都成为当地藏书最丰富的地方,成为书院建设的一个重要构成部分。书院的藏书活动既为书院教学和研究准备了充足的资料,又为当地士民、乡绅查阅、咨询提供了方便。这种将图书馆、学校教育、研究机构集于一体的独特组织形式,对后世颇有启迪之效。

书院藏书的来源有以下四个途径。一是捐赠,这是书院藏书的主要来源。向书院捐赠图书,是历代的传统,尽管捐赠图书的多少不等,捐赠的目的各异,但它们为丰富书院藏书作出了重要贡献。二是皇帝赐书。皇帝赐书一直是书院藏书的另一主要来源。书院往往是思想比较自由之地,统治者为了控制文人士子们的思想,也为了笼络人心,达到维护封建统治的目的,经常赐书给书院,所赐多为代表正统思想的御纂、钦定和官刻的经史类图书。三是赠书,地方官吏为了博取文雅,以正教化,常常捐书给书院。有的学者捐赠个人新著,对书院开展学术交流,提高研究水平极有帮助。书院有时也出面向官员、地方乡绅募集,这种捐赠从宋代到清代一直络绎不绝。四是书院自己购置和刊刻图书。书院经营着产业,以产出支持着自身的文化活动。有能力自行购置和刻印图书的书院,其藏书一般数量多、质量高、品种全、内容丰富、独具特色。书院刊刻图书的需要也间接地促进了印刷业的发展。

总之，作为一种独具特色的教育模式，书院是中国古代传统文化遗产中的瑰宝，是近千年来中国传统文化传承的物质依托，对中国古代人才的培养与学术的发展、繁荣做出了重要贡献。书院最大的缺点是只讲经史，不讲科学，本质上是为封建社会服务的。但是，我们可以发扬其优点，剔除其糟粕，从中吸取对于教育改革有益的借鉴。书院的"教"、"学"精神和我们当今倡导的"以学生和学习为中心"、"以学生自主学习为主"的教学理念，在某种程度上是一致的。中国现代教育教学理论的生长点可以从古老的东方文化中、从书院的现代意义中找到灵感。

第二节 书院教育与现代教育

一、书院教育与现代教育的关系

书院教育重视学生自学能力的培养，在教学中采用问难论辩式，激发学生的学习兴趣，有针对性地开展讲学活动，因材施教，鼓励学生思考，主动解决问题。这种教育理念及教学模式和"以学生为中心"的现代教育理论非常吻合。近、现代的教育教学思想可谓流派纷呈，种类繁多，若从本质上区分，可大致分为两类：一类是以教师为中心，另一类则是以学生为中心。以学生为中心的教学思想可以一直追溯到杜威，他在1900年发表的《学校与社会》一书中首次提出要让儿童成为教育的中心，主张"将教学视为交互作用的过程，而学习则是这一过程的产物"。这一思想是建构主义理论的根基。建构主义既是一种学习理论又是一种教学理论，是目前国际上在教育领域最具影响力的理论学说。建构主义思想的核心是强调学生是认知过程的主体，是知识意义的主动建构者而不是教师灌输的对象。因此，在教学过程中必须强调以学生为中心，要让学生主动去发现、去探索、去获得。从这一点来说，书院教育为现代教育开创了独立学习、以生为本的先河。

从学术自由和学术创新方面来说，书院教育的价值也是毋庸置疑的，现代教育虽然也十分重视学术上的自由与创新，但与传统教育相比缺少更多的实践与探索。作为儒家士大夫创办的文化教育机构，书院具有学术独立、自由讲学的精神，各派在书院中各抒己见，通过讨论使得本派学说更加完善，也使得各自的学生大开眼界，获益匪浅，坚定了传承本派学术的信念。更重要的是，学术大师之间的会讲开了学术自由交流的先河，活跃了书院和地区的学术气氛，同时还提高了书院的社会地位，扩大了书院的影响。在中国现代教育史上，蔡元培奠定了大学之为大的基本准则和文化精神，推行北京大学兼容并蓄、学术独立、思想自由的精神，主张学术自由、相容并包，至今已形成科学、民主、宽松、自由，近乎无为而治的校园人文精神。清华大学梅贻琦校长立其教育思想为"三大支柱"，即通才教育、教授治校、学术自由。现代大学是一个相对独立的教学与研究机构，学术自由、兼容并蓄和教授治校是大学的普遍精神，也是创新人才成长的最为重要的文化环境和制度环境。即便如此，在学术自由和创新方面，仍需要我们从更多层面进行探索，加强学术创新和学术自由的交流，真正实现学术自由与创新。

当然，要正确理解学术自由的提法，学术自由是一个相对的有限度自由的概念，纵观世界大学教育发展史，在任何时代、任何国家，无限制的学术自由可以说从来未曾出现过。恩格斯指出："自由就在于根据对自然界的必然性的认识来支配我们自己和外部自然界，因此，它必然是历史发展的产物。"这说明，法律、政治对学术的干预始终难以避免，大学永远都不可能摆脱政府的直接或者间接的监督和控制。

至于教育内容和教育传统，表面看来，与现代教育的理想不尽相同，所以容易令人怀疑其价值。实际上，传统书院教育在这两个方面达到了现代教育所不能企及的高度。首先，现代教育较重视传授知识和实际技能，从好处来说，是能够培养和训练科学和技术人才，这在现代社会来说,固然有其价值,然而,代价往往是对人的道德价值重视得不够,以致只讲最低限度的道德要求,如做个良好公民、不妨害他人的自由和权利之类。其次,现代教育注重理性,相对来说却疏忽人的情感,因此,人与人之间往往只求理性的了解,而许多时候不能有互相的关怀和沟通,造成人与人之间的疏离和隔膜。另外,即使现代教育也有讨论人生价值的内容,但却只流于理论层面,在实践层面却出现极大的缺陷。有些教师往往只重视讲道德,却不能身体力行,容易变成讲一套、做一套,令价值的教育无法完全落实。学生只重视对道德问题作理性的思考,而忽略在现实生活中将价值体现出来,不能达成学习与完美人格实质的统一。

从上述描述中可以看出,传统书院教育可以补充现代教育的不足之处,为现代教育提供更好的借鉴,因此,我们应对传统书院有更多的了解,以求能继往开来,并与现代教育相结合,为未来人类社会建立更完备的教育体系。

二、对现代教育的启示

书院这一中国古代私学的最高形式以自由的姿态和鲜明的个性问诸于世,它海纳百川,包容万千。它所倡导的独立和创新精神恰恰是现代教育最缺乏的,它灵活的教学管理和醇厚的师生感情都值得现代教育借鉴与学习。它所特有的教育理念、教学模式和组织管理形式在现代社会具有现实意义,对于我国当今的教育改革有着一定的启示作用。

(一)学校要重视学生自主学习能力的培养。书院多提倡自学精神,重视学生能力的培养提高,讲究教学方法的灵活性。朱熹指出,书用你自去读,道理用你自去究索,某只是做得个引路的人,做得个证明的人,有疑难处,同商量而已。这就要学生除了必须具备牢固的基础知识,还要掌握科学的学习方法,具有批判质疑的能力,富有开拓创新的思维。书院教师的教学,课程简而研讨周,提举纲领,由学生随其深浅自行体会。不同的教育对象其教学内容各有差异,不强求一致,学生凭自己的能力决定学习进度。学生学习中遇到疑难问题,老师更是随学生钻研体会的程度,令其各有所思,而不要求所有人都达到一样的程度。在这种富有弹性的教育中,老师能更好地做到因材施教。书院教学安排宽松,一般由山长本人或其他教师十天半月讲一次课,其他时间以自学为主,在自学中有什么问题可以向教师询问,或者学生间互相讨论。这样乍一看以为容易放任自流,实际上有明确的学规,课程安排清晰有序,每月有几次严格的考核。此外,学生还必须把自己每日读书的情况记录在"功课程簿"上,由山长定期亲自抽查。

这种以学生自我钻研、体悟为主的教学方法,不仅有助于养成学生独立性、批判性的思维方式,而且有利于学生个性的发展,人格的完善。现代教育教学过程中,最欠缺的就是师生间的面对面的直接交流与探讨。"教师满堂灌、学生埋头记"依然是当今中小学乃至大学教学的主要方式和方法,学生很少有与教师"辩难"的机会,这在一定程度上扼杀了学生的思想和创造力。它不利于教与学的相互促进,也不利于各种思想的相互交流与碰撞,说到底,它不利于学术的繁荣。因此,要实现真正意义上的教学相长,推行这种师生间的"辩难"不失为一种很好的教学方法和途径。营造宽松和谐的课堂氛围,选取学生感兴趣的知识点或一些相关案例来组织课堂讨论,适时加以引导,并要求学生把讨论后的所思所想整理成文作为作业上交,借此培养学生的学习兴趣及参与课堂教学的意识,提高课堂效率,培养独立自学能力,从而促进其个性的发展、人格的完善。这是书院教育对现代教育的巨大启示,对当前的教育意义重大。

(二)学校要营造兼容并蓄的校园文化氛围。书院盛行讲会制度,提倡百家争鸣,形成一种宽松的学术氛围。历史上一些影响较大的书院都有关于讲会制度的规定。如"白鹿洞书院续规"规定了明确的会讲之期,且规定即使非公讲之日也可随时研讨。讲会以学问为重,推崇辩论争鸣、取长补短的学风。书院讲会实行开放式,不同地区、不同学派的学者都可以来听讲、求教。常常是一位名师讲学,四面八方的学子都会前来听讲。书院允许不同学派自由讲学,各派思想可以在此自由争辩,这种百花齐放、兼容并包的思想是书院的精髓所在。正因为有各家理论的争鸣,才有文化学术的繁荣进步。春秋战国时期诸子百家思想的融汇成就了中国文化思想史上的第一个春天,而唐代以其开放的文教政策,多元创新的宽松氛围和"外域撷英"的博大胸襟,造就了中国历史上的隆盛时代。可以说,书院的"讲会制度"为不同学派争鸣论辩搭建了广阔的平台,体现了中国古代书院教育的自由精神和兼容并蓄精神。这种思想和教育的包容性给我们在今天全球化、多元化的文化背景下的教育教学如何更大程度地追求学术的"兼容并蓄"和开放办学以有益的启示。无数史实证明只有这种有容乃大的气度和海纳百川的胸怀方能传承历史精华,吸取八方有利资源,从而实现自身更好的发展。

综观世界高等教育发展历程,凡是高品质大学,无一不走开放之路,占得开放先机越早,发展就越快越好,办学水平也就越高,开放已成为现代大学科学发展的规律性特征。开放办学体现的是办学理念的开放和办学实践的开放,它不仅仅是现代大学科学发展的手段,而且是办学的内在理想或应然追求。现代教育已不局限于一次性的学校传统教育,它强调的是劳动者的继续教育和终身教育,反映的是个性化、终身化、大众化和国际化。在教育方法上有别于传统教育中的以教师课堂授课为中心及教师、学生课堂上的面对面教育,而强调受教育者自主学习为中心,学生主动进行学习的互动式教育。在教育技术上也改传统教育中的单一面授教育为多媒体教育,将信息时代的信息传输与反馈技术变为现代教育技术。这种开放式教育的开放程度越高,代表学校发展越有活力、越有动力、越有潜力。在开放的社会中,促进自身的进一步开放既是现代大学的必然选择,也是其应然选择。

（三）学校要推行通识教育，完善人格培养。通识教育是英文"general education"的译名，也有人把它译为"普通教育"、"一般教育"、"通才教育"等等。通识教育是高等教育的重要教育理念，是所有大学生都应该接受的非专业性教育。它旨在培养积极参与社会生活、有社会责任感、全面发展的社会的人和国家的公民。它是一种广泛的、非专业性的、非功利性的基本知识、技能和态度的教育。其基本原则是文理渗透，各学科之间彼此交融，使学生在学好专业知识的基础上扩大知识面和改善知识结构。通识教育和专业教育不是对立的，只是在学识的范围与程度上有一定差别，两者是相对而言的，通识教育并不是完全没有专业教育，而专业教育也并不是完全没有通识教育，可谓"通"中有"专"，"专"中有"通"，两者是互相融合、互相补充、互为前提、相辅相成的关系。美国教育家布鲁贝克认为，专业教育和通识教育都是必要的，因为一个人不仅要为工作作好准备，而且要为工作变换作好准备，普通教育（即通识教育）和职业教育（即专业教育）必须携手并进。

古代书院的教书育人、以培养经世致用"通才"为核心的教育理念与当代广受推崇的"通识教育"一脉相承。书院教育的通识教育思想，主要体现在书院的教育内容、教学方式和教学管理等方面。书院教授的课程内容广泛而多样，一般包括诸子百家等儒学著作、历史著作、实用技术等，具体课程往往是由创办者的思想倾向来决定，其教育主旨不同，教育内容就不同。古代书院十分重视礼仪教育，这种礼仪教育将学生融入礼仪的秩序世界中，使他们成为文质彬彬的君子，而且书院中的师生都是身体力行来履践。书院的教学方式也是极具特色，包括升堂讲学、自我钻研、分斋教学、优游山水间等方式。书院的教育管理包括考试和人才选拔，从考试内容上看，可以分为德行考核与学业考核两大类，前者对学生的道德品性日常行为举止进行检查，后者则测试学业水平。考试之后，要评定优劣，确定升降，给予奖惩，奖励形式多样，有精神奖励，也有物质刺激，而最好的办法是将优秀之作刊刻成书公开发表,这对追求学问的青年学子来说是莫大的鼓励,养成了书院浓厚的问学之风与学术氛围,将学生引入治学成才之路。书院不拘一格的人才选拔制度也与当时官场上讲究举荐按资排辈的做法大相径庭,显示了书院思想自由、先进的特点。

现在已有多所大学设立书院或者儒学院,吸收书院自由讲学的传统,打破现在高校的刻板僵化、过于理性的通病,采用书院自由活泼且充满人性的管理方式,推行包含历史、哲学、宗教、道德、艺术等人文学科在内的通识教育,打破分门别类的学科壁垒,贯彻人类学问与知识的共同基础,培养学生完全的人格。

(四)学校要建立新型的师生关系,营造和谐氛围。和谐的师生关系是我国教育的优良传统,古代书院的师生往往有着纯粹而真挚的师生关系。尊师爱生是书院的一贯传统。往往一日为师,终身不忘。一方面,由于生徒是择师而从的,他们未入门时已对老师的学问和人格十分仰慕,加上入门后得到老师的悉心教导及人格感召,故对老师更加尊崇。另一方面,老师教导学生,并不重在传授知识,而着重动之以情,晓之以理,更重以身作则的人格感召,因此,往往对学生十分爱护和关怀。这样师生之间以道义相守、以诚相待,时间长了自然感情深厚、关系融洽。

考察我国的教育,尤其是高等教育,教育发展与经济发展之间存在着不协调的现象。现在的大幅度扩大招生,促使高等教育大众化的到来,高校中师生之间的数量比例严重失调,教师负担严重超出负荷。加上教育教学及科学研究的管理模式、学生的学习和评价模式、人才的选拔和就业模式与社会的快速转型不相适应,这势必影响到平等和谐的师生关系的建立。从另一个角度讲,现代教育注重技能与知识的传授,师生缺乏交流,相对来讲疏忽人的情感,因此,人与人之间往往只求理性的了解,许多时候不能有互相的关怀和沟通,造成老师与学生之间的疏离和隔膜。除此之外,在市场经济浪潮的冲击下,教师与学生之间的交往模式、价值取向、互动平台等都与治教治学所期待的境界有一定差距，这种师生关系势必会影响教育效果。被称为"最后的儒家"的梁漱溟说过："要办教育便须与学生成为极亲近的朋友而后始能有一种了解，始能对他有一些指导。"这就是强调教育要重视和学生心灵相通，方能取得最佳的教育效果。因此，书院这种和谐融洽的师生关系、丰富而积极向上的氛围是当前教育尤其是高等教育应该汲取的经验，这也是书院教学为我们提供的宝贵的启示。

总之，书院是中国古代传统文化遗产中的瑰宝，是近千年来中国传统文化传承的一个平台，对中国古代人才的培养与学术的发展作出了重要贡献。它拥有持久的生命力，它的自由独立、兼容并包的人文情怀会继续在华夏大地延续下去。作为封建社会一种特有的教育方式，书院制度虽然不能够取代现代教学制度，但它所特有的人文精神会为现代教育提供宝贵的参考价值。

第三节　书院制教育与教师教育改革

一、国内高校实行书院制的概况

国内高校为了提高教育教学质量，培养高素质的创新型人才，长期以来，坚持管理体制和教育教学的探索和改革，在众多的改革措施中，其中之一就是推行"书院制"。一般认为，这种书院制借鉴了西方大学住宿学院的做法，也承袭了中国书院的古老传统。国内实行书院制历史较长的是香港中文大学、台湾东海大学等；国外的书院制，即住宿学院制，源于英国的牛津、剑桥大学，其住宿学院的做法后来为美国哈佛、耶鲁大学效仿，并延续至今。

当前我国部分高校实行的书院制，是在继承中国古代传统书院制度的基础上，仿效国外住宿学院，实施的一种新型学生管理体制。它主要以学生宿舍为管理的空间和平台，以学生公寓为生活社区，对学生实施通识教育,承担学生的思想品德教育与行为养成等方面的教育任务,本质上是一种学生社区生活管理模式。为了理解国内"书院制"的基本情况,在此选择六所学校逐一介绍。

(一) 香港中文大学

香港中文大学成立于1963年,现坐落于香港沙田,校园面积137.3公顷。根据香港中文大学的《概览及统计资料2011》显示,2010年共有本科生和研究生14 431人。香港中文大学为研究型综合大学,一直被列为香港三甲,并被评为亚洲最好的大学之一,在泰晤士高等教育全球大学排名(2012—2013)为世界第124位,亚洲第15位,香港第3位。香港中文大学实行书院制已近半个世纪,能取得如此成就便与其施行的书院制密不可分。

香港中文大学是全香港唯一实行学院和书院制并行的大学。学院负责"学科为本"的教学,书院负责"学生为本"的教学,通识教育多由书院承担。书院制是中文大学保留传统血脉的筋络,是秉承精神气质的标签,更是教职工和学生归属感的象征。可以说,书院各具特色的研究方向和精神气质,造就了中文大学今天的成就和名望。

一个书院就是一个大的宿舍区。来自不同学院、不同年级的学生们在这里学习、竞赛、娱乐、生活。书院有自己的通识教育学分,学生们经常在不同的活动中得到这些学分。各个书院经常举办各种各样的活动,有的是帮助学生提高自身素质,做好充分的准备面对社会,比如面试工作坊、写作培训班、社交礼仪讲座;有的邀请各界名人来学校演讲,让学生们更了解外面的世界。在校庆或者院庆的日子,一般都有庆祝活动,学生们积极参与策划筹备,学校、学院的凝聚力和学生们的自豪感在此时最能得到体现。作为居住生活的场所,书院为学生营造了一个小型的学习生活环境,增强了学生间的交往,有利于形成集体合作的氛围,对学生的性格养成、学术兴趣、价值取向等会产生积极影响;书院精细的管理、完善的设施为学生成长提供了有利条件,有利于对学生开展专业知识以外的能力素质培养。

书院把不同年级和不同学科背景的学生们融合在一起,借此开拓他们的眼界。香港中文大学的书院教育对提高学生的综合素质作用非常大。书院和学院并行的内部架构设置,立足于学校自身对高等教育的理解。既师承了中国古代书院传统办学思想,更借鉴了欧美等国牛津大学、剑桥大学、耶鲁大学的教育理念和学校精神,以及承载这种先进教育理念和教育精神的大学内部设置,在香港大学和我国内地大学中独树一帜,特色鲜明,并且随着社会的发展和时代的进步更加显示出强大的生命力。

在实践过程中,书院与学院共存,形成了与学院分工协作,共育学生,契约式服务管理特色明显等特色。

1. 香港中文大学书院的组织模式

香港中文大学是香港唯一采用书院制的高等学府,即学院和书院共存。学院负责"学科为本"的教学,目前有文学院等8个本科学院。书院负责"以生为本"的培养,目前有崇基学院、新亚书院、联合书院、逸夫书院、晨兴书院、善衡书院、敬文书院、伍宜孙书院及和声书院等9个书院。

对于香港中文大学本科生而言,选择学院提供的学士课程,同时要选择某个书院,成为该院的一分子,取得相应学分方能毕业。对于香港中文大学的专业老师而言,同样要选择一个书院。书院一般都有校策会、院务委员会、院长室、院务室、学生辅导处、通识办公室、舍监、导师等组织体系,拥有宿舍、饭堂、体育文化设施,为学生提供非形式教育,助推学术及文化活动。在香港中文大学包括海外交流及外访计划、研讨会、师友计划、社区服务、领袖才能训练等各种活动,也主要是在书院层面举办。以逸夫书院为例,院方定期举办聚会,邀请杰出人士演讲。香港特区原行政长官曾荫权、财政司司长曾俊华、天文台前台长林超英等都曾应邀出席。还有各种学生社团组织的课外活动,如被称为四大活动的迎新营、"逸夫里"游艺晚会、书院院庆及书院歌唱比赛,均由学生一手策划和主办,院方只提供资助和意见。

2. 香港中文大学书院的特色

书院和学院分工协作,共育学生。香港中文大学的书院和学院犹如两翼,分工协作共同完成对学生的培养。学院负责专业的传授及创新,制定教学标准和学术规范。学院摆脱学生管理等日常工作,专心提供专业教学和学术创新,培养高水准专业能力的学生。书院提供宿舍食堂服务,负责在课程之外给学生辅导,提供非形式教育,通识教育扩展了学生治学兴趣,使学生具有较远大眼光及较广博学术基础,组织开展的各类活动培养学生人际关系技巧、文化品位、自信心和责任感,承担凝聚学生归属感重任。

香港中文大学的9个书院各具特色,每个书院都有自己不同的风格。崇基学院比较看重基督教文化,新亚书院重视承续中国传统文化,联合书院重视促进中西文化交流,逸夫书院交流项目众多,善衡书院、敬文书院、伍宜孙书院提供全宿共膳等。书院都十分重视学生的"成人"教育。如新亚书院就十分重视促使学生在德、智、体、群、美各方面均衡发展,培养学生高尚的情操、求知的兴趣、敏锐的触角、冷静的分析以及团队精神。逸夫书院的通识教育,特别强调学生要走出自己专业的局限,学会欣赏和了解其他学科的观点,开阔视野,重视让学生在学习参与及各类活动过程中体悟人生,培养良好的个性品格。联合书院则一直强调通识教育与专才教育并重,其通识教育的三大目标,即自我认识和价值观念的建立、学问领域的均衡汇通、独立思考和处事应变能力的提高。

书院提供契约式的服务,管理特色明显。以人为管理对象的管理,要将调动管理对象的主动性、积极性、创造性放在首位,大学生社区管理也不例外。契约式的大学生社区服务是社区和大学生在平等的基础上,通过契约来建立服务关系。契约是一种有约束力的合法的协议。在学生选择前,书院都会将本院的基本情况、特色、学生生活、通识课程、奖学金及经济资助等与学生有关的事项甚至具体到宿舍遴选细则都通过多种方式告知学生。学生选择该书院,即和书院建立契约关系,接受了契约。随着发展变化,可以依据程序进行修订,建立新的契约关系。大学生社区也可根据学生的需求,在遵守法律及不影响他人权利的基础上,与学生签订契约,提供特殊服务。这种平等的契约式服务可以有效地调动大学生的积极性,使学生感到自己与书院管理者的平等关系,主动参与大学生社区服务与管理,从而便于接受管理,有利于社区工作的开展。

(二) 台湾东海大学

台湾东海大学自创校以来就是一所深具理想性的大学,实施博雅教育。其博雅书院以"培养理想的毕业生"为教育目标,招收学业、品格成绩均优或认同博雅教育,具备培养潜力的学生。书院各项生活学习的基本精神不仅延续发扬学校创校精神,重视知识与实践的知行合一,更重视"求好不求全"、"量少而质精"以及"具备可实践性"的创新原则,形成书院特有的课程与活动。博雅书院的学生来自全校各系的学生(每年级 100 人,共计 400 人),除了各系既有的专业课程、全校性的共同必修、通识课程及劳作教育外,博雅书院的学生必须修习书院所开设的课程与活动。书院的课程设计重新恢复住宿学习(四年住校)与小班教学(或大班教学小组讨论,小班教学或小组讨论的人数都必须控制在 30 人以下)的学习环境,延续已有的大一劳作教育,增加大二的社会服务学习专案,但大一的共同必修课程与大二的通才教育必须重新规划。书院每 10 名学生就有一位书院导师与数位书院学长,协助与辅导书院学生参与书院的各项课程与活动。博雅书院的各项课程与活动,都是以生活学习的品格教育为核心,师生之间相濡以沫。书院导师必须协助所有书院学生学习,并重视学生的差异性,因材施教,辅导成才。书院的导师与学生的关系是引导而不是教诲,不以目前过于工具化与标准化的评量方式来衡量学生的各项生活学习。

东海大学创校初期是一所以小班制教学为主干的小型大学,并以博雅教育作为基本教育理念。博雅教育的理念兼具专业与宏通的教育养成、通才教育的广博、劳作教育的服务、中英文教育的基本训练、学以致用的社会服务、开架式图书馆的读书风气、荣誉制度的自觉精神、正确价值观的品格教育、自由学风、开放情怀与师生住校制度等,都是东海的传统与特色,让东海大学在台湾维持长期的优势。

随着办学条件、环境的变化,东海大学逐渐告别小型大学的办学模式,虽仍坚持质量并重的教育理念,但在特色与成效上已经不能同日而语。为了重拾东海的创校教育理念,培育未来优秀人才,建立全体学生可供学习的标杆,实施小班制之教学方式,决定成立博雅书院(School for Liberal Arts Learning)。博雅书院的创立,旨在恢复并延续学校创校精神,透过复原东海创校时的小班制,建立相互砥砺激荡的机制,让学习更富有生命力,强调师生互动的学习方式,在互动的过程中学生可以透过教师的言行,看见生命的热忱,在知识与生活上有更深刻的体悟。

作为一所大学,学习如何与人相处,与生活的环境自然相处,是一件影响人格发展以及人生方向的重要课题。东海大学恰巧提供了这种优良的环境,在大一、大二的住宿以及各项团体活动中,学生将在生活中学习到与人相处的态度与方法。而在劳作教育以及各项社会参与的活动中,同学则可以对于生活有不同以往的全新看法,真正学会如何尊重自然环境与尊重他人。从做中学习,学生学到的不再只是来自教科书的知识,而是更广泛吸收来自生活经验所累积而来的智慧,并培养出能够身体力行为社会服务的时代青年,真正达到知行合一的全人教育。

博雅书院经常邀请国内外知名学者前来演讲,并举办各种类型讲座课程,邀请各行业中杰出校友与同学共同分享通往成才之路及为社会辛勤奋斗的点滴。透过与大师和前辈们的相处学习,学生可以窥见更深层的知识奥秘,并学习大师、长辈处世的风范与态度,更增强学生在生活学习上的能力。

博雅书院延续创校时期的通才教育，开授通识课程和推动跨领域学习，并于课后由导师与学生一起讨论，进行辅助思考的工作。通识教育重要之处在于通识作为各学习科目的关节，使看似不相关联的众多学科产生连结的可能性，使知识变得更加连贯与完整，透过不同领域的学习，学生的视野可以变得更加广博，对于知识的追求或工作的方法也能够有更远大的目光。

博雅书院特别重视外语的训练，除了英语的学习之外，更鼓励学生进修第二外语，以增强自身的实力。书院提供暑期海外研修、交换学生及参与国际志工的机会，让学生有更多的机会可以关心并实际参与世界重要议题，培育具有独立思考和建设性批判能力、增强自我认识与沟通能力、具有世界观的优秀学生。在这天涯若比邻的时代，学生要具有对于整个世界的关怀，进而能够与世界交流接轨，对提升自身的竞争力，更好地服务于社会是有帮助的。

(三) 复旦大学

复旦大学自 2005 年成立以通识教育为核心的"复旦学院"，在此机构下包含了 4 个书院，面向大一新生提供通识教育。现有以老校长名字命名的五个住宿书院，即志德书院（马相伯原名）、腾飞书院（李登辉字）、克卿书院（颜福庆字）、任重书院（陈望道字）、希德书院（谢希德）。书院的基本功能之一是实现文化育人的住宿园区，二是建设师生共享的公共空间，三是建立学生自我管理的教育平台。各书院根据专业、国别、地域、民族等原则编班和安排学生宿舍，每年入学的新生都要首先进入"混编"的书院接受为期一年的文理综合教育与基础教育课程，之后再进入专业院系学习，改变了过去以院系为主体的学生管理模式。"住宿书院制"十分强调师生共建与发挥学生的聪明才智和主观能动性，是实现学生自我管理、自我服务、自我教育的基本单位。学校的初衷就是培养学生文理兼容的知识底蕴，提高学生综合素质，拓宽大学生就业面。

复旦学院设学生工作办公室，成立学院层面上的学生事务管理职能室、党建职能室、队伍培训管理职能室、大学导航中心和学养拓展中心。各书院设立学生工作组，每个书院下辖10～11个班级，每个班级设置辅导员1名，辅导员队伍由机关青年教师兼职、专兼职辅导员和研究生助管组成。新书院作为住宿点，既是学生生活空间，又是他们交流思想、培养集体意识、提升精神境界的空间。书院实施驻楼辅导员制度，各班辅导员、各学科背景导师进入学院，鼓励不同背景的老师、学生互相交流。

（四）上海大学

2012年，上海大学在大类分班的基础上，借鉴西方的住宿学院教育管理模式，将班级建立在各个宿舍楼里，实行书院制管理模式。2012级有4 200多名新生进入社区学院学习、生活，每班40人左右。学生按照理工科、人文社科、经济管理三个大类进行分班，大二再分入各个专业学习。

上海大学的选课制度相对灵活自由，除选修课外，思想政治、英语一类的必修课，每门课由多位老师上，学生可在开课老师间自主选择。这样，即便入学时分配进入同一个班级，课表也可能完全不同。经过近一年的探索，上海大学文学院又推出了后三年本科生课外人才培养的思路和模式——启思书院，虽然书院主要负责课堂教学以外的学生培养，但院长却无一例外都是由学术地位很高的教授出任，他们直接参与到各类非课堂形式的教育中，用他们个人的治学理念、渊博学识、高尚人格影响书院的学生，提升书院的影响力。启思书院通过"启思课堂"、"启思社团"、"启思论坛"、"启思刊物"、"启思实践"、"启思项目"、"文学周"、"创意写作夏令营"等品牌活动，整合书院现有的资源优势，通过国学部、西学部和当代中国部分部设置打破传统专业限制，进一步拓展和深化学生在课外的培养，最终实现名师示范，形成独具特色的书院文化，完成人才培养目标。

(五) 西安交通大学

西安交通大学书院制的雏形最早始于 2005 年 10 月成立的"文治苑"。文治苑的目的是:导师融入学生;规律生活,确保学习质量;鼓励学生自律、自治等。文治苑是书院制的尝试阶段。2006 年 9 月,彭康书院的成立标志着书院制在西安交通大学正式推行。2008 年 9 月,包括文治、宗廉、启德、仲英、励志、崇实等八大书院成立,并贯通本科四年级,覆盖全校本科生。书院直接负责学生事务管理及辅导员、学业导师、服务人员等队伍管理,原有学院所属学生工作队伍全部归口书院管理。学院只是负责教学及科研等相关学术事务。

书院由相对集中的学生宿舍楼群构成,最大的书院学生人数达 3 400 余人,最小的书院也有近 600 人。同一书院的学生住在一起,也打破了过去学院制下,同一学院、专业的学生"聚居"的情况。八大书院都有各自的发展规划、章程及规章制度,有院旗、院徽、院训、团工委和学生会;还建有阅览室、讨论室、会客室、谈心室、健身房,以及能举行会议和活动的多功能室等,所有设施 24 小时开放。

学生思想政治工作是书院最重要的一线工作,书院建立党总支,常任导师与学生生活在一起。书院实施大学生生活导航、学业规划、习惯养成、公民素质与礼仪培养、综合素质拓展、心理辅导与困难援助等一整套育人计划,成为本科生思想品德教育、文化素质教育、心理健康教育的有效载体,承担起全员育人、全方位育人的重要职责。

(六) 肇庆学院

肇庆学院是 2000 年在西江大学和肇庆教育学院的基础上成立的公办全日制本科院校。为进一步提升人才培养质量,构建权责明确、运转协调、精干高效的管理体制,融合传统文化中的"人文精神"与西方文化中的"博雅教育"传统,肇庆学院于 2009 年开始实施学生生活社区书院制。2009 年建立了第一个书院——历行书院,2010 年建立了明智书院和原德书院,2012年建立了博学书院。书院逐步建立了"学科专业学院制、生活社区书院制"的育人模式,充分利用其改革平台,积极开展切合实际的大学生思想政治教育活动,成功开展了系列文化活动,文化氛围和特色逐步显现,为学生提供了一个全新的成长平台和发展机会。

作为综合性大学的肇庆学院有40年办学历史和优秀的师范教育传统,教师教育一直是学校安身立命之本。肇庆学院分析了古今中外书院的不足与经验,进行了书院制建设的实践探索。实施"办高水平应用型本科,培养专业化教师教育人才"的办学思路。依托书院制,弥补了传统教师教育的不足,拓宽了职前教师职业能力提升的通道;构建了新的课程体系,拓宽了学生的专业口径与就业途径,培养了师范生的教师综合素质和创新能力,使未来的教师承担起全员育人、全方位育人的重大职责。可以说,书院制学生管理模式,最大限度地调动学生参与教育管理的积极性,鼓励不同背景的学生互相学习交流,不同专业可交叉住宿,这就使不同专业的学生能够通过日常的沟通了解到专业以外更多的知识,以期对学生性格养成、学术兴趣、价值取向等产生积极影响,成为综合型人才,从而更好地适应社会,成为未来的高素质教师。

二、实行书院制管理的原因

随着我国高等教育的快速发展,高等院校陆续出现书院制管理的现象,这并非偶然,而是有其深层次的社会、文化等方面的原因。

(一) 社会发展的客观要求

每一次经济体制的变革必然伴随政治、文化和教育制度的变革。改革开放以来,传统的计划经济体制被打破,市场经济体制不断完善,人们的物质生活获得很大改善的同时,思想观念、价值取向、道德观念等呈现多元化趋势,选择性、差异性日益增强。大学生作为国家发展的未来、民族的希望,他们的一言一行、一举一动无不引起社会的关注。

据 2005 年"当代中国大学生公众形象调查"项目组的调查表明，社会公众对当代大学生的评价很不理想，认为大学生"精神萎靡不振"，"大学生在公众中的形象已经跌到 20 年的最低点"，从一个侧面表明当代大学生管理面临严峻的问题和挑战。首先，在社会经济体制变革的推动下，改革开放进程加快，我国与世界各国经济、文化交流日益频繁，高校学生管理工作置身于不断开放的环境中，新思想、新观念不断涌入，因此必须走出以前封闭的学生管理模式以应对国内外各种思想的侵蚀；其次，网络技术的飞速发展把大学生带入了网络信息化时代，信息资源的开放推动了学生思想价值观念的多元化和异质化，网络是一把"双刃剑"，一方面，网络的发展为高校学生管理提供了便捷途径，促进了学生管理的信息化建设，为青年学生的成长成才提供了新的平台；另一方面网络冲击着学生管理的有效展开，互联网的出现，为大学生学习和获得信息开辟了新渠道，扩大了他们的文化知识视野，为人们的交往提供了快捷、高效的工具。但是，与此同时，不少学生沉溺于网络，沉迷于网络中的虚拟环境。网络上良莠不齐的信息资源，混淆学生视听，一些错误的思想观念趁机渗入学生头脑，增加了学生管理工作的难度。

（二）高等教育提高育人质量的要求

重课堂教学、轻课外教育的传统，已经不符合现代教育需求。要实现育人目标，课堂教学固然重要，但也应看到课外的教育教学活动对学生素质的提高、人格的完善起着极为重要的作用。尽管我们不断加大高等教育投入，调整高等教育布局，完善高校教育措施，但课堂外的教育仍是高等教育环节中的薄弱一环。推行书院制有助于提升高等教育的育人质量，是对高等教育育人规律的再认识。另外，随着高等教育大众化的到来，生源的减少，高校之间的竞争逐渐激烈。为了占据竞争优势地位，各高校不断探索服务学生、提高育人质量的新途径。通过推行书院制，完善服务体系，强化人文教育与通识教育,搭建人际交流、参与社会实践的平台,是提升高校竞争力的有益探索。

(三) 大学生自身变化的需要

随着扩招和高校收费制度的实施,学校与学生的关系发生变化,大学生由以往的求学者变成了如今的"消费者"和"顾客",大学的功能也在发生着变化,尤其在一些独立学院和民办高校,这种现象更为突出。学生花钱受教育,自然希望教育的提供者尽量满足自己的要求与愿望。他们关心学校的教育教学质量、学校提供的各项服务、学校管理的质量和水平。这种心理促使如今的特殊"消费者"对作为"工厂"的教育机构提出了自己的要求。他们关心自己做"股东"的工厂能给自己带来什么?也正是有了这类经济关系的变化,大学再也不能像以前一样仅由管理者说了算,教育的提供者(高校)与消费者(大学生)之间的对话与冲突越来越多,两者的关系也越来越微妙,产生的问题也越来越多。然而,社会不可能取消正规教育,因为"没有这种正规的教育,不可能传递一个复杂社会的一切资源和成就。因为书籍和知识的符号已被掌握,正规教育为年轻人获得一种经验开辟道路,如果让年轻人在和别人的非正式的联系中获得训练,他们是得不到这种经验的"。所以,在新情况下谋求新的出路才是解决问题的良方。再者,当代大学生综合素质普遍提高,比以往更加注重追求个人成才和成功,在渴望获得更多知识的同时,对学校的教学、服务有了更高的要求。高校学生的价值观已经发生了重大变化。更多的学生认为在面对如何处理个人与集体、国家利益关系的问题时,选择了在为国家和集体利益做贡献的同时,也要兼顾个人利益。

(四) 高校学生管理工作面临的新挑战

由于前几年高校连续扩招,2011年全国各类高等教育总规模达到3 167万人,高等教育毛入学率达到26.9%。我国高等教育由过去的"精英教育"阶段过渡到了"大众化教育"阶段。这种发展变化,一方面提高了我国大学入学率,促进了高等教育事业的发展,对提国民整体素质有一定的意义;另一方面学生人数猛增,学生质量参差不齐,给学生管理工作增加了难度。

同时,各高校逐渐推行学分制、弹性学制,同样会对原有管理模式带来挑战。根据《国际高等教育百科全书》的定义:"学分制是一种以学分为计算单位,衡量某一教学过程对完成学位要求所作贡献的一种管理方法。"具体而言,学分制是以选课为基础,以学分为单位计算学生的学习量,以学分来衡量学生课程完成情况,以取得最低必要学分作为毕业标准的一种教学管理制度。弹性学制与学分制紧密相联,它打破了传统学制对学习年限的硬性规定,满足了市场经济条件下学生的不同情况和需求。教学制度与观念的深刻变革必然要求推动学分制。实行学分制和弹性学制,有利于调动学生的积极性、主动性和创造性,有利于学生个性的发展,有利于创新人才的培养。同时,我们也应看到,在这种模式下,学生自主选择专业、任课教师、修业年限、上课时间和地点,导致班级和年级的概念淡化,系和专业的界限被打破,学生的自由空间增多,原有的管理理念、管理形式、管理内容受到冲击,认真研究与学分制相适应的学生管理模式才能促进高校教育管理系统的完善。

(五)高校学生管理工作存在的弊端

目前,我国各高校大都采取校、院(系)两级学生管理,即便是实行了学分制或者说完全学分制的高校,采取的也是这种传统的学生管理体制。随着高等教育大众化的实现及高等教育改革的不断深化,高校学生管理工作面临新情况、新问题,使原有的这种学生管理体制的弊端不断呈现。比如,学生管理理念、学工队伍等这些原本十分有效的管理思想及方式在新的形势下都成了弊端。

首先是学生管理理念。学生管理理念是对学生管理工作的理性思考,是学生管理工作的指导思想或宗旨。长期以来,过去那种过分追求意志统一和学生绝对服从的重教育轻指导、重管理轻服务、忽视学生需要的管理理念已经严重阻碍了学生的个性培养和发展。高校实施扩招后,大学生的来源多样化,需求多样化,价值观呈现多样化,学生要求平等参与学校管理的愿望越来越强烈。随着学生的权利意识、民主意识的增强,管理者必须转变管理理念和思想,树立以人为本的理念、服务学生的理念和不断创新的理念。长期以来,高校已经习惯了只要不出事就好的思维方式,过分追求服从甚至是盲从,忽视学生的具体需要以及情感体验,这种管理的理念严重阻碍了学生的个性发展。在以往的社会背景下,这种理念似乎没有什么问题,而高校实施扩招后,大学生来源的多样化,需求的多样化,造成价值观也呈现出多元化的趋势。如一项关于学生参与高校管理调查表明,73.67%的学生认为自己应该参与学校的重要决策过程。这说明今天高校学生的状况不同于以往,我们必须面对这个社会现实,更新观念,创新管理思路,用新的模式和机制来保证新形势下高校的育人质量。

其次是学工队伍。从当前高校学生管理队伍的现状来看,与教师队伍比较,人员整体素质不高,专业化程度低,是制约我国高校学生管理有效性的一大瓶颈。在传统高校,尽管学工队伍相对稳定,但学工队伍里的很多人对自己的职业并不是真正认同,而在想方设法转岗,没有受过正规思想工作教育的从业者比比皆是,这使学工队伍本身显示出一种劣势。大多数高校辅导员是一毕业就从事学生管理工作的,缺乏学生管理专业知识,缺乏高校学生管理专业系统的学习与培训,思想政治教育及相关专业素质欠缺。另外,由于辅导员的薪资水平偏低,任务大,工作重,评价、激励机制不健全,高校的辅导员队伍不稳定,工作热情不高,流动量大,最终影响学生管理工作质量的提高。教育部规定每150~200名学生配备一位专职辅导员,但目前大部分高校没有达到这一要求,一个辅导员带500~600名学生的情况比比皆是。辅导员带的学生多、工作量大、任务重,导致他们无法在时间和精力上对学生做细致的思想政治工作,无法对学生遇到的问题及时给予疏导。

三、推行书院制,促进教师教育改革

(一) 教师教育发展变化历程

回顾历史,从引入现代学校制度培养教师开始,中国教师教育已经走过了百年历程。作为教育事业的"工作母机",百年中国教师教育功不可没。可以说,没有教师教育,就没有我国今天良好的教育基础和教育发展成就。

中国教师教育大致经历如下四个发展阶段。

第一阶段:自 1897 年发端到 1921 年,主要参照德、日教育制度,初步形成以独立设置师范院校为主体、单一定向的教师教育体系。1904 年《癸卯学制》和 1912 年《教师教育令》确立了教师教育在学制中的独立地位,设初级及优级师范学堂。在全国 6 个高等师范学区分设 6 所高师学校。

第二阶段:1922 年至 1948 年,主要参照美国教育制度,形成独立设置师范院校和综合大学师范学院并存的开放模式的教师教育体系。1922 年《学校系统改革案》确定师范院校与普通大学合并或改为普通大学,向开放模式转变;1929 年《大学组织法》、1938 年《师范学院章程》确定独立设置师范院校与教育学院、综合大学师范学院并存。

第三阶段:1949 年新中国成立后到 1998 年前,国家大力发展教师教育。参照苏联教育制度,重建与发展独立设置、教师培养培训分离的教师教育体系。以 1951～1985 年的 4 次教师会议和 1996 年教师教育工作会议为标志和里程碑,教师教育得到高度重视和长足发展。

第四阶段:20 世纪 90 年代后期以来,主要借鉴发达国家的经验,逐步建立师范院校为主,综合性高校参与的开放的教师教育体系。

1. **大力发展教师教育(1949—1978 年)**

新中国成立后,教师教育才真正迎来发展的春天,得到了长足发展,形成了中国特色的教师教育体系,并取得了宝贵的经验,书写了中国教育史上辉煌的一页。回顾历史,我们可以清楚地看到,教师教育的发展始终伴随着教育事业全局的发展进程。在每一个教育发展的重要阶段上,都要召开一次全国性的教师教育工作会议。新中国成立以来,我国先后召开5次教师教育工作会议,对于教师教育的改革发展具有标志性的意义。

新中国成立之初百废待兴,教育事业迅速发展,急需大量师资。为此,教育部在1951年召开第一次全国教师教育工作会议,确定要为培养百万人民教师而奋斗的目标,要求大行政区至少建立一所健全的师范学院,大学中的师范学院或教育学院以独立设置为原则。我国开始建立独立而完整的教师教育体系。

1956年党的八大召开后,我国试图探索符合中国实际的教师教育发展道路。但是,在此期间教师教育的发展也走了一些弯路。而且,当时对教师教育是否应独立设置认识不一,即所谓教师教育的"学术性"与"师范性"之争。1960年教育部召开"教师教育改革座谈会",提出师范教育要大力减少教育课程,提高文化课程的比重,着力强调教师教育的"学术性"。此后,教师教育界开始全面总结反思。因此,1961年10月教育部召开全国教师教育工作会议。会议指出:师范不是办不办的问题,而是如何办好的问题,师范院校是培养师资的主要阵地,这个阵地要坚持;教师教育既要突出"学术性"也要兼顾"师范性"。新中国成立初期,以3次全国性教师教育工作会议的召开为标志,我国教师教育的发展方向逐步确立——建立独立定向的教师教育体系,走"学术性"与"师范性"兼顾的发展之路。然而,初见发展曙光的教师教育却遭致"文化大革命"的十年浩劫,教育是重灾区,教师教育更是重灾区中的重灾户。"文化大革命"结束后,国家重建独立的教师教育体系,并开始探索建立开放的教师教育体系。这便是中国教师教育改革开放以来的成果。

2. 重建独立设置的教师教育体系(1978—1998年)

1978年12月,党的十一届三中全会之后,教师教育拨乱反正,开启恢复、重建、提高的新局面。邓小平于 1977 年复出后,大力提倡尊师重教,提出要办好师范院校,保证中小学稳定的师资来源。他说:"师范大学要办好。省、市管的师范院校,教育部也要经常派人去检查。不办好教师教育,教师就没有来源。"

1980 年,教育部召开全国教师教育工作会议。会议总结了新中国成立 30 年来正反两方面经验,提出必须重视教师教育,摆正教师教育在教育事业中的地位。强调教师教育是"工作母机",是整个教育事业的基础,要建立一个健全的教师教育体系,保证师范生质量,提高教师待遇,加强中小学在职教师培训。这次会议之后若干年,我国各级教师教育获得较快发展。针对教师教育发展过程中出现的一些新问题,1985 年召开全国中小学师资工作会议,再次明确教师教育为基础教育服务的方向,强调大力改革和加强各级教师教育,要普遍推行提前招生、定向招生和培养制度。这一阶段,教师教育得到高度重视,而且加快了法制化的进程。1986 年颁布的《义务教育法》规定:"国家采取措施加强和发展教师教育。"1993 年颁发的《中国教育改革和发展纲要》强调:"教师教育是培养中小学教师的工作母机,各级政府要努力增加投入,大力办好教师教育。"同年出台的《教师法》规定:"各级人民政府和有关部门应当办好教师教育。"随着经济体制转轨和科教兴国战略的实施,以及基础教育"两基"目标的提出,教师教育面临新的形势和任务。针对教师队伍建设要求和教师教育发展"瓶颈",原国家教委于 1996 年召开第 5 次全国教师教育工作会议,确立了跨世纪教师教育改革发展的方针,重申了教师教育要坚持面向基础教育的办学方向,并指出:"必须把教师教育作为发展教育事业的战略措施,优先发展,适度超前。"我国教师教育事业又迈上了一个崭新的台阶。这一时期,教师教育得到迅速发展。1978 年全国高等师范院校共有 157 所,在校学生近 25 万;中等师范学校 1 046 所,在校学生近 36 万。到 1998 年,全国共有高等师范院校 229 所,在校学生 69 万。中等师范学校 875 所,在校学生 92 万人;教育学院 190

所,在校学生21万;教师进修学校2 087所,在校学生37万。由此可见,改革开放以来的前20年中,教师教育在体系上是一个从恢复到完善,在力量上是一个由弱到强,在地位上是一个从逐步重视到优先发展的过程。教师教育不论在体系、数量与质量,还是地位上都获得了长足的发展与提高。

3. 探索开放的教师教育体系(1999年以来)

20世纪末,随着我国经济社会发展和经济体制改革,教师教育的宏观背景和内外环境发生了很大变化。特别是在我国高等教育大众化进程加快和我国高校管理体制改革和布局结构调整的背景下,在借鉴国际教师教育经验,开放教师来源渠道,提高教师培养质量的诉求下,我国相对独立的教师教育体系开启了探索改革开放的新里程。第三次全国教育工作会议是一个里程碑。1999年6月,《中共中央国务院关于深化教育改革,全面推进素质教育的决定》提出:"鼓励综合性高等学校和非师范类高等学校参与培养、培训中小学教师的工作,探索在有条件的综合性高等学校中试办师范学院。"同年教育部发布《关于师范院校布局结构调整的几点意见》,对建设开放的教师教育体系进行了具体部署。标志着教师教育从独立向开放,从培养与培训分离向一体化方向转变。过去理解上偏重于教师培养和师范院校的"教师教育"的概念,逐步转变为包括教师培养与培训在内的、包容性更强的、更符合国际惯例的"教师教育"。我国教师教育开始了战略性的调整,教师教育开始进入以走向开放、提升层次、培养与培训一体化为主要特征、旨在提高教师教育质量的改革发展的新阶段。

总之,改革开放30多年,我国教育发展取得显著的成就。作为教育事业的重要组成部分,教师教育在改革开放的进程中也取得了历史性成就,为支撑世界上最大规模的基础教育提供了师资保障,积累了自己的经验。在新的历史起点上,教师教育面临新的挑战和新的历史使命,继往开来,与时俱进,推动教师教育创新发展,是当代中国教育改革与发展的重大战略任务。

(二) 教师教育改革面临的任务

《国家中长期教育改革和发展规划纲要(2010—2020年)》和《国务院关于加强教师队伍建设的意见》(国发〔2012〕41号),提出了深化教师教育改革,推进教师教育内涵式发展,全面提高教师教育质量,培养造就高素质、专业化教师队伍的目标。我们要研究新形势下教师教育所面临的新情况和新问题,探索教师教育改革的新思路和新办法,开创教师教育新局面。

1. 教师教育的体制改革

(1) 教师教育要逐步走向开放

我国在很长一段时间内,培养教师的任务是由独立设置的师范院校来承担的,它们为国家培养了大量合格的中小学教师。应该说,师范院校为教师的培养做出了重大的历史贡献。目前我国教师教育已经进入了一个从数量满足向质量提高转变的历史新时期,要实现这种转变就要鼓励师范院校综合化和综合大学参与教师教育。这是世界教师教育的共同趋势,也是我国经济社会和教育发展的客观要求。教师教育已经由封闭走向开放,由单一走向多元。综合大学积极参与教师培养、培训可使教师来源多样化,师范院校增设非师范专业可增强综合办学实力。目前,举办教师教育的非师范院校数量不断增加,规模不断扩大,优势日益显现,并将在教师教育工作中发挥越来越重要的作用。师范院校和非师范院校要携手合作,加强交流,优势互补。非师范院校可借鉴师范院校长期积累的办学经验,借鉴师范院校的办学理念、育人环境、教学方法等,要充分发挥非师范院校的学科和人才方面的潜在优势,提高教师教育的综合水平。师范院校和非师范院校共同从事教师教育,才能为高水平、高效益的教师培养和培训做出重要贡献。

(2) 教师教育要提高办学层次

随着素质教育的全面实施和基础教育课程改革的全面开展,对教师的要求越来越高，教师的学历层次必须提高。《国务院关于基础教育改革和发展的决定》要求："逐步实现三级师范向二级师范过渡，有条件的地区要培养具有专科学历的小学教师和本科学历的初中教师，逐步提高高中教师的学历，扩大教育硕士的培养规模和招生范围。"根据这一要求，原来的中师、大专、本科的三级师范要向专科和本科二级师范过渡，独立设置的中师将逐步取消。专科以上学历小学教师的培养纳入高等教育体系，有条件的院校正在积极建立和完善培养小学教师的院系。我国东部发达地区已基本完成三级师范向二级师范的过渡，中西部地区也正在创造条件，逐步实施。本科程度小学教师的培养模式除了招收高中毕业生的初教本科外，正在探索"4+2"、"4+3"等培养模式。教育硕士研究生的招生规模近几年不断扩大，为高中教师提高学历层次创造了条件。当前专科、本科、研究生的新三级教师教育体系正在建立和完善。

(3) 教师教育要做到培养和培训相衔接

1965年法国教育家保罗·郎格朗首先提出"终身教育"的思想，这种思想很快得到各国教育家的认同，终身教育逐渐成为一种国际性的教育思潮。在知识不断更新，教育理念、教学方法不断改进的情况下，教师一定要接受终身教育。很长一段时间以来，师范院校主要从事教师的职前教育。教师进修学校、教育学院主要从事教师的职后培训。事实证明，把教师职前培养和职后培训割裂的做法不利于教师素质的提高，所以必须认真研究怎样做好教师培养和培训的衔接工作，使教师的职前职后教育相贯通。从事教师教育的高校要加大教师培训工作的力度，部分教育学院并入高校继续从事教师教育工作有利于做好教师培养与培训相衔接的体制改革。当前，以现有师范院校为主体，其他高校共同参与，培养与培训相衔接的开放的教师教育体系已经建立，并正在通过深化改革，得到进一步的完善。

2. 教师教育的课程改革

根据素质教育和基础教育改革与发展的需要，教师专业化的国际趋势及中小学教师的培养特点,教师教育自身必须加强学科建设,完善和改革课程体系和教学内容,探索培养规律,提高办学水平和教学质量,努力培养适应基础教育的中小学教师。要把握关键,发现问题,调整课程结构,形成合理的课程体系。

(1) 教师教育课程要体现学术性

基础教育需要的教师应具备一定的学术功底,即深厚的学科专业知识和相应的科研能力。教师在教学中对学生发挥教学引导作用是以丰富的知识积淀为基础的,此外教师还要掌握从事教育理论研究和教学改革实验的能力,所以教师教育的各种课程,特别是学科课程必须体现学术性。从事教师教育的院校必须加强自身的学术基础,构筑学术高地,提高学术水平以应对挑战。同时,应建立一批教师教育科研基地,要加强和国内外科研机构的交流和合作,还要加强与中小学的联系和合作,在教学和科研中提高学术水平,形成自己的特色。

(2) 教师教育课程要突出综合性

课程的综合性是这次基础教育课程改革的一个显著特点,新课程体系中无论综合性很强的课程,如综合活动课、科学课、历史与社会课等,还是相对来说学科性较强的课程,如语文、数学、外语等,其内容都更加丰富,充分体现了学科的交叉与综合。中小学教师要上好这样的课必须具有综合性的知识,不仅学科知识需要综合,而且还要求具有教育学、心理学的综合素质及中小学教育的实践知识。长期以来,我国中学教师采用分学科培养的模式,小学教师虽然坚持综合培养的模式,但力度不够。基础教育课程中的科学课、综合实践活动课等课程的教师目前还没有对应的教师教育专业来培养,往往由相近学科的老师来担任。教师教育应该研究这些教师的培养,研究基础教育的课程改革,探索基础教育改革背景下教师教育的课程改革。教师教育课程必须加强综合性,要注重自然科学、社会科学和人文科学的结合,增进学科知识和人文精神的渗透,提倡文科专业适当开设理科课程,理科专业适当开设文科课程。同时,还要加强学科专业课程之间的交叉和整合,教育专业课程本身的整合,学科课程和教育专业课程之间的交叉整合,只有这样才能培养出理论素质与实践技能融会贯通的、适应基础教育课程改革的中小学教师。

(3)教师教育要重视教师职业技能课和实践课

教师职业技能是教师从事教育教学工作必备的专业性基本技能和技巧,是教育类专业学生的必修课。它具有综合性、操作性、实践性等特点。根据基础教育改革与发展对教师的要求,中小学教师职业技能包括:语言表达能力、文字表达能力、课堂教学基本技能、现代教育技术和信息技术应用能力、学生教育和班级管理能力等方面。教师教育必须十分重视教师职业技能的培养和培训,要注意教师教育的专业性、基础性和科学性。所谓专业性,就是要求训练围绕教师教育的培养目标,坚持面向中小学,既要重视基础知识的示范性传授,更要重视对教育类专业学生操作能力的培训。所谓基础性,就是针对中小学教学的实际情况,结合中小学教材,注重实际能力,强化基础训练以适应教育类专业毕业生服务于基础教育改革与发展的需要。所谓科学性,就是从实际出发,将教师职业技能训练贯穿于整个教师教育的各阶段学习中。教师教育要认真改进实践课程,应该使教育类专业学生提前获得教育教学的实践经验,做到教学实践、德育实践、科研实践三结合;校园实践、社区实践、社会实践三结合。使实践活动成为提高学生实践能力和创新能力的重要途径。教育实习是教师教育中的一个重要环节,也是培养教育类专业学生实践能力的有效途径。目前教师教育专业安排的实习时间普遍较短,而且集中在毕业前夕,从事教师教育的高校与实习单位关系松散,附中、附小的功能往往发挥不够,影响到实习的效果。教师教育专业应该增加实习的时间和次数,适当提前教育实习的时间,建立一批实习基地,密切与中小学的联系,只有这样才能达到实习的目的,培养学生的实践能力。

(三) 借鉴书院制教育经验,促进教师教育改革

在高等学校推行书院制,目的是突破"以教师为中心"的传统教育管理模式,最大限度地挖掘每一个学生的发展潜能,实现学生工作由对学生的刚性管理转变到对学生的行为规范管理,这对应用型人才培养具有十分重要的意义。作为培养师资的高等院校,应根据各专业培养目标,结合书院制的特点,汲取古代书院制精华,借鉴现代书院制经验,妥善解决原有教育模式存在的问题,探索教师教育改革的新路子。

1. 书院制管理要进行通识教育,践行全人教育的理念

书院的人文管理蕴养职前教师的人文素质,践行"全人"的教育理念。在推进素质教育的过程中以及新课改的背景下,越来越彰显教师人文素质的重要性。书院要重视师范生在德、智、体、美各方面均衡发展,培养师范生高尚的情操、求知的兴趣、敏锐的触角、冷静的分析以及团队精神,这对职前教师培养来说,可以说是一种人性的解放。要秉承"以生为本"的教育理念,对师范生管理除了要规范化外,更注重管理的人性化,这为把师范生培养成真正意义上的"人"奠定了坚实的基础。

对于通识教育概念的界定,国内外一直以来难以达成共识。但不可否认其中存在一些核心的内容,即通识教育并非专业性和职业性的教育,不强调特殊专业工具性的价值或商业上的用处,它强调的是知识的广博,进而培养学生的共同教育经验,提供人类生活的公共知识,以及各种知识的联系,目的在于培养学生广博的知识、开阔的胸襟、人文的素养及明辨的能力,最终目的是将学生培养成为一个完整健全的人。在高等教育阶段,通识教育是指大学生均应接受的有关共同内容的教育,通常分属若干学科领域,提供内容宽泛的教育,与专门教育有别。书院制主要以学生公寓为生活社区,承担学生的思想品德教育与行为养成等方面的教育任务。其主要职能是开阔学生视野,培养学生综合素质和创新能力,并对主修课程以外的不同学

科有更广博的认识。在书院进行通识教育,可以为职前教师的成长提供深厚基础知识。书院通过通识教育课程和非形式教育(即非课程形式),拓展学术及文化活动,促进通识教育和专才教育的有机结合。通识教育内涵是随着社会发展和知识进步而逐渐扩大的,通识教育要重点关注有关大学、通识教育及社会问题的基本知识,加深大学生对大学教育及现代社会的认识与了解,培养大学生主动学习、独立思考以及相互交流与合作的能力。

在学院与书院并存的情况下,要在通识教育方面做好分工,加强对通识教育的规划和管理。通识教育强调的是心性的培养和文化熏陶,强调的是人而不是职业。要规定通识教育的学分,对通识教育课程要进行合理设置,结合学生个人志趣和教师合理指导,为学生的全面发展服务。

要调整课程结构,重视隐形通识课程建设。优化整合课程,构建科学的课程体系,实现融会贯通。设置核心课程、专题课程、综合课程,加强教育理论课程,重视教学实习与实地经验,加强隐性课程建设,将隐性课程和显性课程结合起来,尽可能给大学生提供多种实施通识教育的途径,从而保证通识教育目标的顺利实现,促进大学生身心健康、和谐的发展。

2. 书院制管理要搭建学生实践的平台

校内教学与社会实践脱节是教师教育存在的问题之一,在推行书院制的过程中妥善解决这个问题非常必要。同时,加强教师教育专业培养成为综合院校教师教育面临的另一个迫切需要解决的课题。就教师教育的属性来看,在一定意义上属于职业教育,而这一职业又具有双专业的职业特征,即所属的学科专业以及教育理论与教育教学技能、技巧。前者要解决的是教什么的问题(学术性),后者要解决的是如何教、如何才能教好的问题(师范性)。只有在明确培养目标的前提下,为其提供必需的条件,并将两者有机地统一在书院育人的全过程之中,才能实现书院的职能。

要解决这一问题有两个方面。一是要营造有利于教师成长的书院环境。书院制管理要营造高校浓厚的书院文化氛围,构建基础教育的实践平台;要体现书院特色,突出教师教育优势和师范文化传统,调动书院学生的主动性和智慧,创办书院刊物,打造文化品牌,营造文化氛围;要在书院中营造具有基础教育文化氛围的教师教育环境,营造有利于"未来教师"专业发展的书院环境;要体现教师教育的办学特色,吸纳基础教育文化元素,组建各种社团和个性化小组,通过开展社团活动和教师素质拓展等活动,丰富书院文化内涵,营造学生社区的中小学文化氛围。二是要搭建学生与社会尤其是教育单位沟通的渠道。要打造信息平台,增加大量中小学信息,便于师范生通过网上互动栏目进行广泛交流,了解基础教育改革与发展动态;要通过书院论坛等形式,构建人际互动平台,把教学一线的教师请到书院来,为师范生与中小学教师交流与沟通提供条件;要通过课题研究等项目,引导学生深入学校、深入幼儿园,直接参与社会实践活动。

3. 书院制管理要构建新型师生关系形成的平台

随着教育改革的不断深入,建立与时代相适应的新型师生关系成为迫切需要。建立新型的师生关系,是构建和谐校园的坚实基础,是全面提高教育质量,实现高校可持续发展的重要条件。现代大学采取书院制管理模式,要构建新型的师生关系。首先,要树立以学生为本的理念与服务意识。设立书院的目的是让学生在书院中自由地学习、生活,培养学生人文主义精神,养成学生良好的道德和品格。书院制作为重要的教育管理制度,在其管理过程中要充分体现"人本"思想和"育人"的理念,在这种制度下,学生之间可以相互自由争论,充分发挥个性,发展各方面能力,学生可以学到从教师那里得不到的东西。在书院制下,"学生的发展永远是第一位的,每一个成员的成长是它首先必须考虑的"。所以,参与书院制的教师是管理服务者的身份,要树立牢固的服务意识,为建立新型师生关系打下基础。

其次,要注重与导师制相结合。导师制是书院制的重要制度,导师可以与学生同吃同住,近距离地指导学生。通过导师的专业化指导,大力促进学生人格的养成,培养学生独立思考的能力。因此,选择一些道德素质高、教学能力强的教师作为书院制的导师,是建立新型师生关系的关键。

4. 书院制管理要成为素质教育的新模式

素质教育作为一种教育理念,尤其注重人文素质和道德素质的养成。针对目前大学生人文素质普遍偏弱的现状,素质教育应更强调人文取向,注重人文学科和自然学科中蕴涵的人文精神。自实施以来,全国各地采取了多种方式积极推进,取得了不少经验,但仍然没有重大的突破,缺少新的途径。要将人文知识"内化"、"发展"为人的生活方式、生活态度及生活习惯,才能真正体现人文精神。而"内化"机制的形成,需要底蕴,需要氛围,需要环境,需要激发,而底蕴的建立、环境的营造、氛围的形成、激发的产生靠的是一种行之有效的素质教育新模式。

书院制要秉承"以生为本"的教育理念,注重管理的人性化。管理制度的人性化,为把师范生培养成真正意义上的"人"提供坚实的基础,这就要求高校的学生管理工作要从微观管理向宏观管理转变,从一个具体的管理者向管理服务者转变,从管理的实践者向管理的领导者转变,给大学生更多自己管理自己的空间。其学生管理模式,要最大限度地调动学生参与教育管理的积极性。首先,通过鼓励不同背景的学生互相学习交流,使不同专业的学生能够通过日常的沟通了解到专业以外更多的知识,对学生性格养成、学术兴趣、价值取向等产生积极影响。其次,通过学业导师的引导,形成科学的学分评价办法,培养学生的自我学习能力,有利于充分发挥每个学生的潜能,使他们的身心得到健康发展,为学生综合素质的提高创造必要的条件。实行书院制模式,引导和鼓励学生参与书院组织的活动及书院的管理工作,能有利于学生的自我发展和自我完善。

5. 书院制管理要服务于教师专业化发展目标

教师专业化是世界教师教育发展的趋势和潮流,要求教师具有双专业的特征,既要有深厚的学术根底、广阔的学术视野,又要有通晓教育科学知识、了解教育规律、掌握教育技能、组织教学活动的能力。书院制要服务于教师教育专业化发展目标,主要以非形式教育(即非课程形式)和学生自我教育的方式进行培训教育。一要大力开展各种文化活动,为职前教师发展提供丰富的文化资源,满足职前教师个性化发展的需要。通过学生文化社区建设,培养学生的公民意识和公共精神。鼓励不同专业文化背景和各年级的学生广泛交往,打造有利于职前教师自主发展的社会环境和文化平台,促进职前教师的社会性发展。二要开展形式多样的教师教育专题活动,加速职前教师专业化发展。书院作为一个相对独立的生活社区,是师范生的精神家园和自我教育的场所。通过师范生自愿组建的社团,进行教师素质拓展、教师教育的讨论和专项培训等各类活动,促进师范生的实践能力的提高,促进职前教师的专业发展。

参考文献

[1] 钱伟长.如何培养有创新精神的人[J].高教文摘.2001(2—3).
[2] 谈松华.教育创新的时代内涵[J].中国教育学刊.2000(12).
[3] 孙玉茹.优良师德传统的继承与创新[J].基础教育参考.2009(11).
[4] 陈杰峰.试论中华传统师德的继承与当代师德的创新[J].思想政治教育研究.2008(4).
[5] 黄永刚,张健华.关于中国传统师德的批判与继承[J].道德与文明.2001(8).
[6] 张岂之.中国传统文化[M].北京:高等教育出版社,1994.
[7] 李泽厚.中国近代思想史论[M].北京:人民出版社,1986.
[8] 喻本伐,熊贤君.中国教育发展史[M].武汉:华中师范大学出版社,2000.
[9] 王建梁.中国古代师德观的主要特征及其现代价值[J].北京理工大学学报,2002,(8)1.
[10] 周丽波.高校师德建设刍议[J].黑龙江教育(高校研究与评估),2007,(1—2)1.
[11] 于秀荣.略谈新形势下高等学校教师的师德建设[J].辽宁行政学院学报,2006,(1)1.
[12] 吴甘霖.当前高校师德存在的问题及对策思考[J].边疆经济与文化,2007,(6).
[13] 蔡凌.关于高校师德师风建设的几点思考[J].湖北师范学院学报(哲学社会科学版),2009,(4).
[14] 哈斯也提·艾力,张涛.构建高校师德建设长效机制的对策建议[J].伊犁师范学院学报(社科版),2009,(3).
[15] 毛礼锐,沈灌群.中国教育通史(第二版 第1—3卷)[M].济南:山东教育出版社,2005.
[16] 王炳照,阎国华.中国教育思想通史(第1—4卷)[M].长沙:湖南教育出版

社,1994.
- [17] 毛礼锐,瞿菊农,邵鹤亭.中国古代教育史(第3版)[M].北京:人民教育出版社,1997.
- [18] 高时良.中国古代教育史纲(第3版)[M].北京:人民教育出版社,2003.
- [19] 王玉生.中国教育思想研究[M].北京:中国社会科学出版社,2006.
- [20] 黄仁贤.中国教育史[M].福州:福建人民出版社,2003.
- [21] 王建军.中国教育史新编[M].广州:广东高等教育出版社,2003.
- [22] 孙培青.中国教育史(修订版)[M].上海:华东师范大学出版社,2000.
- [23] 王炳照等.简明中国教育史(修订本)[M].北京:北京师范大学出版社,1994.
- [24] 林琳.中国古代教育史[M].哈尔滨:黑龙江人民出版社,2006.
- [25] 孙培青,李国钧.中国教育思想史(第1—2卷)[M].上海:华东师范大学出版社,1995.
- [26] 郭齐家.中国教育思想史[M].北京:教育科学出版社,1987.

后　记

　　中华民族五千多年悠久历史,孕育了光辉灿烂的华夏文明和博大精深的中国传统文化。在历朝历代教育工作者的不懈努力下,中国传统文化得以传承至今,并不断发扬光大,甚至在世界范围内受到广泛重视。作为中国传统文化传承的重要载体,中国古代教育源远流长,诞生了许多世界知名的大教育家,他们通过辛勤的实践和不断总结,积累了丰富的教育经验,形成了许多独具特色的优秀教育思想,对当今的教育改革与发展具有重要的启发和借鉴意义。

　　近年来,中国传统文化在国内备受推崇。作为一名从教三十多年的教育工作者,本人对历代推动和影响教育发展的人物及其有关教育思想特别感兴趣,对有关资料进行了不断的搜集、积累和梳理。同时也深感研究中国传统文化、中国古代教育的著述很多,但把中国传统文化和中国教育结合在一起进行研究的著述却尚不多见。基于此,本人在对教师教育的改革和发展进行思考的基础上,结合近年来对中国传统文化中著名教育家有关教育思想及教育资料的积累,撰写此书奉献给广大读者,为教师教育的研究做一次斗胆的尝试。

　　本书从传统文化与教育的关系入手,对孔子、墨子、孟子、荀子、董仲舒、韩愈、朱熹、王守仁、王夫之等著名教育家的著作进行挖掘,对他们有关教师思想、教育作用、教育目的、教育内容、主要教育原则及方法、优秀的师德观及师德传统等方面的观点和论述进行阐述,分析中国传统文化对当前教师教育改革和师德建设的启示。后又通过研究我国传统书院教育，以及当前国内部分高校实行的"书院制"的基本情况，分析了高校试行"书院制"对提高教育质量，特别是对教师教育改革与发展所起的积极作用。

在本书撰写的过程中，得到了山东大学儒学高等研究院颜炳罡教授的精心指导并为本书作序。潍坊学院幼教特教师范学院的同仁在各方面给予支持，尤其是张金、杨清山、刘红秀三位老师在资料整理等方面给予了很大帮助。复旦大学出版社的领导及责任编辑高度重视，使此书得以及时付印。同时，在本书的撰写过程中，还参考了其他同志编写的有关书籍与资料，在此一并向各位表示谢意。鉴于作者水平有限，本书肯定存在诸多不足之处，敬请各位专家、学者、广大教育同仁和读者多提宝贵意见。

周玉衡

二〇一三年八月

图书在版编目(CIP)数据

传统文化与教师教育/周玉衡著. —上海：复旦大学出版社,2013.10（2021.8 重印）
ISBN 978-7-309-10019-8

Ⅰ.传… Ⅱ.周… Ⅲ.传统文化-关系-师资培养-研究-中国 Ⅳ.①G12 ②G451.2

中国版本图书馆 CIP 数据核字(2013)第 206179 号

传统文化与教师教育
周玉衡 著
责任编辑/谢少卿

复旦大学出版社有限公司出版发行
上海市国权路 579 号 邮编：200433
网址：fupnet@fudanpress.com http://www.fudanpress.com
门市零售：86-21-65102580 团体订购：86-21-65104505
出版部电话：86-21-65642845
江苏凤凰数码印务有限公司

开本 890×1240 1/32 印张 7.75 字数 191 千
2021 年 8 月第 1 版第 2 次印刷

ISBN 978-7-309-10019-8/G·1227
定价：25.00 元

如有印装质量问题，请向复旦大学出版社有限公司出版部调换。
版权所有 侵权必究